YANYI CHANYE
SHENGTAIXUE
CHULUN

演艺产业生态学刍论

林凡军 著

山东人民出版社
国家一级出版社 全国百佳图书出版单位

图书在版编目（CIP）数据

演艺产业生态学刍论/林凡军著．--济南：山东人民出版社，2017.8

ISBN 978-7-209-11064-8

Ⅰ．①演… Ⅱ．①林… Ⅲ．①文化产业－生态学－研究－中国 Ⅳ．①G124

中国版本图书馆CIP数据核字(2017)第219891号

演艺产业生态学刍论

林凡军　著

主管部门　山东出版传媒股份有限公司
出版发行　山东人民出版社
社　　址　济南市胜利大街39号
邮　　编　250001
电　　话　总编室（0531）82098914
　　　　　市场部（0531）82098027
网　　址　http://www.sd-book.com.cn
印　　装　山东省东营市新华印刷厂
经　　销　新华书店

规　　格　16开（169mm×239mm）
印　　张　15
字　　数　230千字
版　　次　2017年8月第1版
印　　次　2017年8月第1次
印　　数　1-1000
ISBN 978-7-209-11064-8
定　　价　36.00元
　　　　　如有印装质量问题，请与出版社总编室联系调换。

目　录

绪　论　/ 1

第一章　演艺产业生态学理论假设　/ 7

第一节　演艺产业生态　/ 8

第二节　演艺产业生态系统运行机理　/ 23

第二章　演艺产业生态构建的关键环节——剧场　/ 32

第一节　演出院线　/ 33

第二节　演出院线生态的核心主体——剧场　/ 58

第三节　剧场管理标准化建设　/ 70

第三章　演艺产业生态构建的实践模式　/ 83

第一节　基于服务平台建设的山东演艺产业要素分析　/ 85

第二节　山东省演艺产业发展综合服务平台　/ 99

第三节　山东演艺文化版权信息平台　/ 114

第四节　演艺票务与融媒体营销综合平台　/ 121

第四章　国内外演艺产业生态构建的经验观察　/ 134
第一节　美国演艺产业生态的经验分析　/ 135
第二节　中国香港地区演艺产业生态的经验分析　/ 149
第三节　演艺企业的产业生态构建的经验分析　/ 164

附　录　附录 1　山东省剧场调查问卷　/ 192
附录 2　剧场等级划分与评定（DB37/T 2627-2014）　/ 214

参考文献　/ 227
后　记　/ 233

绪 论

演艺产业，在我国还是新兴的产业，演艺产业发展的许多基本问题，非常需要系统的思考与研究，比如演艺产业到底是一个什么样的产业，演艺产业应该是一个什么样的产业，演艺产业发展的基本规律是什么，演艺产业发展的可行路径是什么，等等。绝大多数的从业人员对演艺产业缺少必要的自我认知，这些问题在现有产业政策里也找不到答案，相关的理论研究成果更是缺乏。演艺产业的发展迫切需要政策和理论的支撑。

一个新的产业得以形成，首先应该是产业边界大致清晰并被广泛认同，其次是产业体系和市场要素基本完备，然后具备一定的经济规模并有足够的长期成长空间，最后是被产业政策文件从法理上进行认定。产业成长周期的一般规律是形成、起步、发展、成熟、衰落，但也有非线性的发展，特别是在成熟和衰落阶段，基于技术的革命性进步、产业格局的政策性调整等原因，即有可能出现产业形态被颠覆，形成产业的又一轮快速成长，或者转化为新的产业形态等情况。这样的案例，在互联网、大数据、新媒体改造传统文化产业的过程中比比皆是。基于这样的判断来考察演艺产业，可以说作为独立的产业，我国的演艺产业已基本形成。从产业发展周期看，演艺产业还处于起步阶段；从发展的趋势看，演艺产业发展的路径存在多种可能。所以，对于演艺产业的研究，既要遵循产业发展的一般规律，对现实状况进行分析研究，同时，还要把演艺产业放到大的社会政治经济背景中，做前瞻性的思考。

演艺产业，在国民经济行业分类中，还没有成为独立的产业门类，而是包含在文化及相关产业之中。国家统计局于2004年颁布了《文化及相关产业分类》，第一次明确了我国文化及相关产业的统计范围、层次、内涵和外延，并作为国家统计标准实施，演艺产业作为文化产业的核心构成部分，开始在国民经济行业分类中得以体现。2012年，相关部门对该分类进行了修订，文化及相关产业整体上分为文化产品的生产、文化相关产品的生产两部分，按照层次依次划分为10个大类、50个中类、120个小类，其中文化艺术服务、文化休闲娱乐服务、文化产品生产的辅助生产3个大类中，有9个中类中的10多个小类是属于演艺产业的范畴，或者是与演艺产业紧密相关，具体包括文艺创作与表演、艺术表演场馆、文化团体的服务、文化艺术培训、其他未列明教育（美术、舞蹈、音乐辅导服务）、歌舞厅娱乐活动、其他室内娱乐活动、游乐园、其他娱乐业、知识产权服务（版权和文化软件服务）、文化娱乐经纪人、其他文化艺术经纪代理、娱乐及体育设备出租（视频设备、照相器材和娱乐设备的出租服务）、会议及展览服务、其他未列明商务服务业（大型活动组织服务、票务服务）等。这些小类集合在一起，基本可以反映出演艺产业市场体系和市场主体的构成情况。这是把演艺产业作为一个产业进行研究的合理性的政策前提。

演艺产业还没有专门的产业政策。从文化产业看，产业的统计指标体系划定了产业的边界，为产业政策的出台提供了基础。一方面，演艺产业有必要从其他相关产业中独立出来而明确产业的边界，另一方面意味着演艺产业发展的规模已经到了在国民经济中具有一席之地而需要产业政策特别关注的阶段。文化及相关产业分类以《国民经济行业分类》为基础，根据文化及相关单位生产活动的特点，将行业分类中相关的类别重新组合，作为《国民经济行业分类》的派生分类，同时借鉴联合国教科文组织的《文化统计框架（2009）》的分类方法，在定义和覆盖范围上与其衔接。文化及相关产业被定义为为社会公众提供文化产品和文化相关产品的生产活动的集合，范围包括：以文化为核心内容，为直接满足人们的精神需要而进行的创作、制造、传播、展示等文化产品（包括货物和服务）的生产活动；为实现文化产品生产所必需的辅助生产活动；作为文化产品实物载体或制作（使用、传播、展示）工具的文化用品的生产活动（包括制造和销售）；为实现文化产品生产所需专用设备的生产活动（包括制造和销售）。文化及相关产业分类的制定，是为深化文化体制改革、推动文化繁荣发展、建立科学可行的文化及相关产业统计制度、界定我国文化及相关单位的生产活动提供依据，为当前的社会文化建设、文化宏观管理提供参考，为文化及相关产业统计提供统一的定义和范围。以促进文化产业成长为国民经济支柱产业为目标，国家和地方十几年来出台的文化产业政策超过了任何一个其他产业，文化及相关产业分类的法理支持是重要的前提。这是发展演艺产业需要重点解决的问题。

演艺产业作为一个产业已基本形成，但仍处于发展的初级阶段。根据中国演出行业协会发布的中国演出市场年度报告的统计数据，2016 年，全国演出市场总体经济规模为469.22 亿元。从主要的演艺市场主体看，文艺表演团体总收入 207.05 亿元，演出经纪机构总收入 141.76 亿元，专业剧场演出总收入 149.05 亿元。从主要演出产品类型看，音乐会演出票房收入12.79亿元，演唱会、音乐节演出票房收入34.88 亿元，专业剧场舞蹈演出票房收入 8.76 亿元，专业剧场话剧演出票房收入24.37亿元，专业剧场戏曲演出票房收入 8.64 亿元，专业剧场儿童剧演出票房收入 9.66 亿元，专业剧场曲艺杂技类演出票房收入 9.28 亿元，旅游演出票房收入 34.04 亿元，演艺场馆娱乐演出票房收入 25.12 亿元。从营利方式看，演出票房收入（含分账）168.09 亿元，农村演出收入24.24 亿元（含政府补贴3.82亿元），娱乐演出收入71.04 亿元，演出衍生品及赞助收入31.57 亿元，经营主体配套及其他服务收入54.54 亿元，海外演出收入28.39 亿元，政府补贴收入（包括文艺表演团体、演出经纪机构、专业剧场、农村惠民）123.56 亿元。这些指标及其数据，大致描绘出了我国演艺产业的现实面貌：体量不大，与一家中型上市公司的市值相当，其中四分之一的份额还是来自财政补贴；产业体系基本形成，生产、流通、销售及相关的辅助性业务主体之间的市场机制基本形成；产业布局和产业结构不够合理，除了城乡之间存在差距，一线城市与其他城市之间也有巨大反差，优质产业资源高度集中在北上广深几个一线城市；业务链条和业务模式还比较简单，票房之外的衍生品等收入占总收入不到一成。这些特征说明演艺产业正处于新型产业发展的初级阶段。当然，随着技术快速进步和跨界融合兴起，演艺产业的商业模式和业态在不断创新，上述类别实际上已经越来越不能涵盖演艺产业的全部，演艺产业的边界需要在发展中进行动态调整。这是研究演艺产业发展需要特别注意的问题。

演艺产业的国有部分市场化程度不高。我国演艺产业的基本形成，是客观存在的演艺消费需求与供给在市场机制作用下长期发育的结果，也是一系列文化体制改革及国有文艺院团改革的行政推动逐步催生的结果。演艺产业目前的市场主体，大致可以分为两大阵营：一是民营演艺企业，主要从事旅游演艺、演唱会、曲艺、儿童剧等类型演出，以营利为主要目的，是完全商业化的市场主体；二是国有文艺院团转制改企成立的国有演艺企业，带着深刻的事业单位烙印，肩负着把社会效益放在首位的责任，艰难地走在市场化转型的路上，主要从事戏曲、话剧、交响乐、民乐、杂技等类型演出，是有待培育的市场主体。2012年，由行政力量自上而下强力推动的最新一轮国有文艺院团改革宣告完成，一大批由事业单位性质的国有文艺院团改制转企而来的国有演艺企业，转换为市场主体进入演艺市场，国有文艺院团长期培养积累的编剧、导演、表演、舞美、灯光等高素质专业人才，成为演艺产业供给端——演艺产品创作生产的主导力量；各地以财政投入为主新建的大型专业剧场，以委托专业机构管理等形式进行市场化运营，成为演艺产业市场资源配置的主导力量；在旅游演艺、话剧、曲艺、儿童剧等领域，民营演艺企业具有灵活的市场创新能力，加速了全国演艺市场体系的完善。在两大阵营的共同努力下，演艺产业的基本格局开始逐步形成，演艺企业则有待发育成熟为合格的市场主体。

演艺产业发展的理论研究极其缺乏。现有的一些相关研究，主要集中在两个领域：一个是在演艺产品的创作生产与院团剧场运营的管理层面，以微观层面的市场主体为主要研究对象；一个是关于国有文艺院团体制改革的研究，以改革层面的政策研究为主，较少涉及产业发展问题。目前，国内唯一专注于演艺产业研究的机构是北京道略演艺产业研究中心（下文简称“道略”）。经过近十年的探索，道略逐渐形成了一套演艺产业研究的理论方法和工具，拥有国内唯一的动态演出数据库，长期持续监测全国演艺事件，具有提供演艺园区规划、演艺企业战略规划、演艺产业投融资服务、演艺政策评估与建议、演艺产业市场调研等咨询服务的能力。自2011年起，道略每年举办大型演艺产业年会，从2012年开始，年会的演艺产业论坛开始发布中国演艺机构首个年度竞争力排行榜，现在每年还会推出分门别类的演艺市场专项发展报告。道略作为民营的机构，以应用型的演艺产业研究为主，形成了一系列专业品牌，殊为难得。从研究成果看，在知网检索的结果中，去除案例分析，有学术价值和实践指导意义的演艺产业研究成果，期刊论文不过百篇，硕博士论文不过十篇，而且同质化严重。另有为数不多的演艺产业研究，主要在艺术院校和艺术研究机构，如果不包括注重戏剧管理、艺术管理等产业微观层面的管理学的研究，能拿出关于演艺产业研究成果的不过三五人，其中能以产业经济学等产业理论完成的演艺产业研究，成果更为稀少。国家社科基金近十年有关演艺产业的研究课题有五项，其中国家社科基金艺术学重大项目“国有表演艺术院团体制改革现状调查与发展路径研究”着力最多，并曾试图建立全国文艺院团的大数据，但最终也没有达到预期效果。

造成演艺产业理论研究困局的原因主要有三个方面：其一，演艺产业作为理论研究的对象，市场机制还不成熟，在国民经济中的比重太小，对相关产业的影响力不大，经济角度的研究热点不多，导致学术界的关注度不高；其二，演艺产业的多重属性不好把握，演艺具有的政治属性和艺术属性，决定了演艺产业不能单纯关注经济属性问题，不可回避地涉及如何处理经济属性与其他属性之间的关系，远比一般经济领域的问题复杂，即便是经济属性，演艺产业的供需关系、营利模式也都不同于一般产业，许多产业现象不容易梳理清楚，有兴趣的研究者感觉无从入手；其三，擅长产业研究的学者，尤其是具有经济学、管理学、知识产权等专业背景的学者，转向演艺产业研究的机会成本比较高，而熟悉演艺的研究者又不具备产业研究的学术背景和学术能力，对于演艺产业的研究，经验性的点评式言论多，严谨的学术性研究成果少。

对于处在产业发展初级阶段的演艺产业，迫切需要系统的产业研究，包括市场行为、市场体系、市场结构、市场绩效等产业组织理论问题的研究，产业发展过程中的发展规律、发展周期、影响因素、产业转移、资源配置、发展政策等产业发展理论问题的研究，产业发展政策、产业组织政策、产业结构政策和产业布局政策等产业政策问题的研究，以及在此基础上，针对演艺产业的特质，进一步具体到演艺产业的现实问题的专题研究。

基于上述的理解，关于演艺产业的研究有必要从以下三个方面展开：一是把演艺产业的产业研究作为一个理论命题正式提出，鼓励更多擅长于产业研究的学者关注演艺产业，为演艺产业发展做出理论上的支持，也通过高质量的理论研究成果推动有关演艺产业的产业政策甚至产业规划出台，加速演艺产业的发展；二是梳理出演艺产业研究课题的轻重缓急序列，首先强调对演艺产业的产业本体进行整体研究和剧场等关键环节进行专题研究的重要性和急迫性，希望通过高质量的理论研究成果，为市场主体的科学发展指引方向，指导演艺产业市场体系的加快完善；三是鉴于演艺产业的特殊性，在产业一般规律一般问题的研究基础上，寻找适用于研究演艺产业具体问题的理论方法和范式，辨证施治，尽快形成演艺产业研究的理论体系和学术规范。

提出演艺产业生态学命题的过程，是笔者在实践中被长期面临的产业问题倒逼出来的。2012年国有文艺院团体制改革前后，全国陆续成立的省级演艺集团有近20家，是演艺产业最重要的市场主体。从最早的江苏演艺集团开始，至今已近20年的时间，还没有探索出一条演艺企业发展的可行路径，也没有形成演艺产业发展的基本共识，而且也没有形成思考产业发展问题的氛围。其理论研究成果之少，在任何一个其他产业中都是极为罕见的。2015年，山东演艺集团受文化部改革办委托，承办以“演艺联盟发展模式”为主题的全国演艺经营管理培训班，笔者在会议交流时提出“演艺是什么、演艺产业是什么”的困惑，曾引起了强烈广泛的共鸣。这本书共四章的内容，就是围绕着对这个演艺产业发展问题的“原点”的长期思考，在实践中摸索和总结的结果。受限于笔者学术能力的不足，特别是没有经过产业经济学等理论的系统学习，对问题的认识还很浅陋，对实践的理论提升还很粗疏，提出的观点也未必经得住学术的检验，但希望由此能多一些同道中人，共同学习和思考，做一些推动演艺产业更好发展的工作。

—— 第一章 ——

演艺产业生态学理论假设

作为全书的理论基础，本章提出了演艺产业生态学的理论假设，阐述了这一理论的动态推理过程。演艺兼具文化与经济的双重属性，演艺产业发展的本体研究，首先还是要从产业的角度入手，即演艺产业的所有行为属于一种经济活动，是后续论述展开的规定性前提。本章从演艺产业的经济属性出发，运用产业链理论和产业经济学理论的创新性研究——产业生态理论对演艺产业进行一般性理论的探讨，经历了从演艺产业到产业生态，从演艺产业链到演艺产业生态系统的过程，并最终确立将产业生态视角下的演艺产业生态系统假设为演艺产业发展规律与模式探索的新构想。

演艺产业生态由演艺产业内生系统与演艺产业外生系统两部分构成，是实现物质、能量、信息流动和转换的有机整体。其中，演艺产业内生系统由产业内的主体如演艺机构、演出经纪、剧场等组成，可划分为演艺产品生产环节、流通环节以及消费环节，形成紧密联系的演艺产业链；演艺产业外生系统由经济环境、政策环境、技术环境以及社会文化环境等外部产业环境组成。演艺产业内生系统与外生系统交互作用共同构建具有“生态”价值追求、保持高度整体性、不断实现增值的演艺产业生态共生系统。构建各要素作用的理论模型并分析产业生态共生系统共生单元的具体职能，阐述外部产业环境（外生系统）与内部产业主体（内生系统）交互作用而形成的演艺产品生产、流通与消费等关键环节的职能及其作用机理，不仅具有理论创新价值，并且对破解演艺产业生态构建核心环节——剧场的经营管理困局、搭建演艺产业发展服务平台也具有重要指导意义，这便是接下来在第二章和第三章重点讨论的主要问题。

第一节　演艺产业生态

伴随着恩格尔系数的持续下降，我国城乡居民文化消费能力持续提高，文化消费需求旺盛；在经济结构调整和产业升级的背景下，文化产业正在成长为国民经济的支柱产业，其文化供给能力不断增强。演艺产业作为我国文化产业体系的核心组成部分，产业形态基本形成，产业体量初具规模，供应端和需求端都具备了支撑产业快速发展的新动能。但是，演艺产业天然具有的特殊性，又导致了产业发展的复杂性。演艺产业的特殊性体现在两个方面：一是意识形态属性，始终把社会效益放在首位，并实现与经济效益的统一，这是产业实践层面需要创新性转化的必答题，理论的阐释和指引十分必要；二是“成本缺陷”，演艺产业的投入产出模式有别于一般产业，票房收入不能覆盖成本，如何建立相应的补偿机制，需要理论和政策层面的创新。鉴于当前国内外关于演艺产业的理论研究成果还不丰富，特别是针对演艺产业的产业本体的研究基本空白，与当前演艺产业发展的实践不相适应，演艺产业生态构建亟须破题。近几年，由生态学与产业经济学交叉而来的产业生态学相关理论开始被应用于研究产业的生态现象及发展规律，有为数不多基于产业生态理论进行的文化产业生态相关研究，但并没有深入到研究文化产业的某一具体产业领域，对于演艺产业的生态研究则是空白。产业生态视角下的演艺产业生态系统研究所选择的新视角，有助于从产业这一中观层面阐释演艺产业各产业主体之间、产业主体与外部环境之间的共生关系，有助于思考实践中现存问题的系统性解决方案，为演艺产业的健康可持续发展提供内在驱动力。

一、从演艺产业到产业生态

（一）演艺产业

演艺产业是文化产业的重要组成部分，其定义可以概括为在剧场、戏院、音乐厅等演出场所面向大众进行演出的商业化艺术表演活动，以及与之相关的演艺产品的生产、营销和消费过程。根据这个定义，我们可以发现演艺产业的一些特点：

1. 演艺产业属于文化经济活动范畴

演艺产业是面向大众进行演出的商业化艺术表演活动，这就使其区别于一般的群众文化娱乐活动，呈现出文化与经济的双重属性，特别是演艺产品的生产、营销以及消费过程，既要重视文化价值的传播，又要遵循市场经济规律。正如戴维·思罗斯比在《经济学与文化》一书中所言："文化资本作为一种资产，不仅可能具备经济价值，而且也会体现、存储与提供文化价值。"①

首先，价值是连接经济学与文化的基石。这是因为在经济学语境中，消费者、市场赋予商品多大的效用、多高的价格就意味着价值的高低，而在文化语境中，文化产品或服务处处体现着文化价值，任何文化活动都蕴含着一定的价值观。利用经济学中价值链的方法解析演艺产业，可以对演艺产业有一个全新视角的整体考察。演艺产业可以被描述为以原创的创意为核心，加上其他相关资源的投入（人力、物力、财力等）生产演艺产品或服务，然后不断向其他增值环节延伸，以进入演出市场和营销渠道，并最终在剧场这一场所到达消费者，进行基本的价值实现。可见，演艺产品或服务生产和消费活动广泛地涉及了经济交易，并且能够以某种方式进行产业循环，形成一个产业的发展。因此，演艺产业中的文化生产与消费过程都是可以处于产业分析框架之中的，并且生产、消费的演艺产品和服务与社会经济系统所生产的任何其他商品具有相同的经济属性。

其次，文化资本的存量和流量的问题。文化资本的概念最早由菲克瑞特·贝克斯和卡尔·福尔克提出，特指人类和自然环境的关系，认为文化资本是人类应对与改造自然环境的适应能力；布尔迪厄将文化资本解读为三种存在状态，即具体化状态、客观化状态和制度化状态；大卫·索斯比从可持续性和

① 戴维·思罗斯比：《经济学与文化》，王志标等译，中国人民大学出版社，2011年，第49页。

多样化两个角度分析自然资本与文化资本的区别，认为文化生态系统发挥着重要作用，支持、维护着人类文明的文化生活与文化活力。

文化资本存量是资产，拥有文化和经济双重价值，能够用实物量或者总价值等会计单位衡量。这些文化资本存量用于文化产品或服务的生产，最终进入到消费领域，同时优质产品又成为存量，能够与其他文化资本存量相结合，用于进一步的文化产品或服务的生产与消费，这一过程就产生了文化资本流量，并且是一个优胜劣汰的选择过程，可见文化资本存量与文化资本流量之间的转化已然构成了一个生态链。基于布尔迪厄的文化资本理论和环境经济学的自然资本理论，戴维·思罗斯比借助经济学理论重新阐释了文化资本，搭建起文化经济学理论体系；同样地，我们借助产业生态学的共生理论和文化经济学理论，基于演艺产业实践经验解释演艺产业主体之间的互动关系，从而构建演艺产业生态学的理论框架。

2. 演艺产业的基本生产要素

作为经济学基本范畴的“生产要素”（factors of production），是指社会生产经营活动中所需的各种社会资源，它们是维系国民经济运行及市场主体生产经营所必备的基本因素。

现代西方经济学将生产要素归结为土地、劳动力、资本以及组织（熊彼得特别突出了“企业家”的作用，将企业家作为第四种要素），随着科学技术的发展和知识产权制度的建立，技术、知识或信息也逐渐被当作独立的生产要素。参照以传统工业为核心的社会经济的基本生产要素，可以归纳出演艺产业的基本生产要素。

首先，与传统工业相同的是，演艺产业需要资本（capital）和组织（organization）这两个基本生产要素；其次，与传统工业不同的是，演艺产业所需要的劳动力主要是表演者的表演劳动，作为表演者的戏剧演员、演唱家、演奏家、指挥家、舞蹈家乃至体育选手都可统称为演员，因此演艺产业的基本生产要素之一是演员（performer）；第三，与传统工业以土地为基础资源不同，演艺产业的基础资源是“内容”（content），包括故事文本、剧本、乐曲、歌词以及通过身体语言表现的舞蹈编排等，因此内容是演艺产业的又一基本生产要素。综上

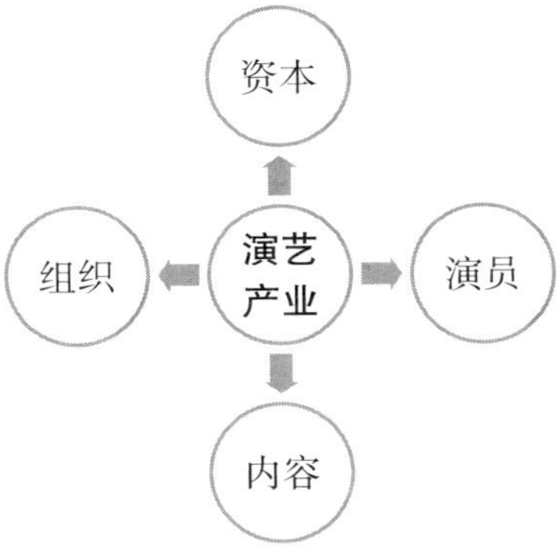

图1-1　演艺产业基本生产要素示意图

所述，演艺产业的基本生产要素包括资本、组织、演员和内容，如图1-1。

市场经济将生产要素也商品化了，生产要素以商品的形式在市场上通过交易实现流动和配置，从而形成各种生产要素市场。在演艺产业的四个基本生产要素中，内容和演员是演艺产业所独有的和最为基本的，所有演艺生产活动都要围绕这两者进行，因此，内容和演员的商品化市场流动也是构建演艺产业链的一个必要前提。然而，内容和演员都属于“艺术创作”或“文化创造”的范畴，其特殊价值属性使其在商品化过程中面临诸多障碍，因而长期以来都是以非商品化形式存在。虽然内容和演员是演艺产业的基本生产要素，内容创作与演员表演是演艺产业链最为基本的、也是劳动最密集的两个环节，但是它们却处于市场消费的最远端，在演艺产业链各环节中处于天然的弱势地位。

具体说来，首先，内容创作和演员表演是无形的，看得见却摸不着、抓不住，其文化价值虽然可以分解为审美价值、精神价值、社会价值、历史价值、象征价值、真实价值等，但是仍然很难进行有效的量化处理，而且这只是一种“专家评价”，常常与经营者的“经济评价”和潜在消费者的“大众评价”发生冲突，如此，在文化价值基础之上的经济价值就变得更加模糊，价值的模糊造成了市场定价的混乱。在实际运作中，创作者和表演者几乎难以掌握定价权，其价值也常常被低估。

其次，经济价值通常不能完全反映文化价值，内容创作和演员表演具有难以测量的“外部性”（externality），如一部作品或演员对其他创作者的启发、对整个社会的教育意义、对人类文化传承的重要价值等，这些都是实际存在但无法准确测量的，因而内容创作和演员表演就具有了“公共物品”的性质，在生产和消费两端都会引起“搭便车”行为，这对于创作者和表演者而言是“非效率”甚至是“负效率”的，会阻碍表演艺术水准的提高和表演艺术生产的持续进行。

（二）产业生态

产业生态是基于产业经济学与生态学衍生出的一个交叉学科理论，自1989年作为独立概念被提出以来，已有颇为成熟的研究成果。最近几年，我国学者将产业生态这一理论应用到文化产业研究中，初步提出了文化产业生态这一概念，但相关研究的成果数量还不丰富，理论展开的深度也还不够。演艺产业是文化产业中的一个重要产业形态，国家统计局修订的《文化及相关产业分类（2012）》将演艺产业核心的文化艺术创作与表演服务列入第三大类。关于演艺产业的定义有广义和狭义之分，这里所探讨的演艺产业是指在剧场、戏院、广场、体育场等室内外演出场所进行的、面向大众的商业化艺术表演活动以及与之相关的创作、策划、经纪、票务等活动，这与欧美国家表演艺术的概念相似。本书将基于产业生态视角，仿生文化产业生态概念，定义演艺产业生态这一概念。

生态学是产业生态理论演化发展的重要基础。目前被广泛认可的生态学的定义是：研究生物与其环境间相互关系的科学。生物是指生物系统中的动物、植物、微生物及人类本身这些有机体；环境是指无机因素、生物因素以及人类社会共同构成的环境系统。依照生态学中自然生态系统生产者、消费者与分解者的关系，产业间也可以形成相应的物质再循环过程。Frosch和Gallopoulos（1989）在《制造业的战略》这一篇经典论文中首次提出了关于产业生态系统的概念，“在这个系统中，能源和物质消耗被优化，废物排放最小化，而且，一个生产流程的废液变成另一个生产过程的原材料”[①]。由此，学术

① Frosch Robert A., Nicolas E.Gallopoulos:“Strategies for manufacturing ”, Scientific American, 1989, 261 (3), 94–102.

界开始了产业生态的相关研究。

基于文献研究，国内外关于产业生态学的研究可归纳为以下两个角度：

第一，产业生态学是协调产业经济活动与环境两者之间关系的一种方法或研究视角。该角度的相关研究基本上认为产业生态学是一门独立的学科，主要研究产业系统与自然生态系统整体之间的作用关系以及产业的可持续发展，是一门从产业生态系统演化而来的降低产业活动对自然环境的破坏，研究产业系统运行如何与自然生态系统相协调的科学。相关研究主要有两个方面：首先，产业生态学是从产业经济活动的整体物质循环过程，而非孤立地把握产业系统与环境的关系；其次，产业生态学要求着眼于当前产业活动在未来可能产生的与周遭环境的相互关系，追求可持续发展。1997年，由耶鲁大学和麻省理工学院合作出版的《产业生态学杂志》标志着产业生态学已然成为一门独立学科，并逐渐得到发展。T. E. Graedel等在著作《产业生态学》中对产业生态的定义重点研究企业组织与生物组织的相似性，从而强调企业发展与环境的协调关系。我国生态环境学者王如松、杨建新（2000）提出产业生态学是一门“系统科学”，是关于社会、经济、自然三者共同复合产生的生态系统的科学。①

第二，则是从生态学角度对自然生态系统的仿生、模拟，重点研究产业系统的生态化。这也是本书的理论基础。首先，产业生态化成为一种模拟自然生态系统而来的新型产业发展模式，基于对自然生态链的认识，不同产业部门之间、企业之间充分共享资源，能量和物质循环利用，降低消耗，消除环境破坏，从而保证经济发展质量，实现可持续发展。其次，产业生态化是运用产业生态的相关理论（生态学、系统工程等）经营、管理传统产业的过程，我国袁增伟、毕军等学者持此观点。Paul Hawken（1993）的《商业生态学》将产业生态定义为提供了一种大规模、整合的管理工具以设计产业基础结构，使其成为一系列相互关联、与全球自然生态系统密切相关的人工生态系统，把生态系统的概念应用到了具体的商业活动运作之中。而Micah D.Lowenthal，William

① 王如松、杨建新：《产业生态学和生态产业转型》，《世界科技研究与发展》2000年第5期。

E.Kastenberg（1998）则开始真正地把产业生态看作是从生态学中借鉴而来的一系列工具、原则和视角，将其应用到产业系统分析当中，包括了系统中物质、能量和信息流动对社会和环境的影响。此外，我国学者樊海林、程远（2004）认为生态工业园区这一表现形式正是基于模仿自然生态新系统中物质、能量以及信息流的运行而仿生而来的产业生态系统。在生态工业园区中，“不同产业流程和不同行业之间的横向和纵向共生，以及不同企业或工艺流程间的横向耦合及资源共享，使能量和物质的消费得以优化，废弃物的产出被最小化”[①]。黄欣荣（2010）的《产业生态论》则奠定了用生态系统方法研究一般性产业的理论基础。

综上所述，关于产业生态学，国内外学者的早期研究基本上都是用生态学的视角来解释产业活动与环境的关系，主要集中在构建产业生态对于区域环境的保护这一问题上。后期的研究应用则更为丰富，将产业生态理论发展到产业链的构建，以及经济领域的某些行业。

二、从演艺产业链到演艺产业生态

（一）演艺产业链

1. 产业链

产业链是由分工与专业化的扩展和深化而导致的产业运作方式的一种抽象概括。从不同角度可以对产业链进行不同的界定：“产品链”，即产业链上下游之间产品的投入与产出联系，上游环节的产品是下游环节的投入；“价值链”，价值链最先是由迈克尔·波特提出的一种企业战略分析工具，着眼于价值在各种生产职能环节中的创造与传递，所有生产职能环节构成一个“价值系统”；“知识链”，即产业链各环节分别拥有不同的专业化知识，知识是一种创造价值的能力，价值的传递实际上也是知识的传递和共享；“信息链”，产业链不仅仅是不同生产环节的机械组合，更是一个复杂的有机系统，信息的传递和反馈是保证这个系统生命力的关键。

产业链是产业组织形态和其相关制度安排的一种形象表达。随着分工与

---

① 樊海林、程远：《产业生态：一个企业竞争的视角》，《中国工业经济》2004年第3期。

专业化的发展，为了获得最高的经济效率，产业在竞争—垄断—竞争的动态过程中会趋向于一种交易成本和管理成本之和最低的组织制度结构。通常而言，在产业的导入期，靠自发的市场机制逐渐提高分工与专业化的程度，生产的各环节之间分散在市场之中，联系较为松散，交易成本较高、经济效率较低；在产业的成长期，企业组织开始成为生产活动的主体，交易成本降低的同时管理成本也会不断上升；在产业的成熟期，分工与专业化水平再度提高，经过一系列分化和整合，形成了兼具市场和企业优点的中间性组织，生产各环节形成了清晰、严密又具有一定弹性的关联，这就是典型的产业链；在产业的衰落期，产业链逐渐解体，生产各环节再度趋向集中于企业内部。

产业链的典型组织形式——中间性组织，如表1-1所示，包括多种具体形式，主要有虚拟企业、战略联盟、分包制、企业集群、供应链网络、特许经营以及企业集团等，这些都是现代经济中产业链的典型组织方式，每种形式各有自己的特点，适用于不同的行业、地区或发展阶段。

表1-1　企业间网络的具体形式

形式	主要特点
虚拟企业	临时性；核心企业的组织协调；高度信息化；资源或功能的虚拟性
企业集团	企业之间具有产权关系，集团内部趋于虚拟化、网络化、扁平化
特许经营	复制一种成功的经营模式，风险小、见效快、成功率高
战略联盟	资源互补；能力互动；知识共享
供应链网络	核心企业的组织协调；企业间的密切合作；参与企业的领先性和竞争压力
分包制	核心企业与配套企业的纵向分工，风险共担
企业集群	区位禀赋优势和内生比较优势的结合；竞争与合作共存

2. 演艺产业链

2009年9月，文化部出台的《关于加快文化产业发展的指导意见》对“演艺产业链”做了较为明确的表述，要求“积极整合创作、院团、剧场、经纪等演艺资源，形成剧本创意、演出策划、剧场经营、市场营销、演艺产品开发等紧密衔接、相互协作的演艺产业链……积极推动全国文化票务网络建设，以大中城市为主，尽快建成遍布全国的演出票务销售终端”。可见，所谓演艺产业链既是指围绕表演展开的环环相扣的一系列活动，也是指一系列不同资源在市场条件下的有机整合，因此可以对演艺产业链做以下定义：

演艺产业链是指整合创作、院团、剧场、经纪等演艺资源而形成的，集剧本创作、演出策划、剧场经营、市场营销、演艺产品开发等多个环节的，紧密衔接、相互协作的产业链条。

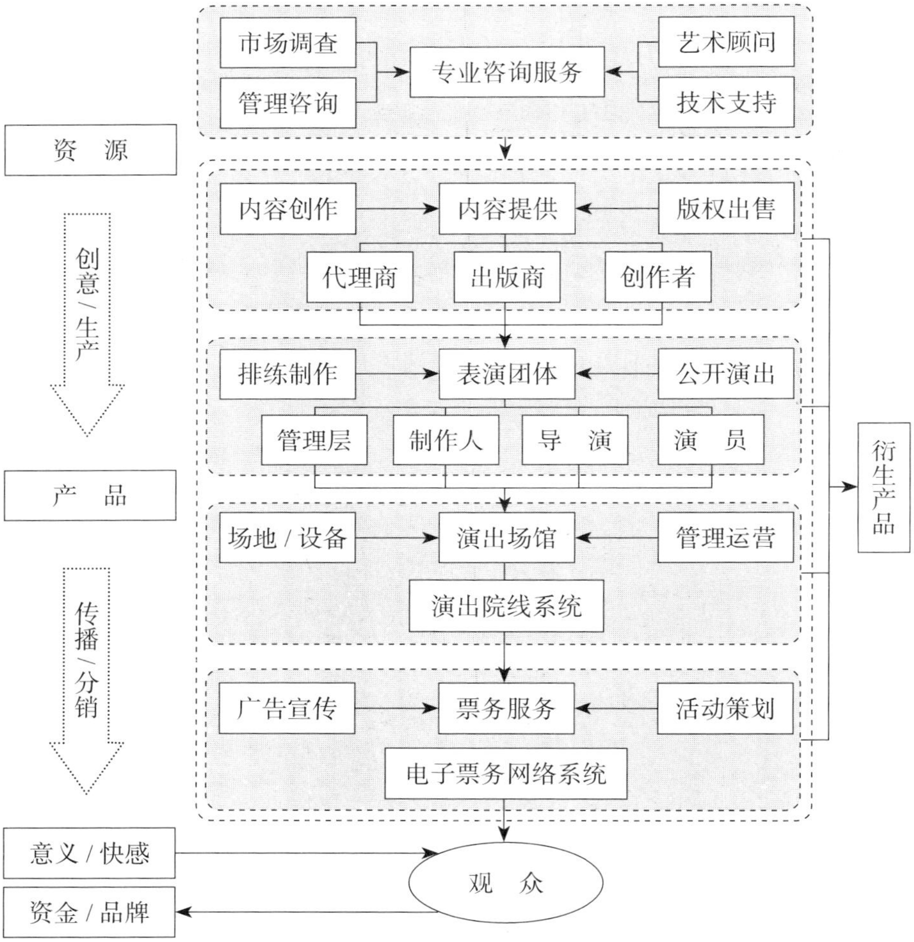

图1-2　演艺产业链的分析框架

“演艺产业链”概念的正式提出，一方面说明了政策制定者观念的进步，不再仅仅把演艺产业看作是院团转企改制、对外文化交流和公共文化服务的问题，演艺产业跟其他产业一样，有自己的一套链条和运作机制；另一方面也说明，经过几年的改革和发展，演艺产业已经逐步趋向成熟，中国演艺产业各个要素的布局已经基本成型，但是在行业结构上还存在诸多不足，在市场运行上仍存在很多障碍，有待形成可以自我营养、良性发展的“演艺产业链”。

如图1–2所示，演艺产业链的主体包含内容提供、表演团体、演艺场馆、票务服务以及衍生产品五个环节，每个环节又分别包含不同的主体，具有不同专业化职能，产业链整体上表现出从资源到产品、再到价值实现的循环过程。由于整个生产过程分化为不同的环节、每个环节都由不同的主体来承担，各环节上的主体就会拥有专业化的知识和信息优势，从而造成了合作中的信息不对称。信息不对称会使信息短缺一方处于劣势地位，进而会提高合作成本、影响合作效率，为了追求合作中的优势地位、提高合作效率，还会产生针对不同环节主体的专业咨询服务，这对于成熟的演艺产业链也是不可缺少的一环。

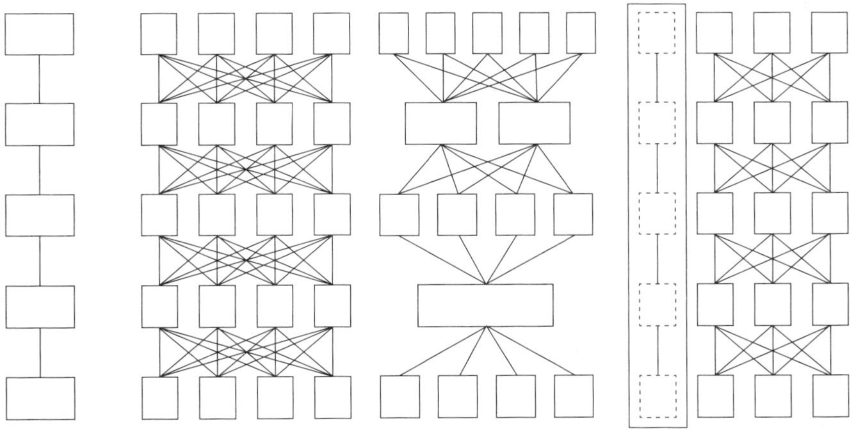

1. 极抽象简化的产业链　2. 完全竞争条件下的产业链（网络）　3. 出现横向一体化的产业链（网络）　4. 出现纵向一体化的产业链（网络）

图1–3　演艺产业链组织形态示意图

图1–3中的1所示只是针对一条演艺产业链的具体运行而构建的一个极抽象简化的模型。演艺产业链的本质在于通过产业链这种产业组织形式来实现表演艺术生产高水平的分工与专业化，实现风险的分担、化解和利润的共享、增值。要想实现此目的一条产业链是远远不够的，而需要有多条产业链同时运行并形成相互连通的网络（如图表1–3中的2），只有这样才能真正防止垄

断，保持演艺市场的开放、自由，并吸收更多的资金和资源进入演艺产业，激励各类市场主体展开合作和竞争，保证演艺产业的良性循环和健康成长。在演艺产业的发展过程中会出现基于自由竞争与合作的横向一体化（如图表1-3中的3）和纵向一体化（如图表1-3中的4）。横向一体化会导致同类企业减少，强化自身在产业链中的定价权，但是也会增加企业的管理成本，为了控制管理成本，会在一体化的基础上进行进一步的分工与专业化；纵向一体化在理论上也是有效率的，会降低市场交易成本、减少对市场的依赖、增强自身抗风险能力，但是日益增加的管理成本也会让其趋于进一步分化。对于成熟的演艺产业链而言，横向一体化与纵向一体化通常是在资本的推动下交叉进行的。

演艺产业链的概念和理论并不复杂，复杂的是演艺产业链的具体构建：链条的各个环节是由完全不同的力量构成的，有的环节之间隔着巨大的体制障碍，有的环节甚至还是缺失的，要在产业实践中将这些环节组成运行通畅的链条并不是一件容易的事情。从行业的宏观角度看，演艺产业链包含的三大生产环节——版权交易与演员经纪的要素平台、剧场院线以及作为分销渠道的电子票务系统，将是我国演艺产业需要重点发展的三个方面。

在产业链理论的相关研究中，影响最大的是1985年迈克尔·波特在其著作《竞争优势》中所提出的“价值链”的概念，即“用来进行设计、生产、营销、交货等过程及对产品起辅助作用的各种相互分离的活动的集合”[①]。国内最早出现的关于产业链的相关研究是傅国华首次提出的“农产品产业链”这一概念，在此之后，产业链理论也被应用到其他产业研究中。就演艺产业而言，曹晋彰分别从行业及企业微观层面研究演艺产业链的构建，从创作、院团、剧场、经纪等过程来把握，集合剧本创作、演出策划、剧场经营、市场营销、演艺产品开发全过程的产业链条。李海燕等基于对演艺产业价值链系统的分析，认为“需求分析、内容创作、生产制造、营销推广和消费交换”五个环节可以通过“价值挖掘、创造、开发、捕捉得到最后的实现”，探讨了完善和延伸演艺产业价值链的路径。在产业生态视角下，陈霞红、林日葵在《文

① 迈克尔·波特：《竞争优势》，陈小悦等译，华夏出版社，2001年，第53页。

化产业生态学》中准确定义了文化产业生态链，“在文化产业生态系统内，文化企业种群之间以及文化企业种群内部各业务单位之间在设计、生产、销售文化产品的过程中形成的价值链条”，并阐释了文化产业生态链的特点及其发展规律。

（二）演艺产业生态

由于我国产业生态研究发展起步较晚，产业生态理论研究未成体系，因此从产业生态视角进行的文化产业相关研究并不多。陈霞红、林日葵在《文化产业生态学》一书中，将产业生态理论引入文化产业发展研究中，尝试建立起文化产业生态学这一学科，把文化产业生态定义为“由文化产业的参与者共同构成的生物群落及其外部环境组成的统一整体，是一个具有信息传递以及物质与能量循环功能的系统”[①]。文化产业是一个有着类似于自然生态系统中生物群落进化演变规律的生态系统，在结构功能、演化发展以及运行机理层面探讨创意产业产生、发展以及衰落的演化规律。因此，参照自然生态系统，文化产业生态系统则是各文化企业主体与周边及外部环境发生物质、能量、信息和资金交换的过程，研究文化产业生态系统内部与外部各要素之间关系。

作为文化产业的重要组成部分，演艺产业既具有文化产业发展的共性，又具有作为一个独立产业形态发展的特殊性，当前学术界并没有关于演艺产业生态的一个公认定义，依据产业生态理论以及仿生而来的文化产业生态这一概念，我们将演艺产业生态定义为：由演艺产业内部的个体群落（内生系统）及其外部环境（外生系统）构成的，发生物质、能量、信息流动的统一有机整体，研究对象主要是构成演艺产业的内部产业主体、制约演艺产业发展的外部环境，以及两者之间的相互关系。

产业生态视角下的演艺产业不仅关注产业内部各环节之间的物质能量循环流动过程，同时要与外部环境联系起来看问题，使之得到整体性、系统性的研究，而不是孤立地研究产业活动。因此，演艺产业生态所追求的便是构造一个合理的演艺产业生态系统，这个系统由横向产业生态系统空间布局以及纵

① 陈霞红、林日葵：《文化产业生态学》，浙江工商大学出版社，2012年，第8页。

向时间的产业发展周期两个维度共同构成，同时这两个维度相互交织，紧密联系，共同搭建起网络状态的演艺产业生态系统，互惠共生。

1. 演艺产业生态系统横向空间布局

如图1-4所示，自然界的生态系统中包含生物群落和无机环境两个组成部分，相应地，演艺产业生态系统也由内部的产业主体以及外部的产业环境构成。

首先，在演艺产业生态系统中，“生物群落”包括生产者、传递者、消费者、分解者以及监管者等处于产业内部的行为主体，具体来说，包括演艺产品创作生产者，演艺院团，剧场、剧院、场馆，演出经纪机构及票务公司等中介服务机构，衍生产品环节，政府相关部门，行业组织、媒体以及观众等组成部分。这些组成部分在演艺产业生态系统内部分别扮演着不同的角色，功能特点各自不一，同时也相互联系，互惠共生，共同影响着演艺产业生态。其中，剧场、剧院、场馆（后统称为剧场）是整个演艺产业生态系统中重要主体，是联系演艺产业上游、下游环节的中间环节和关键环节，贯穿着演艺产业从生产、

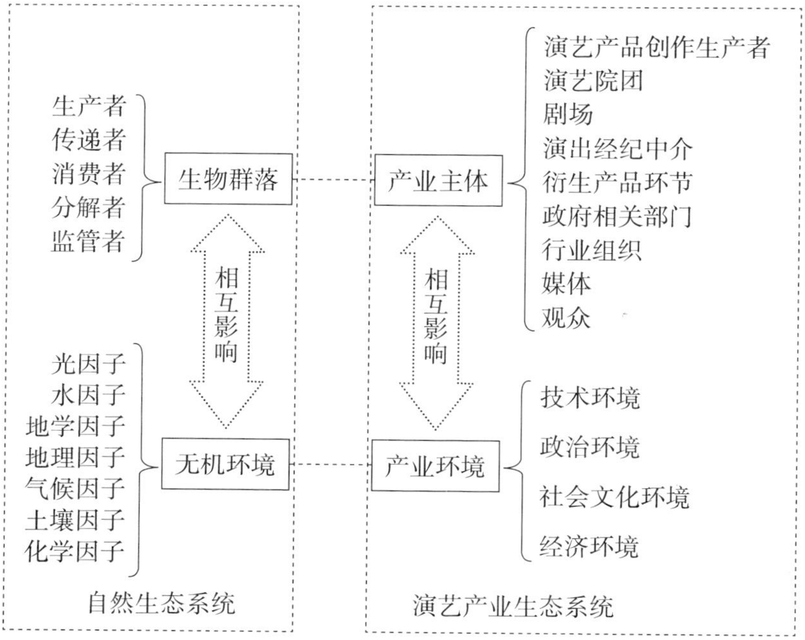

图1-4　演艺产业生态系统图

销售到消费的全过程。“剧场中心”模式在演艺产业内容生产及后期的演艺产品宣传营销环节发挥着不可代替的作用。具体来说，第一，剧场是演艺产品实现市场化的平台，同时演艺产品又通过剧场演出这一环节得到市场反馈，正是这种循环增值的过程，使得演艺产业生态得以真正实现。第二，剧场也是演艺人才培养与提升的关键环节。不管是剧本创作人员、导演、表演人员还是剧目营销推广人员，都需要在剧场这一终端环节得到相关经验，并不断实现个人专业技能的提升。第三，剧场之间形成的院线联盟对于整个演艺产业生态系统的运行意义重大。目前国内各剧场之间有意于促成院线联盟以拓展演艺市场，搭建演艺产业营销新体系，从而实现演艺产业发展的规模化、集约化。

其次，“无机环境”则是演艺产业的外部环境，包括技术环境、政策制度构成的政治环境以及社会文化环境、经济环境等相关的运行机制。作为演艺产业生态系统中的外部无机环境，同样参与产业内部、产业与产业之间的物质与能量循环过程，并发挥作用。技术环境始终是影响经济社会发展的重要因素。基于历史分析，科技创新主导了文化产业的发展演化，高新技术支持下的演艺产业在内容载体、表现形式甚至营销宣传等环节上得到了新的释放和成长。近几年，数字媒体技术的快速迭代不断推动着演艺产业实现产品创新，升级运营管理模式，加速产业融合。就政治环境而言，由于我国演艺产业的重要主体都正处于由事业属性向产业属性转型转制的特殊阶段，大多数院团已经实现转企改革，成为市场主体。但在这个文化体制改革的大背景中，政策制度等构成的政治环境始终深刻地影响着演艺产业发展的动态和走向，国家的宏观政策环境左右着整个业态的进退。

总的来说，在演艺产业生态中，由演艺产品创作生产者，演艺院团，剧场、剧院、场馆，演出经纪机构及票务公司等中介服务机构，衍生产品环节，政府相关部门，行业组织、媒体以及观众等主体，共同构成的演艺产业生态系统的“生物群落”，是整个演艺产业生态有序运转的核心部分；由技术环境、政策制度构成的政治环境以及社会文化环境、经济环境等相关的运行机制构成的演艺产业生态外部的“无机环境”，则深刻影响着演艺产业生态系统中的每一个环节、每一个主体，在整体上保障着演艺产业生态的健康运行、持续发展。

2. 演艺产业生态系统纵向产业周期性演化

根据生态位理论和产业生命周期理论，整个演艺产业生态系统会经历萌芽期、成长期、成熟期和衰退期四个阶段，生态位能够清晰地表明在某种特定的时间、空间下物种之间以及物种与特定的周围环境所呈现出来的不同的功能与位置。①在不同的阶段，演艺产业生态系统的内生态位和外生态位均体现不同的特征，见图1–5。

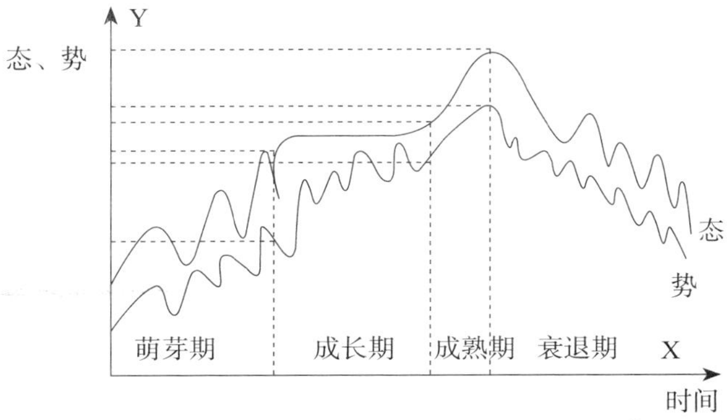

图1–5　产业链竞争力生态位变化模型②

自然生态系统的进化现象在一定程度上可以用来分析演艺产业生态系统的演化动态，在微观层面上，演艺企业在经历创立、成长、成熟直到衰落的全过程中都要与外部环境发生紧密联系，是不断随着外部环境（包括政府、竞争企业、中介组织等）的变化而不断进化的过程。强势主体的发展在产业系统内占据主导地位，弱势主体逐渐淘汰，根据波及效应，系统内其他产业部门也会得到相应影响，或者得到发展，或者衰落。因此在宏观层面上，在演艺产业生命周期的不同阶段，演艺产业生态系统内部生物群落不断地与生态位各因子

① 钱辉：《生态位、因子互动与企业演化——基于生态位的企业成长机制探究》，浙江大学出版社，2007年，第42页。

② 图表来源：刘烈宏、陈治亚：《基于产业生态理论的产业链竞争力演进与机理研究》，《中外企业》2015年第12期。

以及外部环境产生能量、物质以及信息交换，得到发展，同时演艺产业的关联产业，以及相应的辅助体系也得到了发展，是一个动态演化的过程。根据保罗·罗默提出的创意产业规模报酬递增规律，演艺产品一旦创作成品，创意的非竞争性决定了这一产品可被不断复制传播，而只涉及创作初期的一次性成本。因此，在整个纵向上的产业生命周期进化过程中，演艺产业生态系统是一个资源不断得到深度开发利用、产业价值不断得到增值提升的进化过程，是“生态”的系统。

生产要素是经济学的概念，构成了社会经济生产经营活动中所需的资源，归结为土地、劳动力、资本及组织四个部分。基于上文分析，在由内部“生物群落”及外部“无机环境”构成的演艺产业生态系统中，演艺产业所涉及的构成要素具体有作为主体的政府有关部门、演艺企业、中介及服务机构和相关研究机关，作为客体的有演艺产品及相关服务，当然还有环境因素。这些要素及主体构成了演艺产业复杂的生态群落，既相互独立又相互联系，是一个有序流动、上下中游协同合作、互惠共生的有机整体。

第二节　演艺产业生态系统运行机理

如果说演艺产业生态系统表明产业生态视角下演艺产业的静态总体布局，演艺产业生态链则阐述了演艺产业各要素之间的动态流动过程，它们两者一静一动，显示了演艺产业生态系统中的价值流动。因此，基于上述相关理论分析，结合演艺产业的独特性，演艺产业生态链可定义为演艺产业中企业以及相关机构内部，各企业之间，企业与外部产业环境产生联系（既竞争又合作），扩散价值而形成的一个上下联动、左右衔接的有机系统。其具有开放性、包容性的生态属性，不再是一个横向或纵向的单一线性链条，也不再具有明显的起点和终点，而是一个延伸、深化了的有机系统。这个系统内部的各要素之间是既独立又联系，既竞争又合作的关系，是一个类似于生态链的网络系统。在演艺产业生态系统内部，各企业之间高效协作，交换创意、信息等核心生产要素，联系紧密，实现了演艺产业上游开发、中游拓展、下游延伸，附加价值得到最大化开发，整体竞争力不断得到提升；从外部来说，演艺产业生态系统中各企业与外部相关产业部门（政府、中介组织等）之间形成良性互动，产生巨大的带动效应，这种联系相对分散，但十分必要。

一、演艺产业生态共生系统

产业生态视角下的演艺产业研究不是孤立地研究产业活动，它不仅关注产业内部各环节之间的物质能量循环、流动过程，同时将内生态系统与外部环境联系起来看问题，使之得到整体性、系统性的研究。因此，演艺产业生态所追求的是构建一个合理的演艺产业生态系统。自然界的生态系统包括生物群落和无机环境两个组成部分，相应地，这个演艺产业生态系统包括由各演艺产业主体所构成的内生系统和由演艺产业外部环境因素构成的外生系统两个部分，这两个系统相互交织，紧密联系，互惠共生，共同搭建起网络状态的演艺产业生态共生系统，如图1–6。

需要指出的是，根据生态位理论和产业生命周期理论，整个演艺产业生态系统会经历形成期、成长期、成熟期和衰退期四个阶段，在不同的阶段，演艺产业生态系统的内生系统和外生系统呈现出不同的产业特征和发展态势。

总的来说，在演艺产业生态中，由演艺产品创作生产者，演艺院团，剧场、剧院、场馆，演出经纪机构及票务公司等中介服务机构，衍生产品环节，政府相关部门，行业组织、媒体以及观众等产业主体构成的演艺产业生态内生

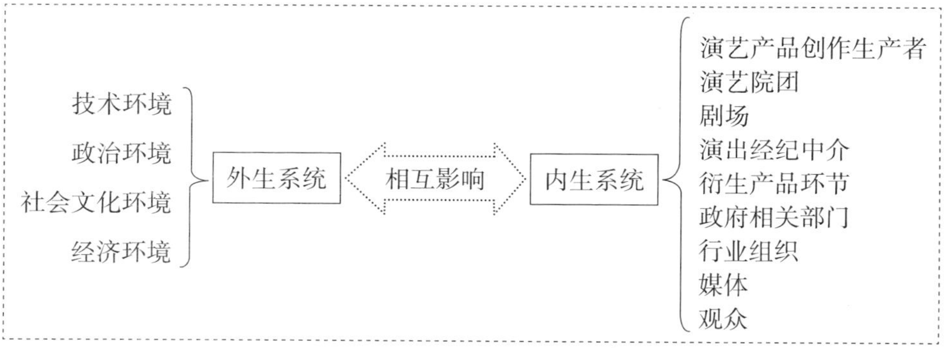

图1–6　演艺产业生态共生系统

系统是整个演艺产业生态有序运转的核心环节；由技术环境、政策制度构成的政治环境以及社会文化环境、经济环境等相关的运行机制构成的演艺产业生态外生系统则深刻影响着演艺产业生态系统中的每一个环节、每一个主体，在整体上保障着演艺产业生态的健康运行、持续发展，两者共同构成了演艺产业生态共生系统。

二、演艺产业生态共生系统基本特征

“共生”这一概念最早由德国生物学家德贝里（Anion debary）于1879年提出，是指“两种或多种生物之间必然按照某种相互依存、相互作用的模式生存，从而形成了共同生存、协调进化的共同生存关系”。丹麦卡伦堡公司作为产业共生理论的最佳实践，出版了《产业共生》一书，书中将产业共生定义为：“不同企业间的合作，以共同提高企业的生存能力和获利能力，同时实现对资源的节约和环境保护。”产业共生是自然生态系统的仿生概念，共生单元、共生环境以及共生模式是产业共生系统的三要素，共生单元在一定的共生环境中遵循某种共生模式而形成资源交换、价值创造的动态关系，构成了一个完整的产业生态系统。就演艺产业生态共生系统而言，共生单元是指在整个演艺产业链中，参与到演艺产品生产、流通、消费全过程的各产业主体；共生环境是指深刻影响演艺产业发展走向的外部环境；共生模式是指共生关系，即内生系统中各产业主体内部及各产业主体之间，内生系统与外生系统之间所形成的融合、互动、协调关系。因此，我们可以将演艺产业生态共生系统定义为由演艺产业内生系统和演艺产业外生系统两部分共同构成的，演艺产业中企业以及相关机构内部，各企业之间，企业与外部产业环境之间产生竞合关系，价值增值而形成的一个上下联动、左右衔接的有机系统，其具有开放性、包容性的生态属性。产业链的连续性质以及基于产业链而带来的价值创造分别构成了演艺产业生态共生关系成立的内因和外因，但演艺产业生态系统不再是一个横向或纵向的单一线性链条，也不再具有明显的起点和终点，而是一个延伸、深化了的有机系统，这个共生系统内部的各要素之间是既独立又联系，既竞争又合作的关系，是一个类似于生态链的网络系统。

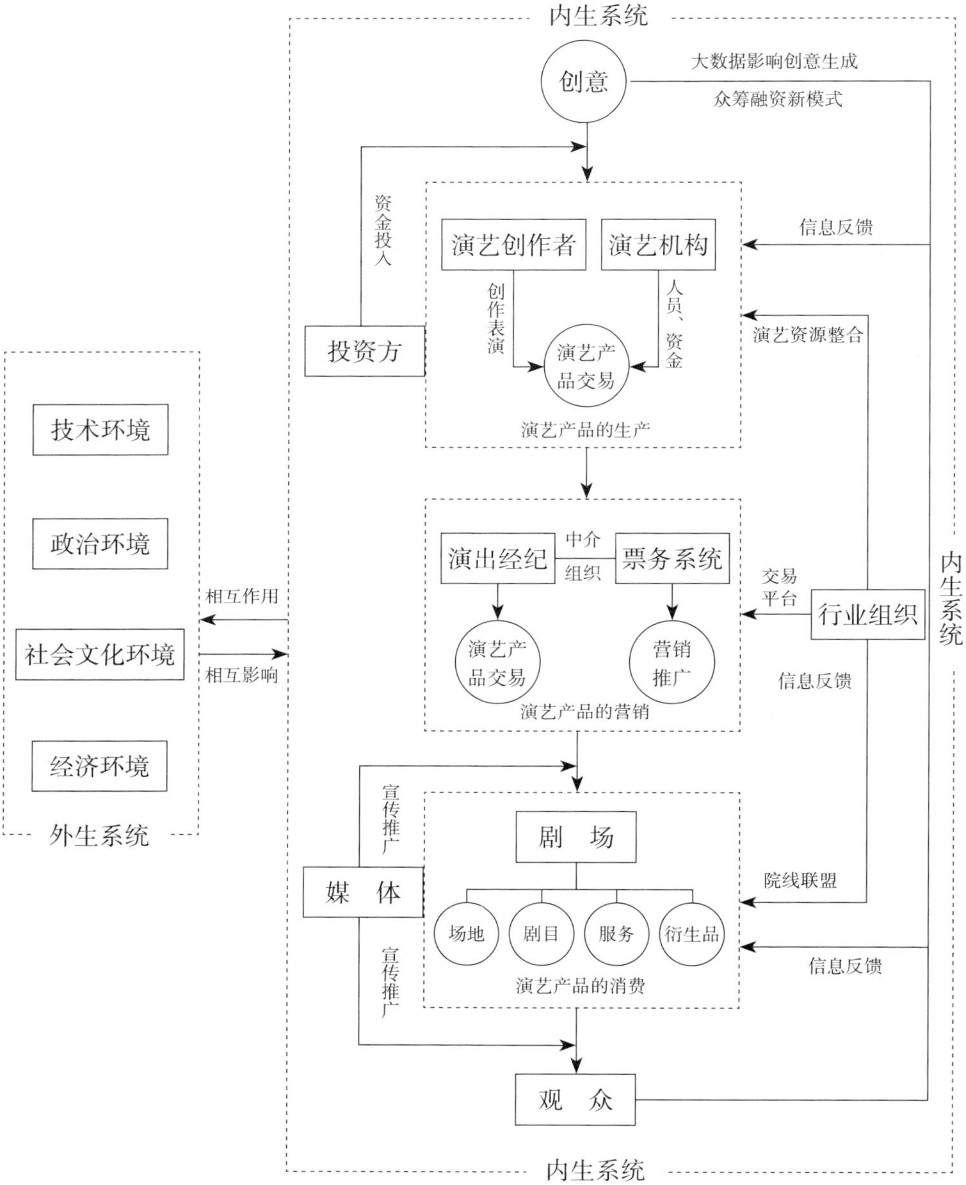

图1-7　演艺产业生态共生系统

在此，我们基于理论模型的构建（如图1-7），从我国演艺产业发展现状出发，对演艺产业生态共生系统的基本特征和内在机理进行阐述和分析。

首先，高度整体性。类似于自然生态系统中生物的群落特征，演艺产业生态共生系统也具有集聚的特点，并呈现出高度的整体性。传统产业集聚一般表现为企业在一定区域的简单叠加，产业共生所追求的整体性并不是指单一产业链条从起点到终点的完整，而是这个演艺产业生态共生系统呈现出来的一个交织的、多层次的复杂网状结构的完整，包括了演艺产业各环节内部、各环节之间以及演艺产业与其他产业的联系互动，以产生外部经济和规模经济。此外，演艺产业生态共生系统的整体性还体现在对价值共创的一致追求，这也是产业共生的天然属性——融合的基本前提。尽管合理分工是共生系统运行的原则，合作竞争是共生系统发展的动力，但各共生单元都是在共同的利益追求下达成了高效的融合、协调及互动关系。

其次，有机循环、不断增值。自然生态系统中的物质与能量转换是一个不断循环往复的过程，成熟的演艺产业生态共生系统也应如此。一方面，演艺产品从最初的演艺企业的生产创作、经纪及票务公司等中介服务组织的营销推广到剧场上演，相关衍生产品的售卖，终端是消费者，而消费者不断反馈信息，创造新的文化消费需求，形成一个回路循环到上一轮回中处于起始阶段的演艺产品生产创作环节，这里消费者成为始端，重构为一个反馈式流程，具有循环经济的特征，整个产业生态链的始端与终端界限模糊、不再清晰。另一方面，文化产品的生产与消费过程会产生价值增值，对于整个演艺产业生态共生系统来说，物质循环往复过程也是一个价值创造的过程。共生理论追求的就是互利与共赢，实现增值效应，演艺产品的价值是一个不断累积增值的过程，演艺产业内生系统中的各行为主体也是一个不断累积经验得到提升的过程。当然也存在增值不成功，反而价值量减少甚至消失殆尽的情况。

最后，“生态”化发展。正如上文所述，演艺产业生态内生系统与外生系统共同构成了一个完整的生态共生系统，一方面内生系统各主体各司其职，又相互影响，成为演艺产业生态链条上环环相扣的节点，主体与主体之间的耦合共生关系正是这条从生产者—消费者—分解者完整生态链的基础；另一方面，演艺产业生态共生系统决不是简单的演艺企业的集聚，演艺产业也高度依赖着外部产业环境，营造适应其发展的生态环境十分重要，它们的共同追求是最大限度地发挥产业生态化的作用，即真正地实现资源能源在各演艺产业部门的高效利用，减少物质消耗，降低环境污染，以促进经济、社会、生态三者和谐发展。这一资源交换行为是共生关系成立的前提，也是共生系统内在机理运行的表现之一。

三、演艺产业生态系统运行机理

产业生态视角下的演艺产业研究不是孤立地研究产业活动，它不仅关注产业内部各环节之间的物质能量循环、流动过程，同时将内生态系统与外部环境联系起来看问题，使之得到整体性、系统性的研究。因此，演艺产业生态所追求的是构建一个合理的演艺产业生态系统。自然界的生态系统中包含生物群落和无机环境两个组成部分，相应地，这个演艺产业生态系统包括由各演艺产业主体所构成的内生系统和由演艺产业外部环境因素构成的外生系统两个部分，这两个系统相互交织，紧密联系，互惠共生，共同搭建起网络状态的演艺产业生态共生系统。

演艺产业生态共生系统主要涉及两个方面的内容：一方面各共生单元各司其职，合理分工；另一方面这些共生单元在一定的共生环境中通过资源交换、价值创造等行为产生共生关系。依据文化产品的生产与消费相关理论以及上文理论模型构建，演艺产业内生系统被划分为三个环节：演艺产品生产环节、演艺产品的流通环节以及演艺产品的消费环节。基于此，我们分析演艺产业共生系统中这三个关键环节所涉及的各共生单元以及它们三者之间形成的共生关系的内在机理。

（一）共生单元——产业主体各司其职

一般来说，共生单元可以是企业层次的、产业层次的、甚至是区域和国家层次的，不同层次的共生单元组合会产生不同的共生关系。[①]本文研究的是演艺产业生态问题，主要关注企业层次的共生单元。因此，演艺产业生态系统共生单元主要包含了演艺产品生产环节的演艺机构（表演团体、剧目创作单位），演艺产品流通环节的演出经纪机构及票务服务平台等中介组织，演艺产

---

① 胡晓鹏：《产业共生：理论界定及其内在机理》，《中国工业经济》2008年第9期。

品消费环节的院线、剧场以及观众，相关政府部门，行业组织，投资方以及媒体等主体。这些共生单元自发地各司其职，通常都兼任多项职能：演艺机构几乎承担了演艺产品生产环节全部工作，从前期资金筹备、人员组织到各项工作的统筹协调；演出经纪与票务平台不仅负责演艺产品的销售与交易，还积极发挥着营销推广的功能；相关政府部门一方面监管演艺行业发展、审核演艺产品内容，另一方面也通过政策、资金等手段扶持演艺产业发展，等等。

共生单元要协调好数量与质量、形态与功能两组关系：数量产生集聚效应，质量强调企业主体的发展能力，进而影响最优共生关系的达成；形态产生多元化，功能在于可持续的影响力。因此，要在演艺产业发展的不同阶段关注不同协调关系的转化，在继承和保留原有的功能性质的同时，寻找差异化共生，创造最优共生关系。正如剧场这一核心要素环节，在如今演艺产业的发展中，剧场已不再仅仅是演艺产品实现价值转化的场所，开始担负着更多功能，如北京繁星戏剧村的“场制合一”（剧场运作与戏剧制作一体化）与“剧场综合体”的剧场运作经营模式，为剧场在演艺产业生态中的作用呈现了更多可能性。“场制合一”模式实现了独立制作人与导演工作室联合创作、共担风险，同时与剧场约定演出场次形成固定规模，这不仅有助于保障演艺产品质量，也带动了繁星戏剧村内经营场所的有效利用，降低了经营成本，分摊了市场风险，拓展了利润空间，保证了繁星戏剧村的良性发展。此外，繁星戏剧村开创了国内演艺产业的首家集群式剧场新模式，拥有5个小剧场，实现了多厅演出，为观众提供了更多便利和选择；打造了一个体验式的剧场艺术空间，场地内设有书吧、美术馆以及戏剧主题餐厅等配套场所，具备展览、讲座、沙龙、餐饮等多种文化功能，可满足观众综合文化休闲需求。

（二）共生关系——互动、互惠、共生

共生关系意味着各共生单元之间产生了物质信息交流和能量互换关系，体现了共生单元之间相互作用的作用方式及作用强度。[①]从整个演艺产业生态

① 王珍、鲍星华：《产业共生理论发展现状及应用研究》，《华东经济管理》2012年第10期。

共生系统来看，一方面，以演艺产业各产业主体为核心的内生系统中，各企业高效合作，实现了演艺产业上游开发、中游拓展、下游延伸，使整体竞争力不断得到提升；另一方面，由外部产业环境构成的外生系统积极与内生系统产生联系，深刻地影响着内生系统各产业主体与外生系统中相关产业部门形成良性互动，形成极大的带动效应，这种联系相对分散，却不可或缺。

具体来说，演艺产业生态共生系统包含三个方面的共生关系：外部产业环境（外生系统）与内部产业主体（内生系统）的互动关系，生产、流通与消费各环节的三方互动关系以及生产、流通与消费各环节内部的互动关系。

首先，外部产业环境与内部产业主体的互动关系是指经济环境、政治环境、技术环境与社会文化环境对内生系统演艺产品生产、流通与消费三个环节的深刻影响。其中，政治环境影响着演艺产业生态的稳定性。作为文化产业的重要组成部分，截至2015年，中国演艺票房突破百亿大关，但迅猛发展、繁荣发展的背后必然乱象丛生，政府在推动中国演艺产业健康有序发展方面发挥着至关重要的作用。文化产品具有商品和文化双重属性，追求社会效益与经济效益的双效统一，政府部门通过市场引导和政策扶持等手段，把关演艺产品生产、流通与消费全过程，有助于生产人民喜闻乐见的演艺产品，满足人民群众日益增长的精神文化需求。此外，技术环境极大地促进了演艺产业的快速发展。演出设备，灯光舞美技术的升级换代，大数据、虚拟现实等高新技术的应用普及深刻地影响着演艺产品的内容与形式、生产与消费。运用大数据技术，掌握观众的文化消费习惯与偏好，应用在演艺产品生产的始端——创意这一环节，有助于迎合观众需求、保障演出票房。全息投影技术为演艺产品的演出提供了更丰富多样的视觉盛宴，丰富了观众的审美体验。

其次，生产、流通与消费各环节的三方互动关系发生在演艺产业内生系统，是指从演艺产品生产到演艺产品的流通、演艺产品的消费整个过程中，这三个环节之间的互惠共生关系。演艺产品生产环节提供产品，流通环节进行产品交易与售卖，消费环节是演出产品的价值实现，三个环节环环相扣却并非单一链条式关系。在演艺产品的消费环节，剧场根据剧目的上座率掌握剧目的受欢迎程度，将信息反馈给上游的流通环节，演出经纪与票务平台等中介组织可以据此调整剧目场次，以满足观众需求、降低剧场经营成本；同样地，信息反馈到生产环节，有助于演艺机构迎合观众喜欢，创造有盈利保障的演艺产品。举例来说，互联网时代众筹这一融资模式在一定程度上改变了演艺产品内生系统的运行秩序，演艺产品的流通环节走在了演艺产品的生产环节前方，在众筹平台形成规模需求、网友融资达到预期之后，项目才投入生产，从而规避了风险，也不失为一种营销推广手段。

最后，生产、流通与消费各环节内部的互动关系体现在这三个环节中不同企业部门以及同类企业间的关系。在演艺产品生产环节，演艺机构为产品创作提供资金支持，配置相关资源，保障产品的顺利生产；演艺作品创作者负责剧目的剧本创作、剧目的编排表演等工作，两者协作进行演艺产品及服务的生产活动；在演艺产品流通环节，虽同为中介服务组织，但演出经纪机构主要涉及演艺产品的交易，票务平台则主要是演艺产品演出票券的售卖，两者分工不同、职能各异，共同承担起演艺产品的流通工作；在剧场为核心主体的演艺产品消费环节，围绕剧场建立起统一院线，如保利剧场院线，或者剧场之间建立起的联盟性质的行业组织，如跨区域组成的演艺联盟组织，这些不同形式的互动，有助于整合资源、提高资源利用率。

总的来说，以上三个环节的互动关系并不是孤立存在的，而是一种动态互动关系，是演艺产业生态共生关系内在机理的具体表现，并且构成了这种共生关系持续进化的物质基础。

第二章

演艺产业生态构建的关键环节——剧场

演艺产业的可持续发展，取决于整个产业生态的系统性优化。在整个演艺产业内生系统中，剧场处于生态结构的核心，发挥着演艺产业资源配置的关键作用。

本章结合我国演艺产业发展现状首先讨论“演出院线”这一概念，它是以剧场为依托、以剧目等演艺资源为纽带，在一个经营实体主导下，演出团体与剧场以资产联结或者契约加盟的形式进行合作而形成的一种新型演出经营管理机制。演出院线得以有效运营的关键在于剧场，即在演出院线机制下，演艺产业生态内生系统中各产业主体紧紧依托剧场进行合作、联盟，从而实现共生关系的不断优化、升级。院线则是剧场功能的进一步强化，体现为多个个体相加后的乘数效应。接下来是分析我国剧场运营管理现状，指出普遍存在着的建设与运营脱节、缺乏科学有效的运营管理机制、资源利用率低等问题，讨论阻碍演艺产业健康持续发展的深层次原因。最后，提出加强剧场管理标准化建设，建立剧场管理服务标准体系，推动剧场管理服务规范化，提高剧场专业化运营能力，消除行业壁垒、形成剧场联盟，是演艺产业良性生态形成的必要前提。

第一节　演出院线

随着演出市场的发展，在市场化运作中发展起来的“演出院线”机制日益得到发展，在打破演艺产业市场分割、打通演艺产业内生系统产业链条、提高演出资源利用率等方面发挥着日益重要的作用。以演艺产业生态这一视角作为研究思路，探讨在演出院线的经营管理机制下，作为核心环节的剧场与各演艺产业主体是如何产生共生关系，又构建起怎样的演艺产业内生态系统共生关系，这对于完善剧场经营管理，繁荣演出市场，优化演艺产业生态，推动我国演艺产业健康有序发展有重要意义。

演出院线是以剧场为依托，以剧目及演艺资源为纽带，在一个经营实体主导下，剧场以资产联结或者契约加盟的形式进行合作而形成的一种演出经营管理机制。处于演艺产业生态内生系统的演出院线搭建起剧场、演出团体以及演出票务三方互利共赢的共生系统，形成了从剧目创作的演艺产品生产环节、剧目推广及票务的演艺产品营销环节到剧目演出的演艺产品消费环节的网状互动共生关系。但是由于演出院线发展研究仍处于探索阶段，关于演出院线的理论研究还不丰富。目前国内关于演出院线的研究，更多地关注演出院线在市场化运作中的实践及其运营模式探讨，而较少涉及在演艺产业全局中演出院线的运作机理分析。因此，分析演艺院线共生系统中剧场、演出团体及演出票务的具体职能以及三者间共生关系的作用机制，探讨演出院线将呈现的从松散走向集聚、经营模式不断创新、业务范围不断扩大等发展趋势，不仅具有理论创新价值，对于推动演出院线进一步发展，优化演艺产业生态也有一定指导意义。

一、演出院线的基本内涵

作为演艺产业近几年才发展起来的一种经营管理机制，早期演出院线主要是以剧场联盟的方式运作，属于演艺产业生态内生系统的范畴。因此，演出院线的核心构成要素由演艺产业生态内生系统中的一些产业主体构成，包含了演艺产品生产环节、演艺产品营销、演艺产品消费环节中的部分要素。参考电影院线概念，总结近年来我国演艺院线实践经验，构成演出院线这一运营管理机制的核心要素主要是以下五个方面：

（一）剧场——演出院线的核心主体

剧场作为演出的重要场所，在演艺产业生态内生系统中处于中心环节，同时也是连接演艺产品和观众的桥梁，在演出院线经营管理中处于核心地位。剧院通常指室内的表演场所，而剧场作为表演场所的总称，涵盖户外广场及室内建筑。这里采用的剧场概念，一般由三个部分构成：表演区域、观看区域以及其他附属演出空间。现代意义的剧场不仅具有为观众提供服务、为演员提供表演场所的功能，同时也肩负着保护和传播文化艺术、提升民众文化艺术修养的重要使命。

（二）剧目及演艺资源——演出院线的运营内容

剧目及演艺资源是演出院线经营运作的内容部分，在演艺产业生态内生系统中作为演艺产品要素流通。剧目有国外引进（或购买）剧目和国内原创剧目等类型，演艺资源则包括了舞台设施、声光电设备、演职人员等资源。剧目及演艺资源通常属于演出团体，特别是在演艺产品生产环节，演出团体创作生产剧目，组织排练表演。引进（或购买）剧目通常采取全国巡演的方式，而原创型剧目有的采用驻场演出的方式。

（三）院线经营管理机构——演出院线的运作主体

演艺产业生态内生系统将院线经营管理方视为第三方组织，沟通演艺产品生产、营销、消费全过程。院线经营管理部门可以是一个独立的专业化剧场管理公司，也可以是既拥有演出公司又执行剧场经营管理活动的公司，当然也可能是由演出院线内各剧场甄选人员组成的经营管理机构。作为演出院线的运作主体，院线经营管理机构并不参与演艺产品从创作生产、营销到消费的具体实施过程，而是作为主导方在统筹调度剧目及演艺资源，协调剧场及演出团体合作关系方面发挥作用。

（四）院线制——演出院线的组织形式

受电影产业的启发，我国的演艺业借鉴院线制这一发展模式，通过产业链上剧场这一核心主体的联合组成演出院线，力求通过整合演出市场资源，实现演艺产业规模效应。“院线制”的发展，可以联合各剧场、院团形成合力，做到业务协调、资源共享、风险共担、利益互惠，并通过连锁经营的方式减少成本、降低票价，让观众消费得起高质量的文艺演出。演出院线作为我国演艺业的经营模式，经过几年的探索实践，相对于传统单体剧院的运营管理来说，以其规模化和集约化在演出市场取得了较为显著的效果，目前形成了以保利院线、中演院线为代表的国有院线和戏逍堂、繁星戏剧村、刘老根大舞台等民营院线组成的院线市场。

（五）标准化管理——演出院线的管理方式

标准化管理是指演出院线的演出运作主体依据相同的管理模式，采用标准化的管理手段对成员剧场进行统一运营与管理，以保证各成员剧场都达到较高的经营管理水平。演出院线采用标准化的管理方式有利于剧场管理服务科学化、规范化，有利于提高院线的整体运营效率，从而实现效益最大化。就演出院线而言，标准是各成员剧场协商一致、共同遵守的规范，标准化体现的是一种量化的管理思想，强调的是规则意识。由于剧场的内部架构复杂，剧场的经营管理需要不同专业、不同层次的人才。剧场院线高效率运营和可持续发展的关键在于专业人才，然而目前剧场的工作人员大多都是边学边干，专业经营管理知识缺乏。剧场经营与管理的专业人才，应熟知演出市场的发展规律、文化艺术方面的政策法规，具备良好的艺术理论素养与剧场经营管理的专业知识。专业人才组成的专业团队，才能起到统筹剧场发展全局的重要作用。

此外，演出票务是指为观众提供票务服务的相关业务，需要建立起快速便捷的信息系统、具备快速精准的结算能力以及多样化的购票渠道。目前，国内票务系统的主要形式有网络购票系统、专业票务服务公司、剧场下设票务部门等[①]，部分演出院线拥有自己的票务服务部门，如中演院线的中演票务通，不局限于院线内的剧目、剧场信息，而是面向整个演出市场，成为演出院线业务拓展的一个开放性业务模块。

---

① 蒋伟：《关于文化演出院线内涵的分析》，《演艺科技》2013 年第 1 期。

作为剧场院线的宣传与营销工具，票务系统承担演出的票务工作，可以为剧场院线提供强大的售票功能，增强消费者的购票体验。电子票务网络系统以票务营销功能为主，将演艺产业的各类业务、活动有机地整合在一起，从而实现演艺产业运营与管理的信息化、网络化，不仅为消费者提供一个便捷、互动的营销平台，也将分散的文艺院团、演出商、代理商、演出场馆以及消费者连接起来，有效降低管理成本、提高运营效率。以中演票务通为例，它是由中国对外文化集团旗下的中演票务通文化发展有限公司建成运营的，拥有先进的线上及线下票务平台，向会员提供演出的即时票务查询、在线订票与支付以及限时配送的一站式购票服务。中演票务通项目营销及票务服务已覆盖我国的50余座城市，目前已成为国内演出票务供应量、消费者使用量的市场占有率较高的票务网络营销系统。

基于上述对演出院线核心构成要素的分析，我们可对演出院线做如下定义：演出院线是以剧场为依托，以剧目及演艺资源为纽带，在一个经营实体主导下，演出团体与剧场以资产联结或者契约加盟的形式进行合作而形成的一种演出经营管理机制。在演出院线机制中，院线经营管理方将分散在各地的剧场及演艺资源进行集中配置、统一管理、统一调度、统一经营，构建起演艺产业内各产业主体互利共赢的共生系统。

二、演出院线的经营模式

据不完全统计，目前国内剧场（剧院）的总数已超过2000家，逐步呈现出两大院线、五大省际联盟和多家省内联盟的发展态势。两大院线是保利剧院院线和中演演出院线；五大省际联盟是北方剧院联盟、东部剧院联盟、西部演出联盟、长三角演艺联盟以及珠三角演艺联盟；省内联盟有山东演艺联盟、安徽演出联盟等。这些不同形式的演出院线在经营模式上大致可以划分为直营模式、混合模式、联盟模式三种。

（一）直营模式——保利院线

直营模式是指院线经营管理主体直接对不同地区的剧场进行统一的经营管理。这种模式一般是由院线的运营机构与不同地区剧场的原有主管部门签订委托经营管理合同，获得剧场经营管理权，然后运用自身的剧目资源优势和规模效应优势在院线范围内组织全国巡演，以此来摊薄成本、获取利润。

演出院线直营模式的代表是保利院线，它是一种严格意义上的专业化院线管理模式，院线的运营机构为北京保利剧院管理有限公司。2017年，保利院线负责运营的剧场已经超过50家，并开始向境外拓展，北京保利剧院、中山公园音乐堂、上海东方艺术中心、东莞玉兰大剧院、深圳保利剧院是其最早管理的5家剧院，保利院线以此为核心，向周边地区辐射，目前公司的经营业务已进入全国15个省市自治区，遍布华南、华东、华中、长三角、珠三角及山东、东北地区，成为我国首家集团化剧院管理运营企业，拥有国内一流的剧院管理团队。公司目前已经形成了较为完善的管理、运营制度，采用一整套先进的专业化、市场化管理理念和标准化的管理规范，以“专业水平高、管理标准高、服务品位高、经营水平高、社会形象高”为管理目标，在各地政府予以一定的财政补贴的情况下，积极配合各地政府的需要，参与各剧院的经营管理，并进一步推广院线巡演模式，旨在打造国内规模最大的院线联盟。公司对成员剧院具有自主经营权，有利于形成统一有序的管理机制和经营秩序。①

自成立以来，保利剧院公司一直秉承“精品剧目＋院线巡演”的核心思想，将引进或自创的精品剧目在院线内巡演，逐步形成了全国唯一产业链布局的剧院管理企业，建立了以演出及创意制作平台、管理运行平台为核心的业务模式。保利院线统一采购演出剧目，从演出宣传、赞助、演出团队接待与交通等多个方面，公司进行统筹安排，在各成员剧院的演出节目中，大约70%是保利院线安排的剧目，另外30%左右是当地政府或剧院具有自主选择权的节目，一般是当地高水平的艺术院团的演出。目前，保利院线有超过50家剧院，具有显著的规模效应，公司将优秀剧目推广到院线巡演，各成员剧院分摊演出成本，因此可以降低节目的票价。而且规模越大，各成员剧院分担的演出成本随之减少，保利院线的优势越明显。

① 孙风毅：《我国文艺演出院线建设：现状、问题与对策》，《中国文化产业评论》2013年第2期。

保利剧院管理公司出台的我国首部《剧院经营管理规范》，从剧院日常运营的各个方面制定了严格的管理、技术与工作标准，要求剧院全体员工按章工作，有效控制成本。保利院线具有演出资源丰富、成本低、管理经济等优势，各成员剧院通过复制规范中的具体管理方法，经过科学运营以及有效监管，可以有效控制剧院的管理成本。由于保利剧院公司对签约剧院进行模式化、专业化、集团化的规范管理，因而也可以降低剧院运营过程中因理念落后、管理不善等原因而导致的经营风险。

（二）混合模式——中演院线

混合模式，顾名思义就是采用直营、合作与加盟等多种手段相结合的一种运营模式。这种模式形式较为灵活多样，最典型的案例就是中演院线，其特点是自身既是演出公司，又是剧场经营管理者。2010年，中国对外文化集团公司成立“中演演出院线”，以“开放、合作、共赢、超越”为基本理念，通过直营、合作、加盟等多种灵活高效的经营方式（主要采取加盟的模式），目前已拥有广州大剧院、北京天桥艺术中心、山东省会大剧院等10家直营剧院以及40多家加盟剧院。中演院线运营的突出特色是以演出项目为核心对院线进行管理布局，对直营各成员单位拥有业务经营权，建立起一整套包括“剧院拓展与管理、产品制作与配送、市场策划与营销、人才培养与储备”的完整体系，规模效应显著。中演院线致力于以良好的品牌影响力、丰富的演艺资源、完善的产品配送与营销体系和专业化的经营管理人才，立足国内、面向世界，通过跨地区、跨行业的合作和规模化、集约化运营，发展成为影响最大、覆盖地区最广、社会效益和经济效益最佳、科技化水平较高的剧场院线体系。

（三）联盟模式——山东演艺联盟

联盟模式是指院线以第三方服务组织的角色出现进行剧场的经营运作活动，联盟管理组织像是演出市场中的中介机构，在演出场地、团体之间起着桥梁的作用，根据联盟内剧场的需求及区域特性选择适宜的合作演出团体，灵活机动地提供相应的支持与服务，使演艺产业链各相关环节获取信息与资源，实现互惠共赢。这种联盟模式组织形式相对松散，存在一定的区域分割问题。山东演艺联盟发展有限公司是联盟模式运营的典型代表，以票务系统为核心，形成覆盖全省的演艺信息平台，搭建起演艺产业发展的资源共享平台、投融资平台、人才培养平台以及整合营销平台，并积极发展成为合作共赢、资源与市场高效对接的大型演艺联合体，探索演艺产业发展的“山东模式”。

山东演艺联盟是山东演艺集团在山东省委宣传部、省财政厅、省文化厅的支持下成立的，它是全国演艺行业第一个注册成公司的联盟组织，共有188家成员单位，涵盖了山东省76%的国有艺术表演团体、70%的演出剧场以及山东省主要演出中介机构，旨在实现全省剧场标准化、连锁化经营，从而带动全省演艺产业蓬勃发展。目前，山东演艺联盟形成了以联盟秘书处、山东剧场院线、演艺产业研究中心、山东演艺联盟电子票务系统为支撑的业务架构。联盟秘书处是服务全体成员单位的部门，负责统筹信息资源，组织会务活动，协调外部合作关系；演艺产业研究中心是国内率先成立的演艺产业发展专业研究机构，自成立以来，在联盟秘书处的协同下，与省内外20多所高校、研究机构，以及国内外将近50家演艺单位建立了合作关系。联盟以“全产业链”的发展思路和“政产学研”相结合的发展模式，成功打造了山东演艺产业发展的综合服务平台，形成了全国演艺行业独一无二的“山东模式”，有利于进一步提升全省演艺产业的发展水平。

三、演出院线的管理主体

演出院线（联盟）发展至今，其管理主体大致分为两类：一是各成员之间自发组建的民间组织，具体运营由理事会负责；二是采用公司化管理，由企业性质的运营机构负责院线的运营管理工作。

（一）行业组织的理事会

目前，我国演出市场的北方剧院联盟、西部演出联盟、长三角演艺联盟、东部剧院联盟等剧场联盟采用理事会为最高管理机构，理事会通常由会长、秘书长、常务理事单位、理事单位构成，秘书处为理事会的日常办事机构。以东部剧院联盟为例，联盟设会长一名、副会长若干名，秘书处设在绍兴大剧院，其成员包括浙江、江苏、江西、四川、湖北、湖南、福建、广东、上海等省市的若干家剧院，其中杭州剧院、杭州大剧院、绍兴大剧院、宁波大剧院等剧院是其常务理事单位；上海宛平剧院、长兴大剧院、舟山剧院等剧院是理事单位；上虞剧院、三门剧院等剧院是会员单位。依托非营利性质的行业协会成立的专业委员会是理事会运营机制的一种特殊形式，如中国演出行业协会小剧场戏剧专业委员会，其下设主任、执行主任、副主任等职位。中国演出行业协会是演出经营主体和演出从业人员自愿结成的全国性、行业性、非营利性社会组织，下设演出经纪、剧场、儿童艺术演出等7个专业委员会。近年来，小剧场戏剧面临人才匮乏、剧场经营困难、地域发展不均衡等诸多问题。为应对发展困境、引导小剧场戏剧行业健康发展，广东、河北、河南、北京、上海等全国16个省市的40余家演艺机构，集合当前国内小剧场戏剧行业的骨干力量，以中国演出行业协会为依托成立了小剧场戏剧专业委员会，其发起机构兼顾产业链上下游各环节，既有文艺院团、戏剧工作室等创作表演机构，也有文化公司等传播推广营销机构，还有各地主要的小剧场及部分戏剧教育机构和戏剧协会。

1. 理事会

各剧场联盟的理事会选举产生会长、副会长、秘书长、副秘书长、理事，或者主席、名誉主席、顾问、执行主席、驻会主席、副主席、秘书长等职位。以中国演出行业协会为例，该协会设有业务部、信息部、行政财务部三个部门，设会长一人、副会长若干人（其中常务副会长一人）、秘书长一人，秘书长为专职，由会长担任协会法定代表人。

2. 理事会章程

理事会章程是剧场联盟进行自身管理的基本规则，对其成员的各方面行为提出规范，促使各成员主动遵守行业自律规范，具体来说，章程有三个方面的基本作用：第一，每个剧场联盟都有自己的性质、宗旨、职责，其成员必须就章程的内容达成共识，以保证剧场联盟的思想统一性；第二，章程明确了剧场联盟内部的管理机制，对部门的设置、领导者的产生办法和任期、各部门职能等进行确定，以保证联盟内部的管理功能正常运行；第三，章程明确了剧场联盟各成员的权利和义务，并对其成员的权利、义务起到保障作用，联盟成员都要承认理事会章程，履行各自的义务，承担相应的责任。

3. 理事会各部门职能

理事会由会长召集、主持，副会长、秘书长为协助人员，理事会的日常办事机构为秘书处，理事会成员为理事。下面以中国演出行业协会为例，对理事会各部门职能进行阐述：

会员代表大会（每届四年）是最高权力机构，其职权为：制定和修改章程；选举和罢免理事；审议理事会工作报告和财务报告；审议协会的方针、任务；制定和修改会费标准；决定终止事宜；决定其他重大事宜。

理事会（每年召开一次）是会员代表大会的执行机构，对会员代表大会负责，其职权为：执行会员代表大会的决议；选举和罢免会长、副会长、秘书长、常务理事；筹备召开会员代表大会；向会员代表大会报告工作和财务状况；决定办事机构、分支机构、代表机构和实体机构的设立、变更和注销；决定副秘书长以及各机构主要负责人的聘任；决定会员的吸收和除名；领导本会各机构开展工作；审议年度工作报告和工作计划；审议年度财务预算、决算；制定内部管理制度；决定其他重大事项。

常务理事会（每半年召开一次）由理事会选举产生，对理事会负责。

会长行使下列职权：召开和主持会员代表大会、理事会或常务理事会；检查会员代表大会、理事会或常务理事会决议的落实情况。

秘书长负责主持办事机构的日常工作，组织实施年度工作计划；协调各分支机构、代表机构、实体机构的工作；提名副秘书长以及各机构主要负责人，交理事会或常务理事会决定；处理其他日常事务。

（二）公司化的企业法人

与上述运营机制不同，我国的若干演出院线遵循市场经济规律，实施市场化运作，按照建立现代企业制度的要求，成立院线的运营公司，负责运营管理，公司设董事会、经理层，各职能部门分工明确，相互协调制衡，各成员剧院管理公司的部门设置与其院线的运营公司的机构设置相对应，使各公司的决策、监督和执行等环节职责明确、运行规范，便于演出院线的公司化管理运营。

安徽演艺院线、苏演院线等省域演出院线的运营机构是由当地的演艺机构发起设立的公司化企业法人。“中三角”演艺联盟采用股份制形式，通过组建中三角演艺联盟演出经纪公司进行运作。就演出院线的发展现状来看，保利院线、中演院线是公司化运营机制的主要模式。

北京保利剧院管理有限公司成立于2003年，负责保利院线的经营管理，公司设有三个核心部门（如图2-1所示）：演出运营中心、管理中心、财务中心。院线的成员剧院依据公司的组织架构设置相应的部门，以保证院线的规范化与标准化管理。演出运营中心主要负责节目的采购、策划与档期安排；管理中心主要负责院线成员剧院的运作和管理、推广、资源整合等；财务中心则是为整个运营链条提供资金支持以及后期的财务结算、报表统计等。三个部门之间是独立运营、相互依托的关系。财务中心是公司运营的基础，为演出运营中心、管理中心提供资金支持和保障；演出运营中心采购演出产品，并将演出节目提供给成员剧院；管理中心监管各成员剧院的执行情况，并通过其运作对演出运营中心的节目采购提供反馈意见，并且其对成员剧院的管理水平与业绩对财务中心的资金收入产生直接影响，因此管理中心处于公司的核心地位。

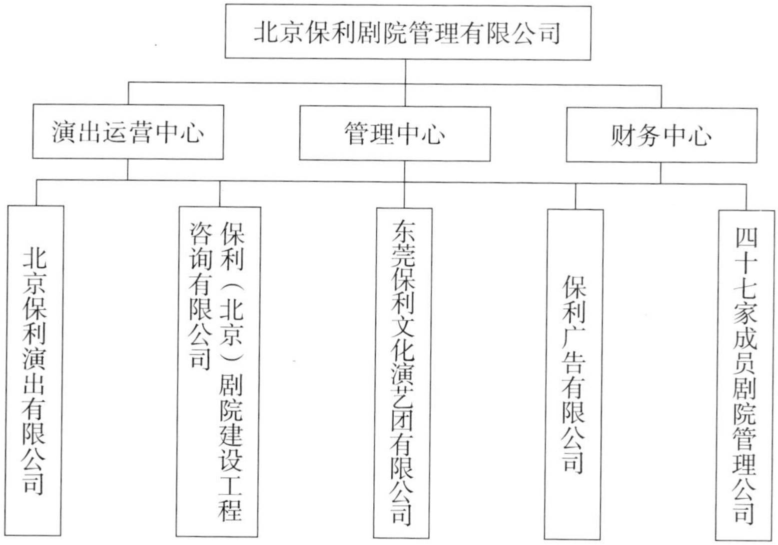

图2-1　北京保利剧院管理有限公司组织架构图

中演院线是由中演演出院线发展有限责任公司发起、运营、管理的现代化、综合性文艺演出院线，隶属于中国对外文化集团公司。2009年12月，中演院线正式组建，并于2010年5月9日在广州隆重举行启动仪式，广州大剧院是中演院线管理经营的旗舰剧院（如图2-2所示）。目前，中演院线拥有50多家成员单位，基本形成了覆盖全国的演出院线体系，其优势之一在于，可以通过中国对外文化集团公司旗下的票务网络系统——“中演票务通”，进行院线票务的全国推广和综合服务，为各成员单位提供覆盖全国的客户支持，同时量身打造适应地方发展水平的销售服务，实现从产品制作、运营到销售的综合性服务，促进产业一体化发展。

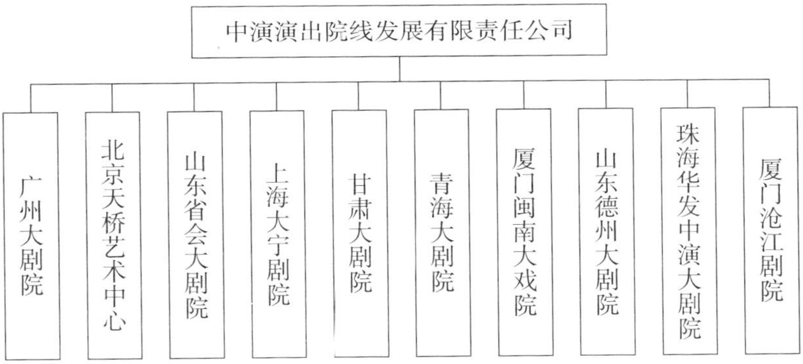

图2-2　中演院线的直营剧院

四、演出院线的空间布局

随着演出市场的发展，我国一些城市的剧场或文艺院团的有识之士开始借助“院线制”这一模式探索发展之路，自2005年中国北方剧院联盟出现后，相继又出现了规模不等的多个演出院线。经过长期的摸索，以地域为基础组建的区域性演出院线不断发挥各自的优势，促进了区域内演出市场和演艺产业的发展。

（一）跨地（区）域演出院线

如今我国的演出市场已经形成了中国北方剧院联盟、西部演出联盟、长三角演艺联盟、东部剧院联盟、中三角演艺联盟等几大跨地（区）域演出院线，它是跨省区的若干剧场、剧团等机构以共同承接演艺项目、降低演出成本、共同赢利为目的而自发组建的行业组织。

2005年9月，吉林东方大剧院、辽宁大剧院、黑龙江北方剧场、北京天桥剧场、北京世纪剧院、营口辽河大剧院联手组建了中国北方剧院联盟。这一演出院线通过东北三省和北京的跨区域联盟，旨在运用北京作为全国文化艺术中心、演出集散地的优势，搭建北方剧院的资源交流平台，促进成员剧院间的优势互补、强强联合，以演出项目为纽带，通过联盟运作整合资源、共享资源，降低演出成本，扩大规模效益，赢得市场优势。该联盟成立两年内，成员从6家增加到12家，在一定程度上整合了北方尚不成熟的演出市场，如今，其成员不断增加，影响范围随之扩大。

北方剧院联盟是我国成立最早的剧院联盟，为演艺产业的发展探索出了新模式，其后，我国的演出市场又出现了西部演出联盟、长三角演艺联盟、东部剧院联盟等剧场联盟。

我国整个西部地区（成都、重庆除外）在演艺资源方面，过去一直处于弱势地位，而且没有统一的行业组织，市场根基薄弱，剧场资源极少，而演出院线的组建则带动了西部地区演出市场的发展。西部演出联盟于2006年7月在广西北海市宣告成立，由四川、重庆、贵州、云南、青海、陕西、甘肃、广西壮族自治区、内蒙古自治区、宁夏回族自治区等省区的演出经纪机构、演出场馆及演出团体三类机构组成，其中演出经纪机构、演出场馆有8个成员，演出团体有2个成员。联盟成员中包含了艺术生产、项目经纪和剧场演出3个环节，初步实现了西部地区演出项目的互动及演出网络的链接。自联盟成立以来，西部地区的演出渠道更加通畅，演出成本降低，演出场次增加，活跃了区域内的演出市场。

长三角演艺联盟成立于2008年，现有成员包括上海、南京、杭州、宁波、苏州、无锡、镇江、南通等长三角主要城市的最具活力的演艺机构，且大多数演艺机构实力雄厚，具有一流的演出场所、舞美、灯光、音响设备等，演艺资源丰富。长三角演艺联盟遵循“资源共享、风险共担、减少成本、效益共增”的经营方针，有利于演出商降低演出成本，抑制高票价，有效扼制了演出市场的无序竞争。

中国东部剧院联盟于2008年7月在绍兴成立，第一批成员包括浙江、江苏、江西、四川、湖北、湖南、福建、广东、上海等省市的36家剧院，其中杭州剧院、杭州大剧院、绍兴大剧院、宁波大剧院等13家剧院是其常务理事单位，上海宛平剧院、长兴大剧院、舟山剧院等11家剧院是理事单位，上虞剧院、三门剧院等12家剧院是会员单位。东部剧院联盟的工作目标和经营方针是“诚信协作、资源共享、风险共担、优势互补、互惠互利”，它是我国第一家大范围、大规模的以共同经营演出项目和降低成本为目的的紧密型联盟。

珠三角演艺联盟的成员包括珠三角各地的国有艺术院团、各种性质的演出机构及部分演出经纪机构。“中三角”演艺联盟是由武汉剧院、湖南大剧院、江西艺术中心倡议发起，来自湖北、湖南、江西三省的30多家剧院、剧团于2012年参与成立的。联盟以规模化集群优势吸引国内外优秀演出剧目，并整合三省院团、演出资源，实现资源共享，打造跨省域的、具有三地文化特色的文艺作品，采用“零演出费、零场租”的形式，激活剧院、剧团，促进中外文化艺术交流，培育、开拓演艺市场，突破传统单打独斗的市场方式，促进演出市场一体化的形成，提升三省剧院的经营能力。

（二）省域演出院线

目前，我国演出市场也形成了安徽演出联盟、江西演出院线联盟、苏演院线、山东剧场院线等省域演出院线。省域演出院线通常是由本省的演艺集团发起，由所在地的剧场、剧团、表演团体、经纪机构等单位联合组建，旨在通过联盟运作，实现各成员之间的优势互补、资源共享，以规模化优势降低演出成本，提高收益。

安徽演出联盟是由安徽演艺集团发起，组织省直演艺院团和省内14市28家演艺场所、表演团体、中介机构于2010年5月成立的。安徽演出联盟以省内知名演出经营场所、演出中介机构和演出表演团体为主体，本着“诚信协作、资源共享、优势互补、互惠互利、风险共担、自愿参加”的原则，旨在搭建演出行业信息交流平台、票务流通平台、项目合作平台。联盟成员不仅可以通过信息互通、资源共享，有效规避市场风险，降低演出项目成本，实现项目利润和企业整体价值的最大化，不断提高整体经营能力和水平；许多大型演出项目也可以通过联盟进行整体策划运营，全省联动，提高演出影响力，带动省内演出业集群化发展；同时有利于加强与国内及国际演出行业的交流，从而提升联盟会员单位的经营能力与营利水平。

江西演出院线联盟成立于2010年5月，由江西省文化厅和省演出家协会牵头，将全省40家演出场所、13个演出经纪机构、3个艺术院团召集在一起组建成立的。江西演出院线联盟改变传统演出行业盘子小、业务过于分散的状态，以规模化优势吸引国内外演出商，采取统一宣传等方式降低成本，从而达到降低票价、文化惠民的目的。联盟采取“送出去、引进来”双向运作模式，一方面将江西本土艺术精品包装后推向国内外市场，另一方面引进国内外优秀表演节目来江西巡回演出，以满足市场需求。江西演出院线联盟在壮大演出主体、拓展演出空间、保障演出环境、整合优势资源、降低演出成本、实现资源共享各个方面都可以发挥重要作用。

苏演院线是江苏省演艺集团投资建设的新型演艺文化连锁体系，成立于2011年，是以开拓基层演出市场、推动文化惠民为目标的全国首创模式，也是江苏省演艺集团文化产业链延伸的第一步。自成立以来，苏演院线在基层推出了一系列演出季活动，为江苏百姓奉献了多台精彩演出，并取得了很好的市场效益。苏演院线立足于市、县、乡镇级剧院连锁经营，重点整合县市剧场资源，各地剧场加盟院线，院线所属剧场统一标识、统一设计，实现苏演院线的品牌化、规模化，由江苏省演艺集团负责输出剧目和管理，以文化惠民为目标，让基层百姓能够看到一流的文艺演出，在演出内容上，注重开放性和多样性，衔接产品供应和市场终端两个方面，实现演艺院团和剧场的成本最小化、利润最大化。

山东剧场院线是全国最早由专业团队进行运营的省域演出院线，本着资源共享、互惠互利、优势互补、共同发展的原则，依托山东演艺联盟188家成员单位的资源优势，着眼全演艺产业链的发展，构建演出院线、产业研究中心、票务系统，全力打造演艺业发展的资源共享平台、整合营销平台以及人才培养平台。山东剧场院线拥有35家成员单位，涵盖了山东省13个地市，总座席数超过3万个，占山东省演出场馆座席总数的40.2%。山东剧场院线立足本土剧场，运作项目近百场，此外，通过联合打造“演出季”，逐步实现剧场演出的常态化、不间断化，构建剧场发展的新格局。2014年，山东剧场院线制定《剧场等级划分与评定》，这是全国剧场行业的第一个地方标准，面向全省发布。山东剧场院线是剧场建立现代企业制度、加强行业自律、构建演艺市场体系、形成良好产业生态的积极探索，有助于系统解决剧场由行政管理到市场经营再到产业发展过程中面临的各种难题，积极引进成功商业模式、探索剧场全新商业价值，让院线成员不断提高经营管理水平。全省剧场将借助院线平台形成规模优势，提高评价能力；拉进剧场与观众的距离，全力配合政府赋予的各项文化使命，积极开展形式多样的文化惠民活动，丰富群众文化生活，构建文化服务平台；拉近剧场与市场的距离，以剧场间的项目协作为纽带，发挥规模优势，增强剧场抵御市场风险能力，提高剧场市场化运作水平。

（三）演艺集聚区

出于文化基础设施建设的需要，全国各地掀起建造大剧院的热潮，剧院大而全、中心化、标志化、国际化几乎成为标准模式，经济基础雄厚的城市更是进一步提出建设演艺集聚区的设想。纽约百老汇、伦敦西区等演艺集聚区的成功模式，始终是国内演艺产业发展绕不过去的话题。所谓“演艺集聚区”，是以众多剧场集中在一定区域为核心，既包括演艺平台、经营机构、服务平台在内的演艺机构集聚，也包括戏剧、曲艺等不同演艺形式的集聚。据媒体统计，截至2011年年底，全国计划建成和正在建设的演艺集聚区约有10个，如北京天桥演艺区、天坛演艺区，上海现代戏剧谷，天津盘龙谷，西安“文艺路演艺一条街”，南京杨公井演艺文化街区，等等。这些演艺集聚区的主题定位各不相同，其中，以小剧场为主体的演艺集聚区是热点之一。据道略文化传媒产业研究中心的分析报告称，以小剧场为主体的演艺集聚区进入全面建设阶段主要基于三大驱动因素：一是我国小剧场的发展还远远不能满足剧目演出需求，小剧场与剧目演出的供求不平衡状态在加快小剧场建设步伐的同时，也促使具备演出功能的演艺集聚区诞生；二是演艺集聚区可产生规模效应，实现资源整合，从而抑制剧场供不应求带来的成本上升，因此促使演艺集聚区发展；三是演艺市场品牌化趋势促使演艺集聚区发展。以繁星戏剧村为例，其交通地理位置优越，是我国首家民营小剧场集群，是一个以小剧场为核心，集戏剧制作、剧场演出、艺术展览、图书、禅茶、咖啡酒吧、主题餐饮等各种商业功能，兼容各类文化元素的戏剧村。它也是国内第一家采用“场制合一”运营模式的民营小剧场，即戏剧制作和剧场运作一体化，剧目形式多元化，涵盖话剧、音乐剧、形体戏剧、儿童剧和各种实验戏剧等，能适应观众不同的欣赏需求。

演艺集聚区在国外发展得较早且成熟，其中伦敦西区、美国百老汇最具代表性。国际演艺集聚区的形成，是长期的消费需求和投资需求作用的结果，我们可以借鉴其经验，打造符合我国演出市场发展规律的演艺集聚区。伦敦西区、美国百老汇地理位置极其优越，然而剧场的装修非常务实，长期的市场化竞争，逐渐形成了成熟的经营理念和成熟的运作流程，长期驻场演出，以低票价、优秀的剧目、高品质的服务吸引了来自世界各地的上千万观众，票房收入可观。在伦敦西区的49家剧院中，受政府资助的剧院、商业剧院并存，前者在艺术探索上的成果往往转入后者取得商业成功，各剧院针对不同类型的观众群体，提供多样性的剧目形式；美国百老汇的39家营利性剧院和500多家非营利性剧院并存，非营利性剧院以较低成本进行戏剧实验，相关的演出场所的经营商、演出内容制作商和演出经纪商联合运营，在享受减免税的同时还可以申请各级政府的财政补贴，营利性剧院则充分融入高度发达的纽约大都市市场环境，形成了特有的商业模式。由此可见，作为演艺集聚区的基础，剧场群的建设应符合市场需求、产业发展规律；演艺集聚区的规划原则应是以剧场为核心、以市场为主导，在政府支持、政策扶持之外，其定位应该是以演艺为主，结合旅游、餐饮等多种业态组成的商业集聚区，具有典型的产业生态共生系统，是演艺产业持续发展的一种理想模式。

五、演出院线内生系统共生关系分析

演艺产业生态系统由演艺产业内生系统和外生系统共同构成，演出院线属于演艺产业内生系统的范畴。演出院线协调组织剧场、演出团体、演出票务这三方面的演艺产业主体，集中经营管理的对象是剧场和演出团体，部分演出院线会涵盖演出与票务业务；集中经营管理的内容是剧目及演艺资源，由此搭建起剧场、演出团体以及演出票务三方互利共赢的共生系统，实现从剧目创作的演艺产品生产环节、剧目推广及票务的演艺产品营销环节到剧目演出的演艺产品消费环节的网状互动共生关系。需要注意的是，剧场、演出团体与演出票务方三者之间产生的互动共生关系是网状交互的，而不是单向的链条式互动，这意味着各共生单元之间不断产生物质信息交流、能量互换关系。

下面，我们分别从演出院线中的剧场、演出团体及演出票务三方产业主体入手，探讨它们在演艺产业生态系统中是如何产生互动，形成共生关系，推动演艺产业健康有序发展的。

（一）剧场：管理水平提升、功能趋向多元

剧场是演出院线的核心，是演出院线得以成功运作的基础和前提，可以说，目前国内的大多数演出院线都是在剧场经营管理的基础上不断拓展业务范围，延伸产业链。作为演艺产业生态系统的关键环节，剧场沟通了演艺产业价值链上下游，作用于演艺产业产品从生产、流通到消费的全过程。具体来说，院线内剧场将场地信息和剧目需求提供给院线经营管理方，院线经营管理方根据剧场客观条件与需求对接演出团体，实现剧目及演艺资源的市场化配置。

首先，通过演出院线的剧目集中采购方式，剧场能够获得数量更多且有质量保障的剧目资源，使大量闲置剧场充分发挥使用价值，提升场地利用率；其次，演出院线下的剧场通常采取统一的标准化管理，原本参差不齐的剧院管理水平有了整体的提升，剧院管理趋于专业化、标准化，降低了因经营理念落后或者管理不善问题带来的风险，同时这也有益于专业剧院管理人才的培养，为演艺产业发展储备人才；更为重要的是，在演出院线制度下，剧院的自主经营意识不断增强，不再局限于场租收益，积极在演艺产业生态内生系统中探索与演艺产业链上下游各环节的共生互动关系，实现产业链延伸。由此，剧场不再仅仅作为演艺产品价值实现场所的单一功能，而是业务日益趋向多元，例如剧场直接投资主导或参与到演出项目的生产制作过程，进行自制剧目创作；或者以场地作为资本积极寻求有潜力的项目参与到项目的投资运营，掌握上游环节的更多主动权。这对于打造剧场自主品牌，激发剧场主体活力，实现剧院长

远发展有重要意义。此外，繁星戏剧村成功实践的“剧场综合体”模式，将剧场打造成一个具有丰富体验的艺术空间，书吧、美术馆、戏剧主题餐厅等配套场所，满足消费者多样化的文化消费需求，则是剧场基础业务的横向拓展。

（二）演出团体：演出场次增加、运营成本降低

演出团体掌握着剧目等演艺资源，是演艺产品的生产主体，是演艺产业中与剧场并重的供需两大市场主体，在二者之间的市场互动中，一方面，演出团体向演出院线的经营管理方提供剧目创作信息、所拥有的演艺资源信息等；另一方面，院线经营管理方将剧场的委托剧目创作需求、订单式剧目生产需求反馈给演出团体。院线经营管理方根据这些信息协调演出团体可提供的剧目资源与剧场需求的有效对接，组织、安排演出团体与剧场的演出合作。

对于演出团体来说，演出院线带来的最直接好处在于演出场次的增加。通过演出院线集中采购的运作方式在院线内剧场演出，演出团体就有了几十场甚至上百场的演出订单，演出场次有了保证，随之演出收入有了提升，主创人员的创作热情得以激发，更有益于演出团体积极进行高品质剧目创作演出，从而促进演出市场繁荣。此外，演出场次的增加使剧目创作成本得到最大程度的分摊，降低了国内原创剧目的投资风险，演出团体的运营效率得到提升。演出院线统一采购、统一排期、统一配送等标准化经营大大降低了演出的运营成本，在市场机制作用下的良性互动中，剧目演出质量有了保障，产业整体水平得以提升。

（三）演出票务：提高营销效率、反馈市场数据

演出票务处于演艺产业生态内生系统的中间环节，互联网时代，便捷有效的购票系统已必不可少。演出票务方从演出院线获得其经营管理的剧目及剧场资源信息，将这些信息提供给消费者，并提供便捷的购票渠道。反过来，院线经营管理方通过收集演出票务系统后台的购票数据，获得真实准确的数据，将其反馈给演艺产业内生系统各环节。

部分演出院线拥有自主的票务网络系统，便于院线内剧目及剧场演出的集中宣传推广，特别是在演出场次安排、市场推广定位等方面信息更加精准，营销效率更高，保证了演艺产品在市场中的快速流通。信息化、网络化的技术

提供了快速便捷的购票渠道、方便多样的购票方式，其创新模式和优质服务可以为演出院线提供强大的售票服务保障，优化消费者的购票体验，同时保证票务销售后台可以有效地收集相关数据，大数据处理反馈给演艺产业链上下游环节。票务系统的建立将演出团体、剧场、演艺机构等演出主体与消费者紧密联系起来，有效地提高了营销效率，降低了管理成本。

然而通常情况下，演出票务是作为第三方机构来提供信息和服务的方式进入演出院线，不在演出院线的自营业务范畴内。一个完善的电子票务网络系统在功能上包含票务营销系统、电子商务系统、客户关系管理系统和决策支持系统四个子系统，这四个子系统构成了电子票务网络的“功能应用体系”。

如图2-3所示，功能应用体系是为实际的“业务运营体系”服务的，业务

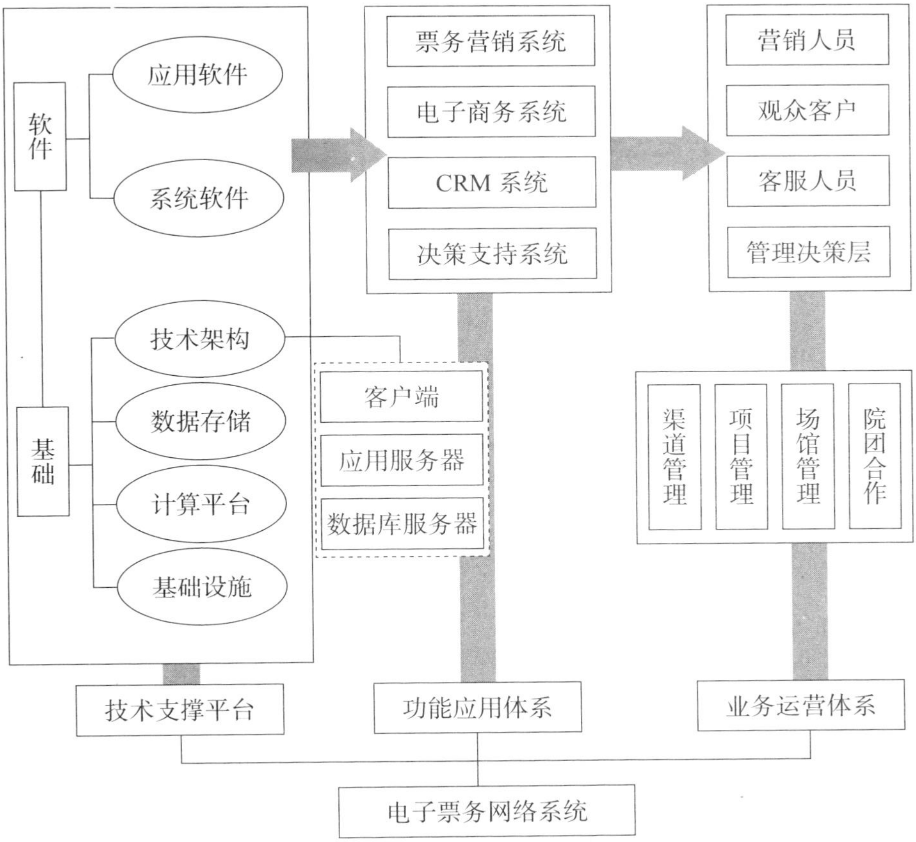

图2-3　电子票务网络系统结构示意图

运营体系从业务种类的角度可以分为渠道管理、项目管理、场馆管理和院团合作四部分，从人力构成上可以分为营销人员、客服人员、管理决策层以及作为服务对象的观众群体，这四类人群分别是四个功能系统的用户。功能应用体系的运转需要一个坚实的“技术支撑平台”，技术支撑平台通常由六部分组成，分别是基础设施、计算平台、数据存储、技术架构以及系统软件和应用软件，其中基础设施、计算平台、数据存储和技术架构奠定了整个电子票务网络系统的硬件设施和技术标准，是技术支撑平台的基础部分，在此基础上系统软件和应用软件得以运行。一般来说，一个大型的电子票务网络系统多采用“数据库服务器→应用服务器→客户端”三个层次、分布式部署的基本技术架构，并特别注重网络的可扩展性、兼容性和协同性。

综上所述，电子票务网络系统相当于演艺产业领域里的ERP（Enterprise Resource Planning，企业资源规划）系统，通过先进的信息技术与合理的构架设计，电子票务网络系统能够以票务营销功能为主干将演艺产业的各类业务和活动有效地整合在一起，从而实现演艺产业运营与管理的信息化、网络化。首先，电子票务网络系统不仅为消费者提供了一个便捷、互动的营销平台，也将分散的文艺院团、演出商、代理商、演出场馆以及消费者联系起来，有效降低管理成本、提高运营效率；其次，电子票务网络系统更是一个开放的信息平台、一个庞大的数据库，可以准确、及时、全面地收集演艺产业的各类数据和信息，并转化为丰富的知识资源，为演艺产业从业者和管理者的决策提供强有力的支持。

（四）观众：票价趋向合理、剧目质量提升

繁荣演出市场、满足日益增长的演艺产品消费需求是演艺产业发展的首要目标。在演出院线中，观众不再仅仅只是演艺产品销售的接受者，同时也成为反馈信息的来源，作用于演艺产品的生产、销售各环节。

首先，在票价问题上，演出院线负责集中采购国内外剧目，这种类似“团购”的采购方式降低了剧目购买成本；演出院线采用统一管理、统一配送、统一营销推广，降低了分散经营所造成的物流成本、推广成本以及管理成本；“全国巡演＋少量驻演”的演出模式形成规模经济，使演出成本得到分摊，降低了单场成本。演出院线这一运营管理机制从降低剧目购买成本、管理成本以及演出成本三个方面将演出票价规范于一个合理价格区间内，惠及观众。其次，在演艺产品方面，演出院线有可能引进成本高昂的国外优质剧目，并获得优惠的价格，而国内原创剧目委托创作、订单式生产等灵活多样的剧目定制方式，吸引了更多优秀剧目创作，保证了剧目资源多样化，满足了不同层次的消费需求。

需要特别指出的是，标准化体系是演出院线共生系统建立的基础，是演艺产业实现规模化发展的前提，是优化演艺产业生态的必然要求。一方面，标准化管理意味着可复制性，体现在“统一”：统一品牌、统一经营、统一采购、统一排期、统一宣传等，这些“统一”体现在剧目创作、集中采购、市场推广、票务营销、舞美配送、剧目演出等整个演出产业链条，有助于演出院线所经营管理的各产业主体充分利用演艺资源，发挥自身优势，同时形成规模经济效应，极大地降低院线内各主体的运营成本。另一方面，标准化管理意味着规范化、专业化：合理的院线结构、得当的剧场布局，从整体上推动演艺产业规模化发展，使剧场管理水平在短时间内达到一定的专业化程度，都需要相应的标准与规范作为保障。

六、演出院线发展趋势

近几年，我国演艺产业发展的实践和演艺市场不断涌现的现实需求已然为“演出院线”这一新兴机制提供了持续动力。从产业发展周期来看，演出院线的发展潜力还远未得到充分挖掘，今后演出院线的发展将呈现如下发展趋势：

（一）资源从松散走向集聚

为适应我国演出市场日益增长的消费需求以及演出产业健康有序发展的要求，组织形式较为松散的剧场联盟应该借鉴中演院线、保利院线等公司化运营的演出院线发展模式，突破地方保护，打破区域分割，真正实现演出院线的产业化、标准化运作。

从十几年探索实践的历程和发展的趋势来看，我国演出院线经历了跨区域—省域—剧场集聚区的演变。我国的演艺产业借鉴电影院线制这一发展模式，早期提出的“演出院线协作联合体”“剧院联盟”等运营模式，是“演出院线”的最初形态。北方剧院联盟是我国成立最早的剧院间的松散联盟，其后，保利院线、西部演出联盟、长三角演艺联盟、东部剧院联盟等全国性或者区域性的演出院线纷纷成立。2009年，国务院颁布《文化产业振兴规划》，明确提出把“发展文艺演出院线，推动主要城市演出场所连锁经营”作为振兴国家文化产业的战略性举措之一。2010年5月，中演院线在广州大剧院启动之后，我国演出市场也开始出现了安徽演出联盟、江西演出院线联盟等省域演出院线，演出院线出现了全国跑马圈地的态势。2011年成立的苏演院线开拓市、县级基层演出市场并辐射到相邻省份，使演出院线进入新的发展阶段。2012年9月，国内首个国际演出剧院联盟——中国国际演出剧院联盟成立，这是以国内外优质演出项目投资和专业营销为核心业务的国内首个演出经营以及剧院管理的专业性联盟组织合作体，首次提出结束以往松散式剧院联盟架构，通过剧目定制、集体采购、引入基金等方法，实现集约化经营，全国70家剧院和剧场成为首批会员，实现了25个省会城市的剧院对接，在全国范围内共享演出资源。①

上述演出联盟皆以剧场为核心，而且多数属于民间的、松散式的组织，其成员以自身演出收益为驱动，自由结盟，在各自的区域范围内整合并共享资源，通过联合运作演出项目以降低演出成本，获取更大的发展空间，这种发展模式在一定程度上促进了区域内演出市场的发展。然而，这种剧院联盟缺乏强大的主导性力量和明确的管理运作机制，诸事都要协商，难以达成一致，且容易忽视其整体性，如一些剧院联盟成员，以其档期不合适或交通成本过高等原因，临时退出联盟演出日程，导致平均分摊的成本突然增加。另外，各成员联合运作的演出项目有限，而且通常带有明显的地域局限性，因此，相比保利院线、中演院线等真正的演出院线，关系“松散”的剧院联盟并不能真正实现有效的规模化运营。

① 孙凤毅：《我国文艺演出院线建设：现状、问题与对策》，《中国文化产业评论》2013年第2期。

随着演出市场的发展，打造演艺集聚区成为我国演艺产业发展的一个热点，这一集聚现象缘于城市的文化生态环境营造，演艺集聚区正是城市与演艺产业最佳的融合方式。演艺集聚区体现了演艺业空间布局由松散走向集聚的趋势。相比组织松散、功能单一的剧院联盟，演艺集聚区的优势在于：首先，演艺集聚区拥有数量较多的大小剧场，地理位置优越，以剧场为核心将相关行业的资源整合起来，优势互补，产生多种商业功能，有利于形成规模效应，增加演艺企业的利润；其次，多剧场集约化管理的运营成本低，通过集聚效应，可以高效盘活所在地长期闲置的资源，在一定程度上起到涵养演艺资源的作用；再次，演艺集聚区推出的项目具有明显的地域针对性，符合当地消费者的欣赏品位，有利于细分市场，增加收益。伦敦西区、美国百老汇地理位置优越，剧场的投资管理专业，成本控制能力强，投资效率高，市场营销手段丰富，驻场演出、规模化排期、成熟的演出季策划、合理的票价、优秀的剧目、高品质的服务，形成了相对稳定的票房规模，是演艺产业发展的一种代表性模式。

演出院线的演变趋势，为我国演出市场和演艺产业的空间布局和业态打造提供了可选择的路径。松散型剧院联盟的发展之路可以借鉴保利院线、中演院线等实施公司化运营的院线的发展模式，由院线的一个运营主体统一运作演出项目，并参与联合制作演出项目，打造演艺精品，增加演出场次，推出适合不同层次观众的优秀剧目，甚至将合作业务由国内拓展至国外，扩大市场规模，实现院线的开放性、精细化运营。演艺集聚区的建设，应该由当地政府统一进行规划，以剧场群为基础，针对细分市场打造适合不同观众消费需求的作品，同时把剧目的生产制作、经纪运作和演出结合起来，以优越的地理位置、充足的资金、成熟的观众群等核心产业要素为基础，形成可持续良性发展的演艺集聚区。

（二）业务从单一走向多元

目前，演出院线主要以围绕演出项目进行剧目采购、剧场演出等活动为主要业务，而演艺产业主业的相关业务还未能进入到演艺院线运作中，有待拓展，包括剧场物理空间的有效利用、票务系统功能的延展、演艺衍生产品的开发等业务。

安徽演艺院线的业务范围包括票务销售代理、剧场租赁、演出活动承接、演出输出、户外LED大屏广告、艺术培训等，是业务相关多元化的创新模式。在票务营销推广方面，逐步向演出、展览、体育、电影、旅游、交通等各类票务销售代理、活动的宣传和市场推广业务延伸。2012年，安徽演艺院线联合北京春秋永乐打造出全省首个基于互联网的区域票务系统——“安演票务”，其作为安徽演艺院线的核心产品，是覆盖安徽、联网全国的综合票务网站，实现了演艺票务异地同步的实时销售。目前，安演票务综合购票平台已实现方便快捷、丰富多样的购票渠道包括网上订票、24小时400电话订票、微信在线选座订票以及线下售票等票务服务。安徽演艺院线成立的“安徽演艺电子商务平台”，让观众足不出户即可全面了解安徽演出市场动态。与深圳联建光电股份公司的合作，涉足户外广告传媒产业，拓宽了院线的商业模式和盈利模式。同时做了大量的艺术培训工作，依托安徽演艺集团各专业团队、艺术名家、安徽演艺院线、当地的艺术院团等优势资源，院线拥有多家直属的艺术培训机构，长期从事舞蹈、美术、音乐、语言表演等艺术门类的教育培训工作，其良好的教学环境、雄厚的师资力量、精良的硬件设施，为机构的健康发展奠定了基础。

（三）产业功能趋向平台化

位于演艺产业生态系统内生系统的演出院线应积极参与到与演艺产业生态系统外生系统的互动，通过与政策、经济、技术等外部环境的良性互动，打破传统，创新经营模式，适应演艺产业发展新要求。演艺集聚区则通过集群化、多元化发展，以演艺为核心，形成由餐饮、旅游、休闲等多业态融合集聚的商业集聚区，以跨界的融合带动经营模式的创新。

演出院线这一经营管理机制打破了市场分割，大大降低了演出流通成本，演艺市场得到进一步拓展。在这个过程中，演出院线建立起的标准化体系是演艺产业链条的核心，也是演艺产业实现规模化发展的基础和前提，这要求演艺产业不断提高产业化程度，促进行业主体向市场主体的转化，将演艺产业生产要素进行市场化配置，建立起集约化、规模化的演出市场。就目前而言，演出院线的发展为仍处于产业化发展初级阶段的我国演艺产业建立起了基本的市场规范，这有助于整个演艺行业在产业化运作进程中保持自律和规范运作，保障了演艺产业的健康有序持续发展。因此，演出院线的未来发展将不仅仅是推动演艺产业规模化、集约化发展的一种经营管理机制，凭借着对演出市场信息的及时有效收集和精准判断，提供相关市场服务，更是一个演艺产业的公共服务平台。这一公共服务平台独立于演艺产业内生系统各核心主体，又将演出团体、剧场、演出票务及其他相关演艺机构有机地联系在一起。

（四）产业资源整合能力有待提升

剧场院线在我国发展的现阶段，还是侧重于以剧场为主体的硬件设施的资源整合，相较于国外以剧院管理集团为主体的产业资源的全面整合，还有进一步转型升级的必要。

经过长期发展，欧美日等演艺产业发达地区形成了专业化的场馆运营管理体系和成熟的跨区域演出院线。百老汇的舒伯特集团（The Shubert Organization）、倪德伦集团（The Nederlander Organization）、朱詹馨剧院集团（Jujamcyn Theaters）、旋转木马剧院公司（The Roundabout Theatre Company），伦敦西区的大使剧院集团（The Ambassador Theatre Group）、真有用集团（The Really Useful Group）、麦金托什剧院集团（Delfont Mackintosh Theatres）、Nimax公司，日本的四季剧团、阪急阪神东宝集团，以及全球最大的演出公司Live Nation集团等公司，都拥有数量众多、类型各异的演出场馆。其中，百老汇最大的剧场集团舒伯特集团，在20世纪20年代中期旗下所拥有、经营、管理和从事票务的剧院就已经超过了1000家，自成立至今一个多世纪以来，其拥有或经营着百老汇39座剧场中的17座；英国的大使剧院集团拥有9座伦敦西区剧院和13座分布在英国各地的地方性剧院，是伦敦西区拥有剧院数量最多的剧院集团，而真有用集团在伦敦西区拥有7家剧院，虽然数量不及大使剧院集团，但座席总数却高达11000个，是伦敦西区拥有座席数最多的第一大剧院经营商；日本四季剧团在东京、大阪、京都、名古屋及福冈等地设有8个专用剧场，虽然这些剧场都是由日本工商业巨头出资兴建，地皮也多为工商业巨头所有，但是剧场全部由四季剧团设计并专用；Live Nation集团总部位于美国加州，却在世界范围内拥有159座演出场馆的所有权和订票权，包括露天大型体育场（Stadiums）、圆形剧场（Amphitheaters）、室内竞技场（Arenas）、音乐剧院（Music Theaters）、俱乐部（Clubs）、蓝调音乐厅（House of Blues）、节庆会场（Festival Sites）以及戏剧剧院（Theatrical Theaters）等八大类别，其下属Live Nation剧院公司是英国规模最大的剧院公司之一，在伦敦、曼彻斯特、利物浦等地共拥有17家剧院，其中在伦敦西区有3家。这些剧院集团通常由总部建立起一整套标准化管理制度，所属场馆的管理团队也都由总部直接选聘、派遣、监督和考核。虽然这些场馆分散在全国甚至全球各地，并根据当地市场制订各自独立的演出计划并独立核算，但是各场馆之间存在十分紧密的协作互动和资源共享关系，共同构成了一个严密的演出院线系统。演出场馆既是演艺集团的重要收入来源，也是其地位、价值和历史的象征。集团通常会投入大量资金定期对场馆进行维护翻新和设计改造，以提高其实用性、舒适度和美学价值。各集团也会根据自身的战略定位和财务状况出售或收购场馆的所有权、租赁权、运营权或代理订票权等。适度的垄断和竞争保持了演出场馆的活力，经过长期的发展演变，各演出场馆多形成了自己独特和相对稳定的定位，拥有了一批自己的驻演剧目，从而防止了恶性同质竞争的出现。

第二节 演出院线生态的核心主体——剧场

剧场处于演艺产业发展的核心地位，从产业发展研究的层面来看，依托剧场而形成的演出院线有利于整合演艺产业生态内生系统多方资源不断优化、升级共生关系。目前，我国剧场普遍存在着建设与运营脱节、缺乏科学有效的运营管理机制、资源利用率低等问题，阻碍了演艺产业市场机制形成。因此，加强剧场管理标准化建设，建立剧场管理服务标准体系，推动剧场管理服务规范化，提高剧场专业化运营能力，是演艺产业良性生态形成的必要前提。

一、我国剧场发展现状

演出场馆是演艺产业和大型演艺企业发展的重要基础设施，而稳定、专业、先进的演出场馆更是演艺企业保持竞争力和演艺产业持续发展的动力源泉，也是地方和城市文化的重要标志。我国关于剧场建设的政策主要从演出院线建设角度提出。2009年，国务院出台的《文化产业振兴规划》指出，要“发展文艺演出院线，推动主要城市演出场所连锁经营”；《国家“十二五”时期文化改革发展规划纲要》也将“加快文艺演出院线建设，推动大中城市演出场所连锁经营”作为“加强文化传播渠道建设”的重要内容；2012年5月10日发布的《文化部“十二五”时期文化改革发展规划》将“文艺演出院线建设工程”作为九大文化产业重点工程之一，提出要“打破地域界限、市场分割，降低演出流通成本，推动主要城市演出场所连锁经营，实现演艺产业规模化、集约化和高科技化”，并计划建设“中央歌剧院剧场”“中国歌剧舞剧院剧场”“中国东方大剧院”、改扩建“中国交响乐团”等重点演出场馆。

随着文化基础设施建设的重视程度不断提高，大型剧场建设在数量和投入规模上都在不断刷新纪录，但是“重建设轻管理”一直是突出的问题，演出场馆布局不合理、运营管理专业水平低是制约我国演艺产业发展的瓶颈，也是我国与欧美日等演艺产业发达地区的重要差距所在。长期以来，部分大型标志性的场馆由行政部门直接拥有和管理，并由政府投资和补贴，缺乏市场合作与竞争的动力，外表光鲜但活力有限；为数众多的传统剧院、剧场、礼堂分属于不同的部门或单位，由于缺乏资金投入和专业化的运营管理，大多规模较小、外观陈旧、设施老化，远远不能满足现代舞台演出和观众观演体验的需求，甚至有些场馆已经成为“危房”或在城市现代化建设改造过程中面临拆迁的危险。不但大多数场馆的公共服务功能没有得到充分体现，而且其商业价值也没有得到充分开发。近年来，计划时代的传统场馆格局有所突破，修建和改造了一批大型的、专业的现代化演出场馆，但是从全国来看，在总体上数量还是偏少，而且过度集中在一、二线大城市。

二、山东省剧场运营管理现状

2013年，山东省以举办第十届艺术节为契机，投资近百亿新建和改造完成了一批大型剧场，使剧场建设达到了全国领先水平。剧场建设可以在短时间内集中完成，剧场的运营管理能力却非一日之功，如何尽快建立专业运营团队，有效利用好剧场设施，是一个紧迫的课题。2014年，山东演艺联盟研究团队，对山东省剧场的发展现状做了大型专题调研，根据回收的97份有效调查问卷的数据统计，截至2014年10月，山东省共有专业演出剧场126个，从业人员约3150名。全省剧场总占地面积157.5万平方米、建筑面积86.94万平方米，全省共有特大型剧场（1601座以上）6个、大型（1201～1600座）25个、中型（ 801～1200座）65个、小型（300～800座）30个。其中，济南、青岛、菏泽、德州四市的剧场数量较多，合计占全省剧场总数的45%，剧场数最少的为东营、滨州和莱芜，各有两个剧场。

（一）剧场规模与组织结构

1. 剧场类型

对来自97家剧场的数据进行分析发现，企业类型以国有与股份合作制为主，其中国有企业占比79.4%。全省剧场管理企业均为内资企业，尚未出现外资或者港澳台投资企业。92.2%的剧场隶属于相关文化部门，其中约有13%的剧场不是独立核算。

2. 经营模式

在接受问卷调查的剧场中，绝大多数剧场采取自主经营的方式，有7家剧场委托给专业剧场经营公司管理，包括：山东省会大剧院、青岛大剧院、烟台大剧院、泰安大剧院、威海大剧院、德州大剧院、潍坊大剧院。其余的剧场管理主体可分为：各级文化主管部门、艺术院团、地方文化传承保护中心、政府投融资管理公司，以及少数的剧场归部队和企业管理。

3. 组织结构

组织结构是组织流程运转、部门设置及职能规划的依据，是组织权力配置的体现。全省有76.92%的剧场采用了直线制的组织结构，12.31%的剧场选择了直线职能制。而在对未来剧场将采用的组织结构进行选择时，有超过一半剧场倾向于事业部制。目前接受调研的剧场大多成立年份较早，规模较小，剧场的演出数量较少，剧场工作人员的人数也相对较少，这部分剧场多采用比较传统的简单的直线结构或直线职能型组织。而那些建立时间较晚的现代化剧场或者将自身的发展定位于现代化剧场的，考虑到今后剧场的前景，更多会倾向于选取事业部制的组织结构。

4. 建设状况

全省剧场占地面积差异较大，平均占地面积为1.25万平方米，最大为20.49万平方米，最小为0.03万平方米。平均建筑面积为0.69万平方米，其中平均演出业务用房为0.41万平方米，平均对外出租用房为0.18万平方米，平均商业自营用房为0.07万平方米。全省剧场注册资本存在很大差异，平均为2162.37万元，最高是86345万元，最低是3万元。

5. 资产状况

（1）建设资金来源

全省剧场固定资产投资平均为4645.94万元；全省剧场资产平均为7088.25万元，并且剧场资产水平差距非常大。目前，剧场建设资金来源非常单一，政府拨款是剧场建设的主要来源。在提供数据的75家剧场中，53家来自政府拨款，占70.67%；11家来自政府拨款和自筹，占14.67%；6家来自自筹资金，1家来自政府拨款和银行贷款，1家来自银行贷款和自筹，2家来自其他渠道，1家来自政府拨款和其他渠道。

（2）日常营运资金来源

山东省剧场日常营运资金来源主要以票房收入为主，以场地出租、附设商业设施等其他商业收入和政府拨款为辅。在72家剧场样本中，49家（68%）剧场日常营运资金来自票房收入、35家（48.61%）剧场有场地出租、附设商业设施等其他商业收入，34家（47.22%）有自政府拨款，11家（15.28%）自行筹款，1家（1.39%）使用社会捐赠，15家（20.83%）使用其他来源。

6. 资产结构

通过对50个数据完整的问卷分析得出，山东省剧场固定资产主要以房屋、设备为主，而流动资产和无形资产比重较低。剧场平均资产总额为7088.25万元，其中固定资产为4645.94万元，流动资产为411.73万元，即剧场流动资产占总资产5.81%，固定资产占总资产的65.54%，其他非流动资产占总资产的28.65%。按照平均值进行估计，山东省97家剧场的资产总值为68亿元，固定资产为45亿元，流动资产为4亿元。

分析提供资产和负债完整数据的22家剧场得知，山东剧场的资产负债率仅为10.47%，剧场负债总额为1159.65万元，其中流动负债为275.55万元，长期负债为26.22万元，流动负债占总负债的23.76%。

（二）剧场经营状况

演出场次与剧目构成。对21家剧场的演出场次数据分析得出：2010～2013年山东省剧场的演出总场次每年稳步增长，每个剧场的平均演出场次也呈明显上升趋势，山东省剧场从2010年平均5天演出一次增加到2013年的平均3.5天演出一次，剧场资源的利用效率有所提高。然而，不难发现：2013年有8家剧场演出少于30场，也就是说，接近40%的剧场平均12天以上才安排一次演出，这导致剧场资源浪费非常严重。

1. 售票

2010～2014年平均上座率约为60%，观众人次呈增长趋势。虽然剧场的表演节目从传统艺术到现代艺术，涵盖了话剧、音乐剧、歌剧、舞剧以及针对儿童的表演和教育节目，但观众的文化消费意识还比较欠缺或消费能力不足。在所调查的消费者中，55.81%的消费者用于休闲娱乐的消费不足日常消费的20%。剧场主要采用现场销售的方式，销售量达到70%以上，而网络销售和电话销售都仅占15%左右。

2. 收入与盈利结构

收入结构方面，通过对24个有效数据样本分析得出：各剧场2010～2013年间收入呈现均匀增长趋势，2010年平均收入93.26万元，2013年收入116.65万元，增长25%。这和演出场次、观众人次的变化趋势相一致。各剧场的收入差距较大，2010～2013年间，每年剧场收入最少是2万元，最多是500万元左右，2013年有剧场达到721万元。在收入结构方面，场地租赁所占的比例为30%左右，样本年度内呈现下降趋势；票房收入占30%左右，旅游服务收入和节目编排收入所占比例很小。

3. 成本构成

在20个有效剧场数据样本中，剧场成本增长速度较快，2010年为90.51万元，2013年为389.38万元，增长330%，剧场成本的增长速度明显高于同期的剧场收入，除2010年外，剧场成本都明显高于剧场收入。无论是绝对值的数额，还是增长速度，剧场的成本都处于收入之上，剧场亏损便是必然。在剧场成本中，演出费用所占比例最高，在样本年度呈现下降趋势，2013年达到30%；其次是剧场员工的工资和福利，占总成本的30%左右。这两项开支占剧场总支出的60%以上。相比之下，剧场的宣传推广费用较低，约占5%。

4. 利润结构

如表2-1所示，2010～2013年剧场年年入不敷出，并且亏损的数额越来越大，2013年度全省剧场平均亏损达到132万元，个别剧场亏损高达1482万元。在2010～2013年间有6家剧场是盈利的，但基本处于微利状态，盈利最高的剧院仅为97万元。剧场的主营业务就是演出，演出利润应成为利润的主要组成部分。如图2-4所示，2012～2013年间剧场主营业务利润与利润总额呈现同比下降趋势，并且主营业务利润曲线位于利润总额之下，这说明主营业务及演出业务亏损数额更大，剧场更多的是通过其他业务来弥补演出业务的亏损。

表2-1　　剧场利润构成描述性统计表

	年度	有效剧场数量	均值	标准差	最小值	最大值
利润总额	2010	12	−7.39	25.58	−61.40	26.00
	2011	12	−0.85	42.64	−72.10	97.00
	2012	14	−35.63	110.50	−372.00	97.00
	2013	16	−132.12	399.64	−1482.00	93.00
主营业务利润	2010	11	−31.78	204.24	−627.00	178.40
	2011	9	−247.38	850.01	−2508.00	194.00
	2012	11	−213.26	722.06	−2349.00	214.07
	2013	11	−334.71	840.90	−2464.00	152.28
其他业务利润	2010	4	50.00	73.65	0.00	156.00
	2011	4	59.50	97.66	0.00	204.00
	2012	5	49.60	88.39	0.00	204.00
	2013	7	37.71	36.33	0.00	80.00

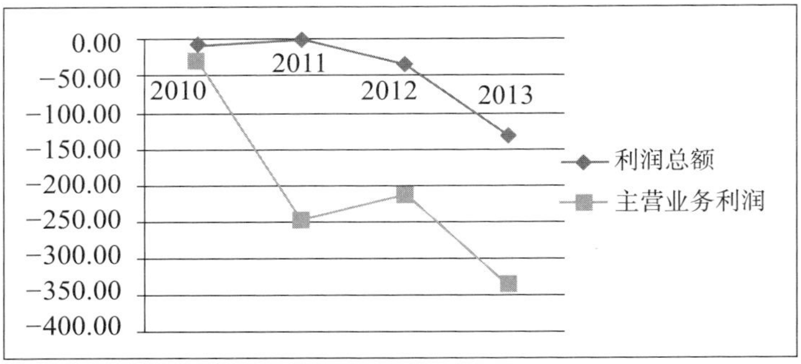

图2−4 剧场利润构成图

（三）剧场人员与激励

1. 法人代表

通过对剧场法人代表的性别、年龄、学历、职位和专业等的观察，不难发现：有一人兼任两家剧场的法人代表；97家剧场中有9家剧场的法人代表为女性，这几位女性的学历均为专科以上，平均年龄约为44岁，低于男性法人代表的平均年龄；剧场法人代表的年龄主要集中在51～60岁这一年龄段，最年轻的为28岁，最年长的为61岁；法人代表的学历主要集中在大专层次，取得本科学历的员工占总人数的四分之一，而拥有研究生学历的法人代表数量相对较少，仅有3人。

2. 员工结构

2013年度山东省剧场员工平均为25人，男性多于女性。不同剧场之间员工规模差异较大，人数最少的剧场只有3人，人数最多的达到112人。在年龄结构上，山东省剧场40岁以下的员工占较大比重，接近60%，其中，30岁以下的员工占总人数的33.43%，31～40岁的员工占总人数的24.47%。在岗位构成上，舞台技术岗、场务服务岗和物业后勤岗员工最多，约占总人数的67%，宣传营销岗人数最少，平均为2人，仅占6.30%。拥有正高级职称的剧场人数最多为2人，副高职称平均有1人，高级职称（包括正高和副高）占比不足7%。山东省剧场员工学历较低，专科及以下学历的员工占较大比例，为70%，其中42%为高中及以下学历，27.88%为专科学历，本科占19.54%，硕士占8%，博士为1.13%。

3. 员工薪酬

如表2-2所示，2010～2013年山东省剧场员工工资呈现上升趋势，无论是普通员工还是管理人员，男性的工资水平均高于女性。剧场间员工工资差异较大，尤其是管理人员和剧场经理。部分剧场经理年收入不足5000元，收入最高的剧场经理年薪达23万元，约相差45倍。山东省剧场存在激励不足的问题，导致员工缺乏工作的积极性。剧场员工的薪酬待遇偏低，山东省剧场员工收入低于山东省城镇居民的平均水平。①剧场管理人员的收入仅略高于山东省城镇居民的平均水平。剧场经理的薪酬主要是以传统的固定工资为主，而对绩效的考核和年度经营目标完成的奖励相对匮乏。剧场经理收入中固定工资占比73.91%，绩效工资次之，为16.44%，福利占比为5.76%，占比最少的为年终奖，仅为1.63%。

表2-2　山东剧场员工收入　单位：万元

	年度	剧场数量	均值	标准差	最低	最高
男性员工	2010	40	2.23	1.44	0.21	6.00
	2011	42	2.26	1.58	0.00	6.10
	2012	43	2.62	1.81	0.00	7.00
	2013	48	2.76	2.00	0.19	9.00
女性员工	2010	26	2.06	1.26	0.24	5.40
	2011	27	2.24	1.36	0.24	6.00
	2012	29	2.33	1.47	0.24	7.00
	2013	28	2.57	1.78	0.20	9.00
男性管理人员	2010	36	2.56	2.44	0.25	14.50
	2011	37	2.72	3.05	0.26	18.70
	2012	38	3.04	3.19	0.31	19.30
	2013	43	3.21	3.18	0.29	20.00
女性管理人员	2010	20	2.51	2.32	0.30	10.80
	2011	22	2.65	2.78	0.36	14.00
	2012	22	2.77	2.87	0.36	14.50
	2013	23	3.04	2.89	0.35	15.00

① 根据山东省统计年鉴，2010年、2011年和2012年城镇居民年人均收入分别为2.2万元、2.5万元和2.8万元。

（续表）

	年度	剧场数量	均值	标准差	最低	最高
剧场经理年收入	2010	26	3.46	4.42	0.48	23.00
	2011	28	3.66	4.29	0.48	23.00
	2012	30	3.85	4.05	0.48	23.00
	2013	36	4.11	3.93	0.48	23.00

（四）剧场管理控制状况

1. 剧场规章制度

调查显示，约有85%的剧场行政规章制度基本健全，但是仍存在许多问题：（1）有三家剧场的许多行政工作处于无章可循的状态；（2）约有10%的剧场存在制度不够健全，或者虽然制度健全但都未得到认真执行；（3）约55%的剧场虽然规章制度基本健全，但是并未有效执行，如表2-3。

表2-3　　剧场行政规章制度健全情况

选项	所占比例%
有许多行政工作无章可循	3.9
行政规章制度不够健全，或者虽然基本健全，但很多都未认真执行	9.2
行政规章制度基本健全，但有一部分未得到认真执行	31.6
行政规章制度相当健全，并且能够照章办事	55.3

2. 人员管理

剧场人员管理等级评价显示，目前接受调研的剧场在各岗位职责职权的界定、员工安排以及员工培训、薪资等方面的管控均处于较低水平，如表2-4。

表2-4　　剧场人员管理情况统计表

	等级1占比%	等级2占比%	等级3占比%	等级4占比%	等级5占比%
各岗位有明确的责任界定与任职要求	50.0	15.2	19.6	12.0	3.3
各岗位人员具备履行其职责所需的知识、经验和培训	37.0	10.9	38.0	9.8	4.3
各员工的工作内容有正式的书面描述	30.4	13.0	23.9	23.9	8.7

（续表）

	等级 1 占比 %	等级 2 占比 %	等级 3 占比 %	等级 4 占比 %	等级 5 占比 %
有足够数量的员工，员工不必过多地加班或者履行过多的责任	38.0	19.6	27.2	14.1	1.1
严格按员工所具有的知识和技能安排工作	36.7	21.1	26.7	12.2	3.3
员工拥有的权限足够使其能完成所承担的工作	44.6	14.1	27.2	13.0	1.1
每个员工均有明确的职权和职责	50.0	9.8	29.3	9.8	1.1
定期对员工进行业务培训	41.3	8.7	31.5	14.1	4.3
员工熟知各自部门、岗位的内部控制规定	47.3	20.9	18.7	9.9	3.3
在员工执行其职务工作的时候，剧场在信息、培训、资金、预算、人员等方面给予支持和帮助	45.7	13.0	27.2	12.0	2.2

（注：等级1为最高，等级5为最低。）

3. 资金管控

在接受调研的67个剧场中，有大约10%存在预算与内部控制制度不健全的状况，有6%的剧场收入与支出管理制度得不到执行，约6%的剧场资金管理（包括投资、筹资和日常资金管理）不健全。平均计算，在预算、收支和资金管理制度方面有占比约17%的剧场未能有效执行相关制度。通过本次调研发现，目前有11家剧场存在出纳与会计由同一人担任的情况，这是剧场资金管控不规范、可能存在风险的表现。

4. 剧场安全

约85%的剧场具有严格的安全管理标准，基本能够按照标准进行运作，管理比较规范，并且能够保证每隔一年进行一次整体综合性灭火和应急疏散演练，也能保证对专业消防设备的定期维修保养。但仍有6家剧场对安全标准的执行不到位，3家剧场的安全管理标准不健全，都存在着安全隐患。11家剧场无法保证每年进行一次全面的消防演练，甚至从未进行过此类演练。有10家剧场的安全设备没有得到定期维护。

三、剧场管理中存在的问题

发展演艺产业，从产业生态优化的视角，首先应聚焦到剧场管理。在演艺产业价值链中，演艺产品和消费者（观众）之间的价值交换是在剧场中完成，现金流的最大化是在剧场中实现，来自剧场的市场信息传导，也是演艺产业市场机制发挥要素配置功能的主要驱动力。我国演艺产业发展的现阶段，存在着诸如产业结构不完善、市场化程度不高等需要破解的难题。演艺产业的整体，包括创作、策划、宣传以及营销等一系列活动，并由此衍生出“剧本创意、演出策划、剧场经营、市场营销、演艺产品开发等紧密衔接、相互协作的演艺产业链”。因此，解决演艺产业的现存问题，不能“头痛医头，脚痛医脚”，而是要有全局观念，从整个产业链着眼，以标准化体系建设着力，提升剧场管理水平，强化产业核心要素功能，实现演艺产业链条的上下联动，完善演艺市场体系，优化演艺产业生态，提升演艺产业发展水平。

国家大力构建公共文化服务体系和推进文化产业发展，形成了良好的政策环境，为剧场的建设、发展带来了机遇。近年来，一批大型剧场的建成，提升了公共文化服务基础设施建设水平，也夯实了演艺产业资本密集的关键环节，为演艺产业链的发展完善打下了坚实的物质基础。然而，受限于发展经验不足等原因，当前我国剧场运营管理水平整体不高，经营手段单一，难以充分实现应有的经济价值与社会价值。主要表现在以下几个方面：

（一）剧场建设与运营脱节

从1998年开始至今，我国的现代化剧场建设进入了一个高潮。在重视公共文化服务设施建设的背景下，以大剧院为城市文化地标性建筑，成为各地新城市建设的优先选择，在经济发达地区，县区级政府也纷纷斥巨资建设大型剧场。大规模建设的同时，剧场建设与运营脱节的问题越来越凸显。

“当前剧场建设的最大误区之一是，绝大多数剧场经营实行的是出租制，而新建剧场选择的建筑标准却是欧洲的‘院场合一制’。”新建大型剧场的规划和建设，基本以政府为主导，普遍存在重视建设忽视运营的问题。首先是剧场设计阶段，对建成后的运营考虑不足，影响了剧场建筑功能的合理利用，部分剧场过于注重外观视觉效果，不惜牺牲剧场功能，造成了难以弥补的缺陷，甚至是难以挽回的损失；其次是运营管理的专业人才和资金投入准备不足，运营主体介入滞后，或者长期缺位，部分剧场甚至由基建人员延续管理，导致剧场不能充分发挥应有的功能；还有剧场建设过于追求个性化，行业标准特别是运营管理标准的缺失，造成院线式巡演等形式的规模化运作不能统一“接口”，不能实现规模化经营，提高了成本，抬高了票价，抑制了行业的良性循环发展。

（二）缺乏科学高效的管理机制

目前，剧场的管理机制普遍存在问题，企业法人治理结构缺位，管理机制不健全，内部机构设置不合理，职责不明确，人力资源管理、资产管理、财务管理、营销管理不规范；为数众多的老旧剧场，只有“看门人”，没有组织架构，没有规章制度，现代企业管理机制缺失，相对于剧场体量巨大的国有资产和不可替代的社会服务功能，形成巨大的不对称。

（三）剧场资源利用率低

剧场占据着大量的土地、人才、政策资源，理应发挥其社会效益和经济效益。但是现在，各地剧场营收是以出租为主。“每年演出260至280场，是一个剧场真正发挥文化设施功能、负起社会责任的起码数量”，实际上，由于部分剧场没有清晰定位，缺乏市场探索，剧目与剧场对接不畅，造成了剧场的长时间闲置，剧场资源利用效率低下。

（四）剧场经营管理人才不足

演艺产业的发展为剧场运营提出了更高要求：一方面，现代大型剧场设备设施的科技水平越来越高，对技术人员的专业水平要求越来越高，剧目形式越来越复杂多样，管理难度不断加大，对管理人员的专业管理能力要求越来越高；另一方面，剧场从业人员整体素质不高，管理人员普遍缺乏基本的现代经营管理理念和市场运营意识。优秀专业人才的引进，现有人员专业能力的提升，是迫切需要解决的问题。

（五）剧场间协作能力差

剧场之间管理能力参差不齐，影响专业化的顺畅沟通，导致演出市场信息不对称，难以实现规模化、集约化发展。由于剧场之间缺乏统一规划，市场定位和经营特色不清晰，不能形成品牌影响力和市场开拓能力。名优剧目单体运作成本高、票价贵，单一剧场难以支撑，不能实现集约化运营。

第三节 剧场管理标准化建设

剧场在演艺产业生态构建中的重要地位，要求剧场专业运营能力的整体提升，剧场管理的标准化建设就成为一项必然的基础工程。2014年12月15日，笔者发起并主持制定的山东省地方标准《剧场等级划分与评定》（DB37/T 2627-2014）由山东省质量技术监督局正式发布。

标准化在社会经济各领域普遍施行，就是为了在一定范围内获得最佳秩序和最高社会效益，在经济、技术、科学及管理等社会实践中，“对现实问题或潜在问题制定共同使用和重复使用条款的活动，它包括编制、发布和实施标准的全部过程，主要作用在于，为了预期的目的改进产品、过程或服务的适用性”，最终取得帮助各行业组织树立形象，改进绩效，促进技术等领域合作以防止贸易壁垒的实际成效。[①]

随着市场竞争的日趋激烈，标准化已经成为企业或组织参与市场竞争、实现可持续发展的战略性手段。概括来看，标准化的对象包括“物”和“事”两个大的方面。“物”是指硬件建设，包括产品、财务、设备和工具等各种具体的事物；“事”是指软件建设，如针对某类事情的处理流程、具体方法等。实施标准化，就是运用标准化的方法，将生产经营活动中“物”和“事”的两个方面内容，用标准的形式固定下来，作为生产经营活动的准则，并贯彻执行。[②]标准化是在已有实践的基础上，把经验和教训总结提升后形成共同的规范，其制定需要政府部门和实践主体的共同参与。2003年7月17日，在信息

① 秦卫国：《实施标准化 提高核心竞争力 争创中国名牌》，《国防技术基础》2008年第8期。

② 钟世威、马广庆：《企业标准化管理存在的问题与对策》，《对外经贸》2012年第7期。

产业部、国家发展和改革委员会的大力支持下，联想、TCL、康佳、海信、长城等5家企业发起的“信息设备资源共享协同服务标准化工作组”正式成立。自此，与市场和用户联系密切的企业开始作为主体参与信息标准的制定，这对于我国标准化工作的开展具有重要的示范和推动作用。

实行标准化，需要建立标准化体系。标准化体系不仅对企业或组织的质量目标和职责等做出规定，还会通过系统的条款来进行过程管理、质量策划、质量控制、质量保证和质量改进。ISO9001是迄今为止世界上最成熟的质量框架，它不仅为质量管理体系，也为总体管理体系设立了标准。ISO9001认证的客体是企业或组织的标准化体系，通过认证的企业或组织在各项管理系统整合上将被认为已达到国际标准，表明其能够持续提供满足消费者要求的质量或服务。因此，开展标准化研究，制定标准化体系，是企业或组织提高内部运营效率、以消费者为中心的重要体现。优秀的标准化体系是企业或组织提升形象、改进绩效、获取市场，进而推动整个行业发展的有力武器。

一、剧场管理标准化的基本内涵

与一般企业或组织相同，文化体制改革后，剧场的任务也在于充分利用有限的资源，提供符合顾客需求和期望的产品，以获得合理的经济效益，最终不断提高经济效益和社会效益。

然而，与一般提供产品或服务的企业或组织不同，剧场的功能是纽带式的，连接着演出和观众双方，既向演出方提供场地，又向观众提供演出服务，剧场这一双向服务的功能决定了它必须把好服务质量关，服务质量的好坏与剧场经营的成功与否直接相关。因此，如果不对剧场提供的服务在量化的基础上进行评价，不仅消费者和演出方在选择剧场时无所依凭，而且剧场自身的运营管理也会因缺乏明确、统一的标准而难以优化、提升。剧场管理标准化则可以同时为剧场管理者和消费者提供一个可量化的直观评价系统。剧场标准化管理体系以系统、科学的方式对人力、物力、财力等要素资源进行管理，并通过分析、比较，制定一系列可操作指标和标准，并通过标准的优化，最大限度地降低剧场投入，最大限度地提高全员劳动效率，实现剧场服务质量的可控与提升，方便剧场、消费者和合作者三方，推动整个演艺产业的良性发展。[①]

综上，剧场标准化研究针对剧场现存问题，围绕剧场服务的开展、提升，识别各类顾客的需求和期望，从资源管理（人力资源、基础设施、工作环境等）、服务实现以及测量、分析、改进等角度进行标准化规范，并最终制定完善的剧场管理服务标准化体系，督促剧场内部全员参与，严格遵守。剧场管理服务标准化体系适用于剧场内部，同时亦可作为第二方合作机构、第三方认证机构对剧场的审核依据。

从标准化所指向的对象上看，剧场标准化体系可划分为剧场服务保障标准和剧场服务提供标准，如图2-5所示。前者是指对剧场服务过程中涉及的关键环节和因素进行管理和控制的标准，以对人、财、物的管理为核心，对后勤保障管理等所有管理事项进行全面的规范。后者则是指针对剧场标准化体系中需要协调统一的服务方法、服务程序、服务提供过程及其结果等方面活动的适用标准，包含业务服务规范、服务提供规范、服务控制规范、运行管理等标准。从其适用范围和作用上看，剧场服务提供标准须以剧场服务保障标准为基础，两个标准相融相生、相互促进，共同提升剧场管理水平、服务质量，进而打造良好的剧场品牌。

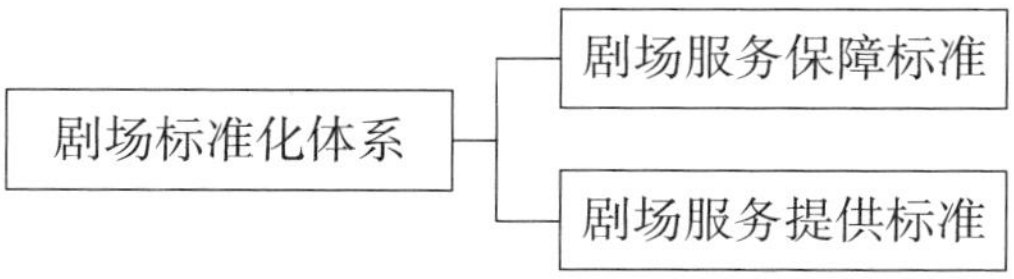

图2-5　剧场标准化体系的对象构成

从标准化的载体上看，文件化的剧场标准化体系规定了剧场的管理、服务规范，主要包括质量手册、程序文件和部门工作文件三个部分，如图2-6所示。

图2-6反映了剧场标准化体系的文件构成要素，其中质量手册描述质量方针、质量目标、组织结构与管理职责以及ISO9001：2000体系中本体系条款的规定。质量手册对外用以证实剧院有提供令消费者满意的剧目和服务的能力，

① 吴紫瑜：《剧场服务管理标准化探究》，《影剧新作》2014年第3期。

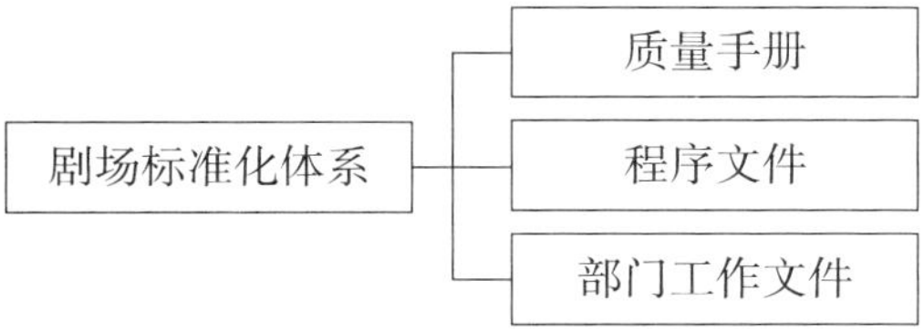

图2-6　剧场标准化体系文件构成

对内作为剧院内部管理服务体系执行的最高文件，是管理职责的依据、资源管理和服务实现的保障。

程序文件是对剧场管理、服务活动中涉及的程序进行分解，对诸如人力资源管理程序、记录控制程序、内部审核程序、不合格服务控制程序等进行规范，通过程序的标准化实现剧场各项工作的标准化。

部门工作文件则是针对剧场各部门、各机构的任职要求、岗位职责与权限，提出岗位工作标准。岗位是剧场的基本组成单元，只有每个岗位实现标准化，才有可能最终实现剧场整体的标准化。

二、剧场管理标准化体系的特点

剧场标准化工作的实施，需要建立一套科学的剧场管理服务标准化体系，以起到指导实践、深化改革的作用。为保证实施效果，剧场管理服务标准化体系应具备以下三个特点：

（一）可视化与可量化

管理服务标准化体系为剧场提供了一种具有科学性的质量管理和质量保证方法，为保证该体系的有效实施、显著提高内部管理水平，需要实现体系的文件化，即形成书面标准文件。可视化、可知性、可查性是强化标准体系的实施力度，督促员工按标准办事，按标准输出服务的前提条件。

同时，标准化体系的构建是为剧场服务的，因此在指标选择上，要进行定量处理，以便于数学计算和分析。此外，各个指标要简单、具体、便于量化，要注意保持整个体系的一致性，以保证构建出的体系具有可操作性和可比性。

（二）一贯性与一致性

实现剧场标准化须借助于剧场管理服务标准体系，该体系的贯彻实施涉及剧场内外资源的整合与配合，是一项浩大的系统工程。标准化体系的公布、实施、运行，应保持标准的一贯性和一致性。由于剧场现存问题产生于社会政治、经济大环境，一段时间内这些问题不会发生根本改变，因此该体系在目的、应用、使用范围、评价方式等方面应保持较长时间的稳定性，这样才能保证剧场标准化的稳定性和权威性。

（三）动态化与具体化

相对稳定性特征并不是要求剧场管理服务标准化体系一成不变，毕竟随着各项工作的推进，剧场存在的问题会在发展中产生一定的变化。标准化产生于解决剧场现存问题的迫切需求，亦将随着剧场问题的转移而转移。因此，剧场标准化是动态的标准化、具体的标准化。

在实施过程中，剧场管理服务标准化体系将设定方针和目标，坚持具体问题具体分析的原则，持续改进以确保该体系的有效性、适宜性和充分性。例如，当剧院的方针、目标、组织机构或者剧院的资源配置、市场情况等发生重大变化时，相关负责人应确保在充分调研的基础上，对新情况、新问题加以识别和策划，保证评价体系的动态更新，保证剧场标准的先进性、评价体系的适应性与可行性。

三、剧场管理标准化的实践

（一）剧场管理标准化现状

当前我国剧场标准化工作并非一片空白，近年来，随着新建剧场数量的增加和演艺产业的发展，剧场标准化工作有了一定的进展。例如，我国已制定了《舞台机械——台上设备安全》《舞台机械——操作与维修导则》《剧场等演出场所扩声系统工程导则》《舞台灯光设计常用术语》等，为剧场的发展了提供技术保障。此外，2010年6月，国家大剧院与中国艺术科技研究所、保利剧院管理有限公司、上海大剧院共同组成《舞台管理导则》研究课题组，编制完成了文化行业标准《舞台管理导则（草案）》；北京工业大学牵头承担了《剧场等演出场所安全管理体系》的研制，以推动我国剧院安全管理体系建设。2014年，北京、上海的剧场行业组织进行了剧场管理方面标准化体系制定的尝试，山东省以山东演艺联盟为主体制定了《剧场等级划分与评定》，由山东省质量技术监督局山东省地方标准第10号公告批准发布，这是全国剧场行业的第一个地方标准。

然而，与演艺产业发达的国家或地区相比，我国的剧场标准化工作进展较为缓慢，且不成体系：技术方面标准多，管理服务方面标准少，缺乏有机整合的行业标准。现有的剧场标准远远不能满足当前演艺产业快速发展的需要。

（二）国家大剧院剧场管理标准化的成功实践

国家大剧院是我国最重要的标志性文化机构，是舞台表演艺术的最高殿堂，自2007年正式开始运营。国家大剧院在学习、借鉴国内外剧院管理经验和开拓创新的基础上，经过多年的实践，探索出一套独特的大剧院运营管理模式。从管理的角度看，国家大剧院模式的成功与管理的标准化密不可分。在具体的操作上，通过完备的制度和细化的制度流程，国家大剧院制定了"符合剧院实际、覆盖剧院方方面面的经营规范、管理规范和技术规范，成为保障剧院高效运转、快速发展的'剧院管理法典'"[①]。以作为剧场核心的舞台为例，国家大剧院的舞台管理不仅有细致的标准，还有数目众多的管理制度和管理规范。国家大剧院的舞台管理标准是一个从科组、岗位到角色的职责体系，"共涉及六个大类专业，51个岗位角色，与人员配备情况结合起来，细化到每个人的职责内容、责任区域、工作任务指标、关键事件指标、内外部沟通关系"（详见表2-5），相当于剧场标准化体系文件构成中的质量手册。

除了舞台管理标准，国家大剧院还制定了舞台管理的制度和规范。舞台管理制度是从事件中总结出来的有序的、有规律的、可复制的制度流程，包括部门例会制度、领班带班制度、预算管理制度、安全管理制度等，相当于剧场标准化体系文件构成中的程序文件。规范则是具体的行为标准，包括剧场工作规范、剧目工作规范和文档规范三类，相当于剧场标准化体系文件构成中的部门工作文件。

---

① 陈平：《剧院运营管理——国家大剧院模式构建》，人民音乐出版社，2015年，第61页。

表2-5　　国家大剧院舞台技术部专业类别及岗位角色

专业类别	岗位角色	专业类别	岗位角色
舞台机械	歌剧院舞台机械统筹	舞台技术保障	舞台技术保障（统筹）
	歌剧院舞台机械项目人 / 现场管理		舞台技术保障（机械）
	歌剧院舞台机械操作		舞台技术保障（控制）
	戏剧场舞台机械统筹		舞台技术保障（电气）
	戏剧场舞台机械项目人 / 现场管理		舞台技术保障（巡检）
	戏剧场舞台机械操作		舞台技术保障（综合技术）
	音乐厅、小剧场舞台机械操作		灯具维护
舞台灯光	歌剧院灯光统筹		灯光系统维护
	歌剧院灯光技术		音响系统维护
	音乐厅灯光统筹		乐务（调律和乐器维护）
	音乐灯光技术	舞美设计制作	舞美设计
	戏剧场灯光统筹		舞台技术管理
	戏剧场灯光技术		舞美统筹
	小剧场灯光技术		舞美库管
	多媒体操作		灯光设计
	灯光库管		音响设计
舞台音响	歌剧院音响统筹		多媒体设计
	歌剧院音响技术		服装统筹
	音乐厅、小剧场音响统筹		服装统筹助理
	音乐厅、小剧场音响技术		服装监制
	戏剧场音响统筹		服装版师
	戏剧场音响技术		服装管理
剧场舞台监督	歌剧院舞台监督		化妆统筹
	音乐厅、小剧场舞台监督		化妆统筹助理
	戏剧场舞台监督		道具管理
舞台综合协调			

四、剧场管理标准化的实施路径

（一）以观众为导向，注重标准化创新

剧场管理标准化的最终目的是为观众提供更好的服务，因此，观众满意度就成了衡量剧场管理水平的试金石。故而，在推动剧场管理标准化、制定标准化体系的过程中，必须“以顾客为导向”，以满足观众需要为核心，多途径获取观众需求，并把这些需求与剧场管理相对接，通过一整套的体系转化为具体的服务。而且，在标准化体系建立后，还要依据观众需求的变化不断改进和创新，保证管理工作和服务质量与时俱进、不断完善。

（二）实行现代企业制度

演艺产业的产业化、市场化，需要产权清晰、权责明确、政企分开、管理科学的现代企业制度的保驾护航。而现代企业制度又以产权制度为核心，因此，作为演艺产业链重要环节的剧场管理标准化工作就必须“要在明确产权的基础上，明晰剧场内部组织架构，细化岗位职责，促进资源的合理配置”[①]。换言之，产权清晰的现代企业制度，是剧场管理标准化工作顺利开展并产生预期成效的重要保障。图2-7展示了适合推行剧场标准化工作的一种组织架构模式。

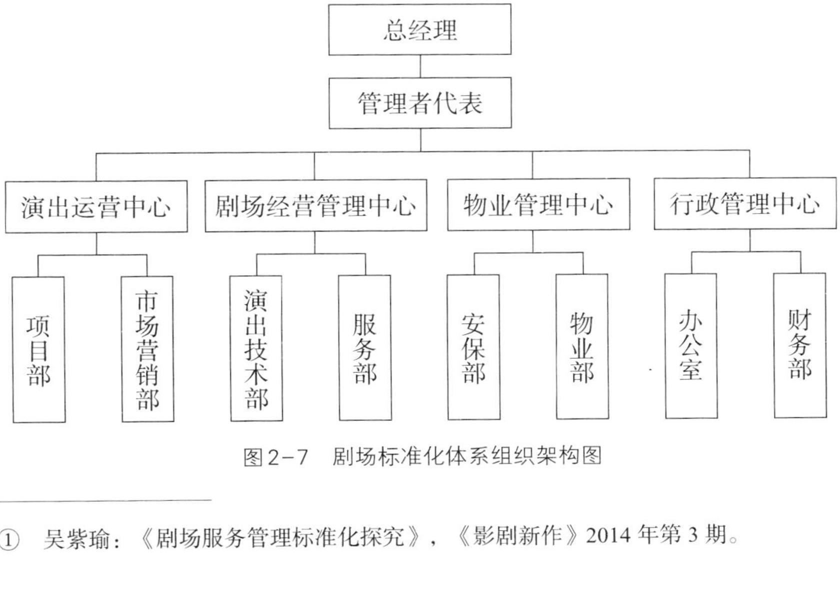

图2-7　剧场标准化体系组织架构图

① 吴紫瑜：《剧场服务管理标准化探究》，《影剧新作》2014年第3期。

垂直管理结构便于标准化工作的推广；剧场内部各部门理清职责与权限，各司其职，便于标准化工作的分解执行；不同部门之间有机统一，相互配合，最终实现整体标准化运作。

（三）领导者推动，全员参与

剧场标准化体系的贯彻执行，需要领导者强力推动，自上而下有条不紊地实施。领导者要充分认识推进标准化工作的重要性、必要性和迫切性，并切实提高对剧场管理服务标准体系的认识能力和运用能力。细化到具体工作，领导者应亲自参与到该体系的架设中来，参与各级程序文件的讨论，了解该体系的执行状况，并不断推动体系的完善。

剧场标准化体系的贯彻，还需要剧场全员参与。在理顺各部门、各级人员工作职责的基础上，保证剧场管理、运营全过程有章可循，有法可依。同时，要通过研讨交流、专题培训、专题会议、简报宣传等形式，加强员工对执行标准化体系的充分理解，确保全员参与到剧场标准化建设中来。

（四）加强过程管理

ISO9000：2000《质量管理体系基础和术语》将“过程”定义为：“一组将输入转化为输出的相互关联或相互作用的活动。”“过程管理”则是指使用一组实践方法、技术和工具来策划、控制和改进过程的效果、效率和适应性，包括过程策划、过程实施、过程监测（检查）和过程改进（处置）四个部分，即PDCA循环四阶段。推动剧场标准化工作，需要进行严格的过程管理，即将剧场相关的资源和活动作为过程进行管理，以更为高效地实现剧场标准化预期成果。

（五）管理服务标准体系文件化

“所谓质量体系文件化，就是要求将质量体系以文件形式表达出来，形成一套书面的体系文件，以此作为质量体系运作的准则和运行状况审核的依据。”建立文件化的管理服务评价体系，是实施剧场标准化工作的核心和主要抓手。不同类型的剧场必须结合实际情况，总结经验、吸取教训，建立起以质量手册、程序文件和部门工作文件为载体的层级化制度体系，并且在日常工作中严格要求，保证各个级别和岗位的人员都要按文件对工作进行记录，并由专

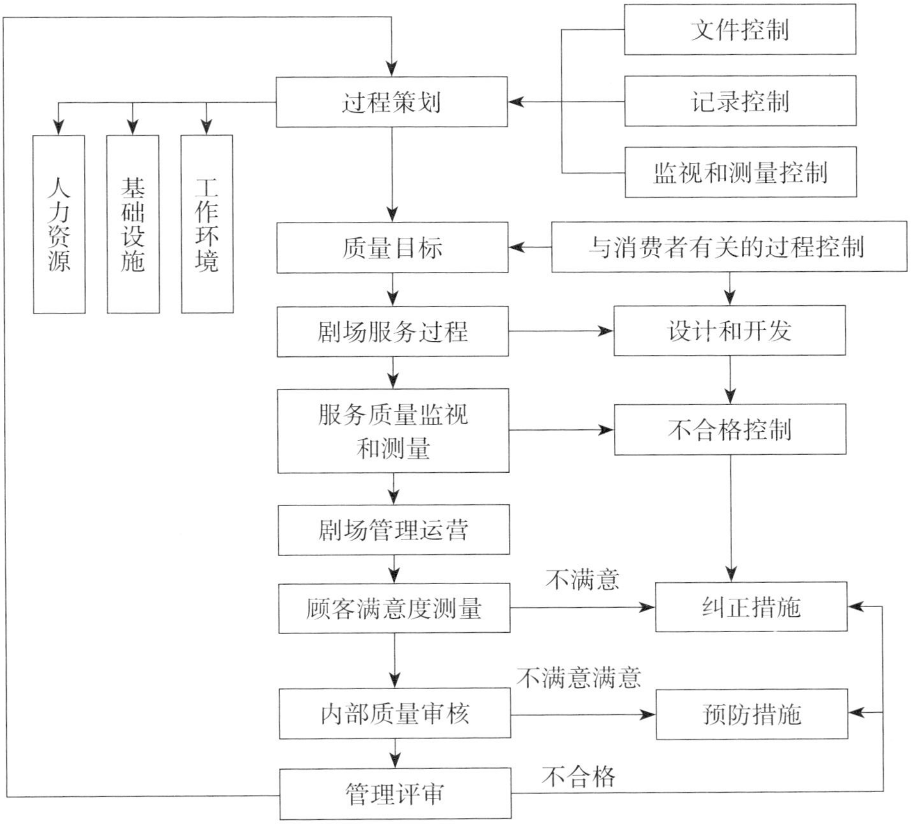

图2-8　剧场标准化工作过程管理

人负责文件的整理归档。

剧场管理标准化体系的效力和生命力在于执行，为此，作为标准化载体的文件的制定，必须在广泛调查的基础上进行，必须针对实际情况和现存问题，必须具有现实的可操作性，而且要在文件执行的过程中及时发现不足、及时改进完善。

从整体上看，文件化的剧场管理服务标准体系具有协调作用、固化作用和契约作用，是剧场从感性运行到科学理性发展迈出的里程碑式的一步，这将填补演艺产业在标准规范上的空白，打破无标准可依的局面，推动演艺产业健康有序发展。

（六）强化监督与考核

“领导者推动”与“全员参与”是推动剧场标准化工作的重要保障，为了不断更新、完善标准化体系，还需要加强监督与考核。

剧场标准化体系在申请ISO9001质量体系认证时要经过层层审核：第一方审核，即自审；第二方审核，即内审；第三方审核，即外审。为通过认证，剧场应加强对其标准化体系的审核工作，高标准，严要求，推动剧场标准化工作的开展。

标准化制定是动态的、螺旋式上升的过程，剧场标准化体系的推进效果取决于顾客满意度，要采取适当的方式获取顾客满意度的有关信息，据此不断完善剧场的标准化体系建设。建立配套的实施考核体系，并要求剧场内部各部门严格遵守，责成相关部门组织定期检查与考核，以验证是否达到要求。

五、剧场标准化预期效果

（一）优化剧场工作机制，推动剧场价值实现

现有剧场缺乏标准化规范，其公共服务能力、社会文化功能、经济服务功能皆受到影响。剧场标准化体系将激活剧场内各类资源，推动剧场价值的实现。

首先，实施剧场标准化，构建剧场管理服务标准化体系，有利于提高剧场管理水平，优化经营运作，提升观众满意度，打造剧场独特优势。剧场标准化体系由一系列系统的管理标准和规范组成，使人事、财务、物业、技术等的管理都能够有章可循，使剧场的各项管理工作逐步变得“处处有流程、事事有标准、物物有人管、岗岗有考核、日日有坚持、时时有创新”，最大限度地减少剧场管理中人为因素的干扰和陈旧管理方式的不良影响，提高管理的科学性和有效性，提高剧场人员的责任意识、专业意识和凝聚力，从而推动剧场服务水平的提高和经济、社会效益的最大化。此外，剧场管理标准化体系还可以提升剧场的专业化水平，推动剧场由经验式的管理、模糊式的评价发展到管理科学化、评价客观化的新阶段。而且对于剧场管理人员来说，一切都可以依据标准推进，他们就可以从千头万绪的事务性工作中解脱出来，把精力和时间更

多地投入到对剧场的长远发展上，进一步提高剧场运营水平和竞争力。

其次，实施剧场标准化，执行剧场管理服务标准化体系能够节省第二方审核成本。在剧场租赁合作中，合作方须提前对目标剧场进行考查与考核，这无疑会耗费一定的时间和费用，影响合作效率。剧场实施标准化体系，特别是执行经过ISO9001认证过的标准化体系，向合作方传达剧场硬件合规、管理科学、服务优良的信号，表明剧场能持续稳定地向顾客提供满足预期的产品与服务，从而有效地简化合作流程，提高剧场竞争力。

（二）推动剧场院线化，加速演艺产业生态优化

演艺院线通过有效衔接演艺产品供应和市场终端，实现演艺院团和剧场的成本最小化、利润最大化。现阶段，演出院线是培育拓展演艺市场、构建现代演艺营销体系、引导群众文化消费的重要途径，是助推演艺业实现规模化、集约化发展的有益探索。然而，在演出市场中，各地在演出资源、剧院条件和市场需求等方面存在较大差异，剧场院线化工作实质性推进进展较为缓慢。剧场标准化将有效解决这一问题。

院线内剧场推行统一的管理服务标准化体系，能够使得不同的剧场之间具有共同的语言、统一的认识和共守的规范，降低沟通成本，提高沟通效率，密切剧场间的合作与交流；通过实施统一的员工守则和行为规范，建立起完整高效的现代化管理机制和体制，为剧场培养一支管理经验丰富、服务意识到位、销售能力较强的管理和员工队伍，从而提升成员单位运营的专业化、管理的精细化和服务的人性化。更为重要的是，实行剧场标准化体系，打破演艺行业壁垒，有利于实现剧场联盟化经营，共享创作、宣传资源，让演出持续化、常态化。剧场由原来的坐收场租，变为主动经营，在降低单体演出成本的同时，为企业提供更大获利空间。

（三）打造文化地标，提升公共文化服务能力

剧场不仅仅是营利性组织，同时也具有公益性文化机构属性，发挥剧场的公共文化服务功能是剧场运营的职责所在。

根据国际发展经验，当一个国家或地区人均GDP达到3000美元时，消费结构升级，文化教育娱乐类产品需求上升。2003年前后，我国就已经步入

1000～3000美元阶段，由此带来民众精神文化消费需求的增长。如今，人们对剧场的需求正发生着从“量”到“质”的转变。从“多建剧场”到“建好剧场”，正是对剧场管理服务质量提出的更高要求。推行剧场标准化工作，运行剧场管理服务标准化体系，有助于催生一批旗舰剧场，激活市场资源，增强服务意识，形成剧场品牌，打造地区演艺消费高地，提升剧场的公共文化服务能力。总之，以标准化工作为切入点，打造满足群众需求的高质量剧场，使剧场不只是地区文化地标性建筑，更是文化消费的重要阵地，相应地也有力提升政府公共文化服务能力。

演艺产业的本质是服务业，如何为受众提供更优质的服务是核心问题。剧场在演艺产业链条中具有承上启下的纽带作用，管理专业、服务优质的现代化剧场更是优化演艺产业生态、实现演艺产业持续发展的动力源泉。而剧场管理标准化正是提高观众满意度、增强消费黏性的最佳途径。因此，以剧场为突破口，构建剧场管理标准体系，持续推进剧场标准化工作，将是优化演艺产业生态、推动演艺产业优化升级的必然选择。

构建以剧场为基础的演出院线，能够有效改善演出场馆分散、落后的局面，提高场馆的利用效率，为演艺产业的发展提供强有力支持。因此，应该打破地域和部门壁垒，促进场馆之间的竞争与协作，鼓励有实力的演艺企业对演出场馆进行有效的管理整合，以收购、代管、租赁等多种合作形式建立现代演出院线体系。同时，已经成立的院线，继续借助标准化等管理能力提升方式，培育合格市场主体，强化市场化运营能力，在演艺产业发展中发挥主导作用。

第三章

演艺产业生态构建的实践模式

产业发展平台在众多产业中广泛存在，属于人为构建的某种制度或组织，目的在于集合和平衡各种利益及相关力量，以促进生产要素的流动，提高交易效率和资源配置效率。特别是在演艺产业的发展初期，市场机能发育还不完善，产业政策的行政力量需要转化，建设产业发展服务平台是有效整合各方资源、促进产业加快发展、构建和优化产业生态的必然选择。

《国家“十二五”时期文化改革发展规划纲要》中对“健全现代文化市场体系”的具体要求：“加快发展各类文化产品和要素市场，打破条块分割、地区封锁、城乡分离的市场格局，构建统一开放竞争有序的现代文化市场体系，促进文化产品和要素在全国范围内合理流动。……加快培育产权、版权、技术、信息等要素市场，办好重点文化产权交易所，规范文化资产和艺术品交易。健全文化经纪代理、评估鉴定、投资、保险、担保、拍卖等中介服务机构，引导行业组织更好地履行协调、监督、服务、维权等职能。”其中对产业服务机构的重视，就包含着产业发展服务平台的理念。演艺产业发展服务平台的构建，需要有以政府为代表的公共力量、以非政府组织为代表的行业力量、以各类文艺院团和企业为代表的产业力量以及创作者和表演者个人等多方的参与，总体上应该包含以公共利益为导向的和以产业效率为导向的两个类型。在组成上，平台应该是由多种层次、类型、性质和规模的不同组织共同构成的集合体，这样能够保持适度的竞争和弹性，提高社会效益和经济效率。应该避免以某种强力建立的统一化的、规模过于庞大的组织，以防止新的官僚化和利益集团化。

因此，平台可以表现为营利性公司，也可以表现为非营利性的协会；既可以表现为有实际建制的机构，也可以表现为没有实际建制的虚拟网络。而这些机构必须在现有的《著作权法》《营业性演出条例》等法律法规框架和文化体制改革政策框架内运行。

在许多西方国家，营利性的组织通常拥有较高的交易效率和营利水平，但是为了控制风险，通常只会关注已经拥有一定市场影响力的演员、作品或作者，绝大多数处于成长期或尚未形成明显市场影响力的演员、作品或作者，要得到这些组织的帮助是可遇不可求的。为了维持整个表演艺术的繁荣、促进表演艺术的创新，一些组织需要为尚未形成明显市场影响力的演员、作品或作者分担风险、争取机会，实际上形成了一种艺术赞助制度。原则上政府、公共事业部门、各类企业以及个人都可充当赞助人的角色，分别表现为接受政府财政支持的各类“协会”、国有文艺院团、各类民间文化类基金会以及艺术家自发组成的合作组织等。在我国国有文艺院团体制改革的背景下，理论上以企业和个人为赞助人的各类基金会和艺术家合作组织的重要性会日益凸显，而实际上我国在制度上还存在很多障碍或空白，需要广泛借鉴欧美等国家成熟的模式和经验。英国著名经济学家凯恩斯在1925年主导成立的“伦敦艺术家协会”（前身为“伦敦艺术家集团”）、20世纪30年代参与管理经营的“卡马戈芭蕾协会”以及1934年开始主导建立的“剑桥艺术剧院”等组织模式，对我国演艺产业的改革与发展具有十分重要的参考意义。

剧场院线和演艺联盟，一定程度上属于演艺产业的平台化机构。本章讨论的是完全意义上的产业发展服务平台，以服务演艺产业各市场主体、解决产业发展突出问题、促进市场体系完善为主要职能，借助文化行政管理部门的行政力量，采取市场化的运作模式，结合政产学研的资源建立的专业化组织，推动产业发展，优化产业生态。例如，山东演艺联盟针对演艺产业发展的现实问题，从2013年成立以来，一直致力于全省演艺产业发展服务平台的建设，并且进行了许多探索性尝试。山东省演艺产业发展综合服务平台依托山东演艺联盟，协调演艺产业生态系统各要素，布局演艺产业内生系统生态链，逐步成立山东文化创意版权交易信息平台、山东剧场院线、山东演艺联盟电子票务系统、山东演艺产业孵化器、山东演艺联盟艺术培训中心、山东省演艺产业发展研究中心，探索山东演艺产业生态构建的实践模式。在此基础上，又衍生出演艺文化版权信息平台以及演艺票务与融媒体营销综合平台，并构成了演艺产业发展综合服务平台的重要组成部分。

第一节　基于服务平台建设的山东演艺产业要素分析

文化产业发展已经成为我国经济建设中举足轻重的组成部分，“十三五”规划纲要明确提出了“文化产业成为国民经济支柱性产业”的目标，从“十二五”的“推动”到“十三五”的“成为”，意味着文化产业将在我国经济发展中发挥更重要的作用。作为文化产业的一个重要组成部分，演艺产业的发展面临着前所未有的机遇与挑战，特别是以各种数字新媒体为代表的新兴大众传播方式及民营演艺企业的大量涌现且迅速发展，使得在文化体制改革进程中处于国有文艺院团转制改革过渡期的演艺产业发展面临着重重压力。

产业生态理论作为一种新的方法论，对当前的演艺产业外部环境的市场调试、内部各要素之间的动态流动等问题的分析有着特有的适用性。因此，基于对演艺产业生态的理解，我们将从演艺产业生态系统各要素出发，分析山东省演艺产业生态发展的基本现状，并探讨山东演艺产业生态构建存在的问题。

产业要素通常包括经济因素、制度因素、技术因素等三个方面的要素，具体的构成，不同的研究视角会有不同的侧重，一般包括市场、技术、人才、规范，也有的扩大为管理、技术、人才、生产、市场、资源、信息。每一个产业要素，又可以细分为若干次一级要素，传统经济学理论中的市场要素，包括主体、客体、市场行为；市场行为又可以进一步细分为交易条件、交易规则、市场媒介；与市场行为相关的市场机制，又可以再进行细分为价格机制、供求机制、竞争机制、货币机制。另一个产业要素——生产，通常可以包括劳动力、土地、资本、企业家、技术、信息几个要素。具体到某一产业，产业要素构成会有所区别，比如文化产业的产业要素，通常包括文化、经济、技术、环境、市场、创意，并且着重强调了创意这一要素在文化产业中的特殊存在。

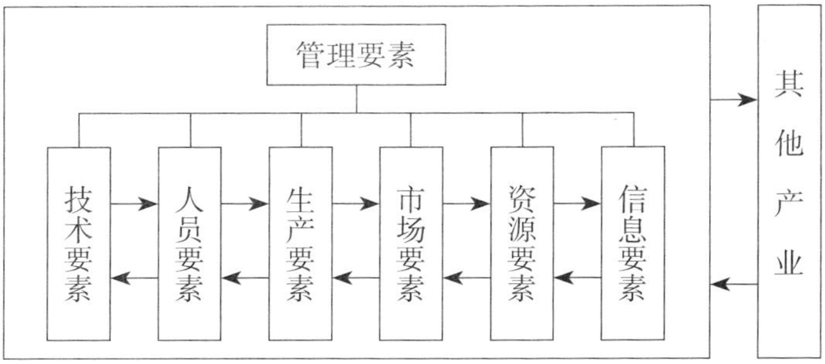

图3-1　产业要素结构关系[①]

严谨的产业要素的分析，包括演艺产业在内的文化及相关产业，要有数据的支持，虽然有了国民经济行业中的统计指标体系，但在实际操作中还存在许多具体困难，特别是具体到产业的某一要素，至今没有“摸清家底”。所以，尽管我们对山东演艺产业要素研究的方法有着明确的认识，在没有数据的情况下，暂且根据现有的资料，采取大而化之的做法，进行初步的分析。

一、山东省演艺产业发展总体情况

（一）政策层面

山东省的演艺产业发展缺少整体规划。国有文艺院团改革有专门的改革政策和改革方案，其重点在于怎么改，而改革之后的发展，则缺少专门的规划，只是在文化产业发展规划中，作为其中的一个组成部分稍有涉及。

全省演艺产业的主体，主要是国有文艺院团改革转企成立的演艺企业，这些企业的改革正处于双重困境。其一，改制文艺院团转为企业后，事业的长尾还在，人员的社保衔接、资产处置中的土地划转等普遍面临推不动、改不了的难题，人社、工商、税务、国土等部门缺乏统筹协调，对于改革政策的落实

① 黄茂生、王新华、王俊鹏：《产业系统的构成及其要素分析》，《大众科技》2005年第11期。

缺乏共识，造成改革中的实质问题面临重重壁垒，被改革者负责落实改革政策的尴尬局面。其二，改制成立的企业，一直没有解决好如何完善法人治理结构成为合格市场主体的问题。十八大以后，对国有文化企业提出了把社会效益放在首位、实现社会效益与经济效益相统一的新要求，在实践层面，演艺企业在两个效益统一的认识上产生了困扰。

演艺产业发展之路何去何从，演艺产业在社会文化经济中如何定位、如何合理布局，以及财税投融资政策如何保障等问题的解决，都需要继续做好顶层设计。

（二）产业层面

演艺产业符合文化产业发展的一般规律，又和文化产业的其他领域有着完全不同的市场属性和产业特质。演艺产业还处在产业发展的初级阶段，市场机制还没有完全形成，市场体系不够完备，市场总量规模较小，专业经营管理人才缺乏，传统的消费人群在萎缩，特别是新媒体、新业态、新技术带来的文艺类型和消费方式，严重挤压了传统演艺市场的发展空间。

市场承载能力和消费习惯是演艺产业获得良好发展需要重视的问题。对山东剧场的票价调查显示，无论是平均票价、最高票价还是最低票价都呈现逐年上涨的趋势，平均票价从2010年的60.53元涨到2013年的80.58元，最高票价从2010年的186元涨到2013年的325.47元，最低票价从2010年的18.31元涨到2013年的33.71元。票价和消费者的心理预期差异较大，演艺市场如果没有增量，就进入“高票价—观众少—减场次—增成本—票价更高”的恶性循环，消费频率不高，消费替代性太强，消费习惯难以养成，则会导致市场增长乏力甚至整体性萎缩。

演艺产业发展的基础，首先是产业基本要素的完备。从演艺产业链的上下游看，上游的艺术演艺团体，中游的演艺经纪，下游的演艺剧场，在数量和质量上都不足以实现市场化的适配。由于市场机制的作用有限，全省演艺产业链条各要素间的市场化配置便难以实现。

其次，一个成熟产业的发展过程，一定伴随着从业人员整体素质的不断提高。演艺产业专业人才严重失衡，现有的专业人才高度集中在内容生产环

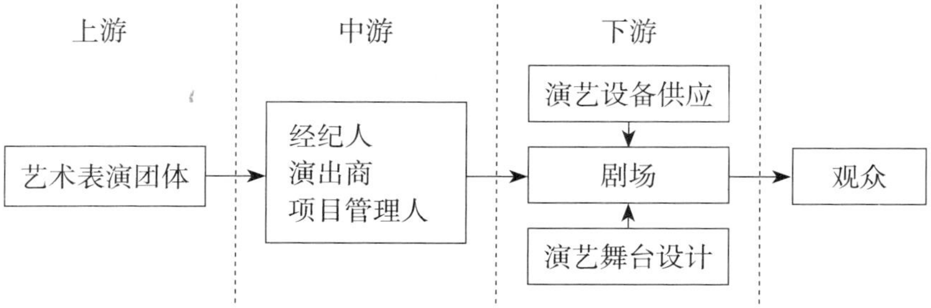

图3-2　演艺产业链的构成

节，而市场策划营销环节的专业人才严重缺乏，成为产业发展的主要制约因素。大规模的专业人才，需要在市场环境中长期培育而来，所以演艺产业的专业人才首先需要与市场接轨。

再次，产业发展还需要产业配套。由于与演艺产业发展紧密相关的金融服务、知识产权保护、创意产品开发等方面的专业机构缺乏，演艺的市场化开发程度处于较低水平，产业附加值也较低。

二、山东演艺产业生态各要素发展现状

艺术表演团体、演出场馆以及演出经纪三大市场主体共同构成了演艺产业的基本格局。

从整体看，山东演艺企业的产业主体地位还没有完全确立。演艺产业的主体主要脱胎于演艺事业单位，与政府有着紧密的关系，基本上走的是“政府投入为主、市场开发为辅”的模式。各级文化主管部门指导院团创作，多数全额或差额拨款的剧场产权和经营权不独立，政府成为演艺资源的主要配置者，演艺企业处于被支配地位，这种模式在很大程度上制约了演艺主体的积极性和创造性。改制演艺企业，普遍延续事业单位的投入机制和薪酬机制。剧场调查显示，全省有十分之一的剧场制度不够健全，55%的剧场规章制度基本健全但是并未得到良好的执行。全省演艺从业主体的企业化管理水平尚处于较低层次。所以，建立现代企业制度，完善法人治理结构，是演艺企业的当务之急。

（一）剧场

2013年第十届中国艺术节在山东举办，全省用于剧场建设的总投入高达98.31亿元，共涉及演出场馆55个，其中新建16个，维修改建25个，其他14个老场馆也进行了改造完善，至此，山东演艺产业的基础建设得到大幅提升。

1. 剧场规模

在我国，一般通过选取观众厅座位数来衡量剧场的规模：拥有1601个座席及以上的为特大型剧场，1201～1600个观众座席的为大型剧场，801～1200个观众座席的为中型剧场，而300～800个观众座席的剧场则被划归到小型剧场。2013年的统计数据反映，全国共有专业剧场873家，其中大型剧场112家，占总数的12.8%，中型剧场有396家，占全国总数的45.4%，小型机场295家，占剧场总量的33.8%。2014年的抽样调查，山东省拥有小型剧场数量较少，约占总数的17.8%，所以对小剧场的重视程度有待加强。

2. 演出场次及剧目种类

在专业剧场演出场次最多的剧目类型是儿童剧和话剧。歌剧场次最少，音乐剧、相声、地方剧和舞蹈剧稍有增加。2010到2013年，山东省剧场的演出总场次每年稳步增长，平均演出场次也呈现逐渐上涨的趋势，剧场从2010年平均每5天演出一次增加到2013年的平均3.5天演出一次，剧场资源的利用率得到不断提高。

3. 演出票价

经过调查，山东省剧场总体的票价呈现逐年上涨的趋势，平均票价从2010年的60.53元涨到2013年的80.58元，最高票价从2010年的186元涨到2013年的325.47元，最低票价从2010年的18.31元涨到2013年的33.71元。

（二）艺术表演团体

艺术表演院团是演艺产品的主要生产方和供给方，根据2012年国有文艺院团体制改革期间的统计，山东全省县级以上国有专业艺术表演团体有118个，其中省级艺术表演团体6个，市级艺术表演团体42个，县级艺术表演团体70个。这场团体包含了歌舞（艺术）、京剧、杂技、曲艺、话剧、吕剧院团以及豫剧团、柳子、山东梆子、五音戏、莱芜梆子、柳琴戏等地方戏剧院团，全省专业艺术表演团体从业人员达到6268人。

1. 文艺院团改制

根据中央和省委、省政府关于文化体制改革的部署，2012年底，除中央明确保留事业体制的山东省京剧院和青岛市交响乐团2家院团外，全省承担改革任务的116家国有文艺院团已全部完成阶段性改革任务，其中转企68家，撤销23家，划转25家，核销事业法人91个，核销事业编制4410名，3689人进入转制企业，签订劳动合同，缴纳社会保险，涉及资产4.9亿元（不含土地和房产）。转企院团占到全省院团总数的58%，杂技、话剧、歌舞等一般性国有院团全部实现转企改制。全省国有文艺院团体制发生的根本性变化，推进了文艺团体发展的市场化进程。

2. 市场主体培育

市场化的推进，伴随着市场化主体的确立。根据中央有关文件政策和省委办公厅、省政府办公厅《关于加快国有文艺院团改革发展的实施意见》，省委宣传部文改办研究制定了《山东国有文艺院团改革发展暨组建山东演艺集团方案》，实施同城、同市、同类、同业国有文艺院团资源整合，率先推动省直国有文艺院团、济南市部分国有院团和省直有关文化单位改组、改造、改革，组建山东演艺集团有限责任公司。青岛市民族艺术剧院、青岛市歌舞剧院、青岛市曲艺团整合为青岛市歌舞演艺剧院有限公司，参与组建了青岛演艺集团；济南市属院团组建济南演艺集团，济宁演艺集团、德州演艺集团等地演艺集团相继成立，成为地方演艺产业发展的骨干力量，是全省演艺资源进行兼并重组的重要一步。

对国有院团整合改制的同时，政策积极鼓励、支持民营文化企业发展，鼓励和支持民营资本以多种形式进入政策许可的演艺产业领域，鼓励和支持民营资本参与国有文化单位的改革和重组改造，鼓励和支持民营资本投资兴建各类公共文化基础设施，使民营资本成为演艺产业发展的新亮点。

3. 艺术精品打造

2013年，第十届中国艺术节在山东举办，全省各院团在推进体制改革的同时，以“十艺节”为契机，创作和演出了一批精品。全省创作推出各类优秀剧目62台，其中15台重点剧目成功入选“十艺节”，并荣获3个“文华大奖”，1个“文华大奖特别奖”，10个“文华优秀剧目奖”，1个“文华剧目奖”。另有1人获得中国文化艺术政府奖——“文华表演奖”，34人获得“文华单项奖”，创历届艺术节一个省份参赛和获奖数量之最。此次艺术节成功打造了《铁血鸿儒》《重瞳项羽》《萧城太后》《东方朔》《严复》《诗杰王勃》《长勺之战》《毋忘在莒》《六字碑》《圣水河的月亮》《儿行千里》《聊斋遗梦》等优秀剧目，其中莱芜梆子《儿行千里》获得全国“五个一工程奖”。

（三）演艺经纪机构

演出经纪机构作为沟通上游生产者和下游消费者的中介，在产业化运作中扮演着十分重要的角色。山东省演出行业发展的市场化尚处于较低水平，开展演出经纪业务的主要是地方的演出行业协会、剧场内设的营销团队，以及部分媒体和企业参与演出活动。这种演出模式直接导致了承接国内外优秀演艺项目渠道不畅通。而演艺项目往往是经过多个经纪公司倒手、层层加价后接到演出商手中，使得演出成本和演出票价虚高。

2012年全省共有演出经纪人员330人，远落后于北京的4388人、广东的2194人、上海的1523人、浙江的948人、天津的879人。2015年中国演出市场年度报告的数据显示，全国演出经纪机构近5000家；而山东文化产权交易所发布的数据显示，2015年山东省共有演出经纪机构48个，占全国演出经纪机构的0.98%。山东省内的演出经纪机构数量反映了山东演艺产业的市场化程度较低，从而未能形成对演艺产业进行市场化和专业化大规模运作的格局。

三、山东演艺产业生态各要素存在的问题

基于上述对山东省演艺产业现状的分析，总结其生态链各要素（主要包括演艺团体、演艺经纪、观众、剧场及电子票务网络系统等几个方面）存在的主要问题。

（一）演艺团体

1. 体制内院团市场机制不完善

文艺院团在改革过程中出现的制度转换问题，是制约市场化进程的主要

体制性障碍。当前山东省转企院团占到院团总数的58%，杂技、话剧、歌舞等一般性国有院团全部实现转企改制，人事制度依然遵循“老人老办法，新人新办法”原则。尽管这在一定程度上保证了院团改革的稳定，但人员的整体素质构成还不能满足演艺产业发展的新要求。用人的市场化不彻底，将伴随着改革后的旧人而长期存在；绩效考核与激励、竞争上岗等新制度难以落实，旧制度不废除、新制度不跟进，不能从根本上优化用人机制，工作效率依然不高。

2. 民营院团专业人才缺失，后备资源不足

在民营剧团中，优秀的创作人才和表演人才占演职人员总数的比例很低，大多数民营文艺演出团体缺乏引进、留住优秀人才的条件。悉心培养的人才成熟后往往流向大都市和沿海发达地区，这种情况导致山东省民营剧团缺乏最起码的后备力量。引进成本较高，后备人才跟不上，特别是高素质艺术人才和管理人才严重匮乏，已成为制约我省民营演艺产业发展的一个瓶颈。

3. 市场意识不强，缺乏营销能力

市场化的意识没有充分渗透到剧目的生产过程中，剧目打造主要还是以评奖为主要目的，缺乏营销意识和营销能力。在生产环节，剧目在定位时没有进行充分的市场调查、必要的市场细分和规划，艺术产品生产偏离市场需求。市场运营项目制、投资主体股份制、演出活动代理制、主要演员签约制、演职人员聘用制等机制，未能有效实施。

（二）演艺经纪和投融资

1. 缺乏复合型高素质人才

演艺经纪是一个专业知识高度综合的职业，演艺经纪人的整体素质关乎演艺产业的发展。山东演艺经纪缺乏行业的规范性和创新性，演艺产业上下游的专业协调、项目的评价、场馆的选择、票务的销售等专业工作，对复合型的高素质专业人才需求较大。

2. 营利模式单一，投融资不活跃

市场化的演艺产品需要投融资，特别是一些大型的实景演出项目，前期需要大量的资金投入。如泰安的《中华泰山·封禅大典》总耗资为2.6亿人民币，占地面积8600平方米；青岛大型海上实景演出《蓝色畅想》总投资亿约

1.4亿人民币。传统的银行贷款等融资方式不再适合此类高风险的产品。同时，营收模式过于单一，除了票房收入，无法像电影产业那样形成较为成熟的产业链，也是融资困难的原因之一。

（三）观众

1. 消费意愿和消费能力不强

山东有着丰厚的文化底蕴，但观众的文化消费意识较为淡薄，演艺产业缺少文化消费规模的支撑。剧场演出成本与观众规模呈反向关系，因此，只有拥有规模化的观众群体，才能支撑剧场的经济效益。而培养民众的演艺消费意识是今后演艺产业发展的关键，政府的惠民政策是拉动文化消费的一个有效措施。同时，要从产业链的各个角度重视观众消费信息的收集和分析，有针对性地提供适销对路的演艺产品，培养观众的文化消费习惯。

2. 文化消费结构不合理

经调查，山东省城镇居民日常文化消费活动频率，排在前五位的分别是看电视、看报纸/杂志、看书、上网以及逛公园，排名后五位的是字画收藏、参观会展、参观科技馆/博物馆、艺术培训以及看歌舞剧/音乐剧。可见山东省居民的文化消费结构严重失衡，基础类文化消费在山东省城镇居民的日常文化消费中所占比重较大，娱乐类、发展类文化消费所占比重较小。从消费频率看，目前山东省城镇居民对于基础类文化的消费频率要高于娱乐类、发展类文化的消费频率。

（四）剧场

1. 专业剧场定位不清，资源浪费严重

山东省共有126家剧场，剧场座席数超过10万个，年接待观众近500万人次，是群众文化生活的重要设施。剧场承担了重要的公共文化服务职能，却没有纳入公共文化设施的范畴，享受不到博物馆、艺术馆等文化设施的同等政策支持。新建剧场（2010年后投入使用的剧场）与老旧剧场（2010年之前投入使用的剧场）的财政支持力度差距较大，2014年全省委托专业剧场管理公司接管的7家剧场的年托管费总额达1亿1千万元。扣除对如上剧场的拨款，2011年我省对91个艺术表演场馆的财政拨款总额才1184.7万元，平均每个剧场年财政补贴13万元，相较于山东省剧场年平均亏损达到132万元（2013年数据）的经营现状，财政对剧场的支持力度明显不足。全省老旧剧场平均每年组织营业性演出不足30场，有的剧场全年仅有3～5场或全年没有演出活动，这造成剧场资源的严重浪费、国有资产的闲置以及文化服务功能不能发挥。

2. 社会资本进入剧场的政策不完善

国外经验表明，社会资本应该是专业剧场的重要经费来源。以美国林肯中心为例，2012年林肯中心本部总支出1.14亿美元，总收入约1.11亿美元。其中设备出租占29%，票房占9%，场馆出租占19%，政府拨款占1%，其他各种杂项收入占6%，捐赠则占46%。其他发达国家的专业剧场也大多类似。目前，省内专业剧场的收入来源主要是政府补贴、演出收入和物业出租及配套服务收入，社会捐赠或赞助在剧场建设、经营中所占的比例极小。

3. 专业剧场的建设、管理和服务标准缺失

剧场管理的标准化和制度化是保证剧场发展的重要前提。我国剧场领域公布的标准只有《剧场、电影院和多用途厅堂建筑声学设计规范》（GB/T 50356-2005）、《剧场建筑设计规范》（JGJ 67-2001）等国家标准以及《剧场等级划分与评定》《上海市剧场管理标准》和《上海市剧场服务标准》等地方标准。剧场建设、运营管理的标准与规范的缺乏，普遍存在重硬件轻软件、重建设轻管理的倾向，导致剧场建设与使用脱节。

4. 票价制定缺乏统一规范

山东省的剧场票价制定缺乏统一的规范，票价定价随意，动辄几百甚至上千元，多数观众望而却步。票价和消费者的心理预期差异过大，演艺市场进入“高票价—观众少—减场次—增成本—票价高”模式的恶性循环中。

5. 剧目安排与消费者偏好错位

多数剧场没有自己的专业团队负责演出剧目的引进和营销，剧目的选取随意性很大，票务营销不专业。对观众欣赏偏好缺乏市场研究，演出盲目，造成演出赚钱不知道为什么赚、赔钱不知道为什么赔的困惑。

（五）电子票务网络系统

随着移动端的崛起，剧场演出信息的传播和票务销售对移动互联的依赖

越来越强，线上售票量在许多剧场达到70%以上。通过票务系统的后台数据统计，能及时进行市场分析，形成信息的双向反馈。

四、山东演艺产业生态各要素的优化策略

首先，整合演艺资源，打造产业链。纵向上，通过构建剧团、剧场以及经纪机构之间的紧密关系，实现演艺产业发展的纵向一体化。基于剧场在演艺产品消费的终端地位，为了使开发的剧目更能满足观众的需求，应以剧场为核心，以资本为纽带，通过产权改革，实现对演艺产品开发、演出策划以及市场营销等演艺产业链的控制。也可以通过横向发展，将不同的剧场或者不同的院团进行资源整合，盘活已有的品牌、资金、人才、演艺设施等资源。

其次，营造良好的演艺生态。通过不断整合、优化全省演艺资源，打通演艺产业链的各个环节，延伸演艺产业价值链，提高项目附加值，营造良好的演艺业态。通过政府强化演艺行业政策和制度建设，制定行业公约，杜绝“索票、送票”行为，建立行业诚信制度体系，不断净化演艺营商环境。推广行业标准，不断提高演艺从业者的市场意识和服务意识。联合打造演出季和系列文化演出活动，发挥规模优势，形成集约效应。扩大电子票务系统的覆盖范围，丰富票务信息服务内容。

最后，完善服务平台建设。根据“政产学研”的理念和全省演艺产业链条各环节发展的需求不断完善服务体系，随着产业发展的需要不断增设新的服务内容。

（一）演艺团体

1. 加快培育市场化生存能力

尽快完善演艺团体的法人治理结构，健全企业化的内部管理机制，将演艺团体培育成合格的市场主体，是一项最为基础的工作。一系列的市场主体按照市场规律运营和发展，演艺产业市场机制才能形成，演艺产业才能发展。

2. 建立完善演艺人才培养机制

加大专业演艺人才培养，不断完善各项用人政策，塑造良好的人才成长环境，以必要的人才投资、有效的激励机制、包容的文化环境，建立以较好的

待遇吸引人、以有效的方法管理人、以良好的前景留住人的用人机制；鼓励采取委托培养、在职培训等方式，培养一批素质较高、具有发展潜力的优秀专业人才，保障全省演艺业全面提升和快速发展。

（二）演艺经纪

1. 提高专业素养

演艺经纪行业的发展，与演艺经纪人的整体素质密不可分。演艺机构竞争力最大程度体现在团队的整体素质上，加强人员的培训，掌握项目管理技能，需要实行演艺经纪全行业从业资格认定和培训，提高演艺经纪人的整体素质。同时，还需要对市场准入、税收等政策进行调整，鼓励演艺经纪机构扩展相关业务范围。

2. 创新经营模式

提供周边服务、增加新的利润增长点。将演艺品牌与演出进行深度整合，结合演出内容与具体受众的属性，进行整体营销宣传推广，实现双赢。

（三）观众

1. 培养大众休闲娱乐消费意识

大力宣传休闲娱乐消费在提升生活品质中的正向作用，真正把人们从传统观念中释放出来，从根本上改变休闲消费的观念，引导更多观众主动走进剧场，欣赏艺术。

2. 培育演艺消费品牌

加大全省演艺资源、演艺场馆、演艺机构的形象提升力度，打造全省演艺品牌，有计划地推出一批面向大众、面向基层的演艺项目，形成品牌优势。

（四）剧场

1. 提高服务水平，形成品牌化经营理念

观众是演艺产品的接受者，是剧场存在的前提，也是剧场存在的目的。剧场应以观众满意为宗旨，提升服务质量。随着市场化的进程，剧场已经不能停留在观众“买票—看戏—散场”的一线式流程上了，企业应该把演艺产品的价值在一线式流程上立体循环反复传递，充分利用新媒体的交互性培养顾客关系，建立顾客资产、顾客数据库，进行数据库营销，实现顾客价值最大化。

从预购票到售后循环的一个完整消费过程中，企业也完成了一次完整的价值选择、传递和传播的过程。这个服务模式能够以产业链一体化为载体，将顾客培养成为忠实客户。

培育基于服务的剧场文化对于提升剧场竞争力至关重要。剧场文化由剧场核心价值理念以及相关制度决定，并通过剧场设计、剧场氛围、剧场管理者以及员工的行为等展现。在培育优秀的剧场文化的基础上，还应该打造有特色的剧场品牌。随着观众对节目选择性的不断增强以及剧场竞争的激烈，要实现剧场的可持续发展，品牌成为剧场是否能够获得竞争优势的关键。

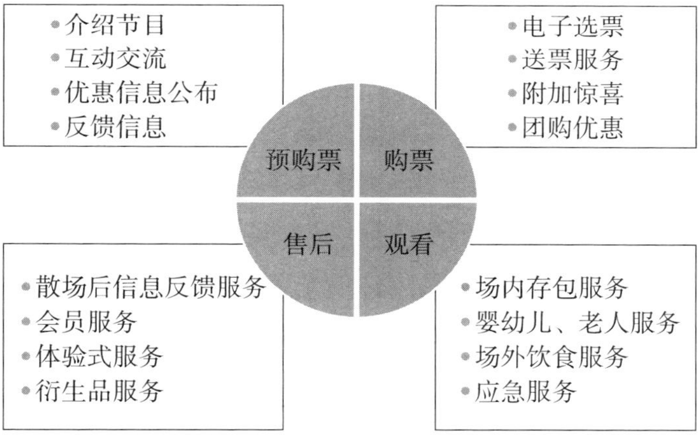

图3-3　剧场与顾客的立体循环流程

2. 建立基于观众的剧目引进制度

演艺产业可持续发展的核心是创作与传播观众喜闻乐见的作品。观众是剧场生存的基础，唯有开发出观众喜闻乐见的作品，才能实现剧场的可持续发展。

不同于其他普通的商品，剧目在其传播过程中不仅不会发生损耗，并且传播次数越多，产生的价值也越大。因此，开发好的剧目是提高演艺产业链价值的关键，为此，剧场应该基于观众的需求开发或者引进高质量剧目。由于演艺产品受众的差异，不同成长背景、文化环境、知识结构使得观众对不同类型的剧目具有不同的需求。高雅而严肃的产品适合高端定位，大众娱乐适合普通消费阶层，走出国门的作品要具有国际化艺术水准。因此，剧目的开发或者引进，必须重视观众的差异化需求。

（五）进行金融创新，拓宽融资渠道

产业发展需要投融资支撑。探索新的演艺融资渠道，有两种可实现的途径：一是以知识产权抵押质押融资。绝大多数演艺企业的无形资产较大，其中以版权为核心的知识产权又占了主要部分。可以通过演艺联盟进行集合担保，联盟成员各自抽离出部分知识产权（以版权为主）集合成一个新的产权池，当某个成员需要融资时可以此作为担保物向银行等金融机构申请贷款。除此之外，还可以通过保险等第三方机构实施金融创新。保险公司可以发挥机构投资者的作用实现保险资金融资功能，在风险可控的前提下，投资演艺企业的债券和股权，符合条件的保险机构还可以参与演艺产业投资基金。保险公司还可将保险业务深入到演艺产业融资的担保中来，弥补现行信用担保机制支持融资的不足。

（六）跨界融合

旅游演艺产品作为文旅联姻的产物，在塑造旅游地形象、吸引游客、促进旅游产业结构调整、推动经济发展方面起到重要作用。目前，传统旅游资源对消费者需求的满足程度随着时间的推移而呈现边际效应递减趋势，而作为资源供给方的旅游景点也在承受着环境保护的边际成本上升的压力。因此，旅游实景演出通过自然文化资源与人文艺术相结合，以创新的形式给了旅游参观者以不同的感受，使游客充分了解和体验旅游地的风土人情，例如《印象·丽江》，已成为丽江的代表性文化体验项目。山东省拥有丰富的旅游资源，共有16个旅游度假区，山泉文化、儒家文化、海洋文化、运河文化、黄河文化、齐文化、民俗文化、水浒文化、红色文化等九大文化旅游区已初具规模，给旅游演出提供了广阔的市场空间。

综上所述，基于产业生态视角的山东演艺产业发展研究，首先将演艺产业生态定义为由演艺产业内部生物群落及外部环境构成的，发生物质、能量、信息流动的统一有机整体，为相关研究提供理论基础。其次，结合山东演艺产业发展现状，就如何构建演艺产业生态系统，分析了当前山东省演艺产业生态链上各要素的动态互动关系以及存在的问题。再次，在演艺产业生态系统全局中，从微观的演艺产业生态链各要素和宏观的产业整体布局两方面提出了山东演艺产业生态优化策略，以期解决山东演艺产业发展面临的“生态困境”，推进演艺产业的发展。

第二节 山东省演艺产业发展综合服务平台①

山东省演艺产业发展综合服务平台是为完善演艺市场体系、优化演艺产业生态而着力打造的行业服务组织。平台依托山东演艺联盟，逐步成立了系列内设机构，包括山东剧场院线、山东演艺联盟电子票务系统、山东演艺产业孵化器、山东演艺联盟艺术培训中心、山东文化创意版权信息平台、山东演艺产业发展研究中心和《山东演艺》杂志。这些机构的成立，是围绕着逐步形成的“政产学研”相结合的发展模式和“全产业链”的理论方法进行的。

“政产学研”相结合的发展模式体现为三个方面。第一，山东演艺联盟积极推动和参与山东省演艺产业发展政策的制定，将各项文化产业政策的落实作为职能之一；第二，山东演艺联盟构建起了以“联盟票务”电子票务系统和山东剧场院线为主线的业务体系，并积极推进“山东演艺产业孵化器”的构建；第三，以演艺产业发展研究中心和《山东演艺》杂志为平台，与省内外高校和科研机构建立紧密合作关系，培养各类产业发展急需的专业人才。通过委托课题等形式广泛整合国内外学术资源，就山东省国有文艺院团体制改革和演艺产业发展面临的具体问题做深入、系统的研究，并不断梳理演艺产业相关基础理论成果、历史数据、动态信息以及政策法规信息等，构建演艺产业知识库。

完善全产业链和产业生态的理论方法。演艺产业链是指整合院团、剧场、经纪等演艺资源而形成的，集剧本创作、演出策划、剧场经营、市场营销、演艺产品开发等多个环节，紧密衔接、相互协作的产业链条。完整产业链的形成

① 作者主持组织研发建设的山东省演艺产业发展综合服务平台项目，申报2014年中央文化产业发展专项资金，获得专项资金支持。这一节内容，主要来自项目申报资料中的项目可行性研究报告，具体内容尽可能不做大修改，保持报告的完整性，以体现出构建服务平台的系统性思考。

是一个产业发展成熟的标志。全产业链的理论研究方法，要求将演艺产业看作一个包含创作、院团、剧场、经纪等各种类型的实体以及政府、大型集团、中小型企业、非营利组织等不同性质组织的生态系统。研究解决演艺产业发展所遇到的问题，不应该"头痛医头、脚痛医脚"，而应该着眼于整个演艺产业链，从整体上提出系统的解决方案。当前演艺产业发展政策的制定，应该以构建良性循环的演艺生态系统为首要目标。

根据文化大发展大繁荣和建设经济文化强省的政策要求，2013年3月8日，山东演艺集团根据省政府批复的《山东国有文艺院团改革发展暨组建山东演艺集团方案》，在省委宣传部、省财政厅、省文化厅的支持下，组织全省188家演艺团体、剧场、演出中介机构成立山东演艺联盟，标志着"山东省演艺产业发展综合服务平台项目"正式启动。一年多的时间内，山东演艺联盟先后组织了5次全省演艺产业发展主题研讨会议，与省内外20余所高校、研究机构以及国内外近50家演艺单位建立了合作关系；演艺产业发展研究中心完成了《山东省公共文化服务体系建设人才支撑的问题研究》《山东省公共文化服务体系建设人才支撑的策略研究》《山东演艺产业发展现状研究》《山东演艺产业发展模式研究》《山东剧场发展现状研究》《以全产业链思维构建山东演艺产业发展新路径》《通过深度整合演艺资源完善山东演艺市场体系》等课题的研究；组建了全省剧场管理服务标准体系研究团队，经过了考察调研、文件起草、专家论证等流程，完成了剧场地方标准的制定；升级了山东演艺联盟电子售票系统，在济南、东营、泰安、临沂、烟台5个市设立二级票务服务网点，与济宁、滨州、淄博等7个市达成合作意向；2013年11月，山东演艺联盟内刊《山东演艺》（双月刊）成功创刊。这些工作创造了多项行业第一，发展模式和理念受到社会各界的广泛关注和高度认可，中国文化报、大众日报、齐鲁晚报、经济导报、凤凰网、齐鲁网等国内主流媒体进行了多次报道。

一、平台建设背景

（一）政策背景

十八大明确提出五位一体建设目标，把文化提升到与政治、经济、社会、生态文明同步发展的地位，为文化产业发展提供了良好的外部环境。建立完善演艺市场体系，发展文艺演出联盟组织，也是《文化产业振兴规划》中作为发展文化产业的重点工作之一，国家在财政投入、基础设施建设、渠道建设、人才引进方面都提供了强有力的政策保障。随着文化体制改革的推进，大部分国有文艺院团转制为企业，政府出台一系列优惠政策，支持转制演艺企业发展，为项目实施提供了良好的政策环境。

（二）产业背景

2010年，山东文化产业实现增加值1260亿元，其中娱乐演艺业为66亿元，占总体比重的5.2%。艺术表演团体、演出场馆以及演出经纪机构三大板块是全省演艺产业的主要支撑点。截至2011年，全省有艺术表演团体118个，从业人员6163人，累计演出20070场，平均每团年演出173场次，国内观众2296万人次，总收入5.2亿元人民币，演出收入6740.7万元。全省有艺术表演场馆93个，执行事业会计制度的49个，44个执行企业会计制度，从业人员共计2134人，座席数75770个，观众307万人次，实现总收入16614万元，艺术演出收入2254.4万元。全省演出经纪机构42家，对全省演艺产业发展起到积极的推动作用。

第十届中国艺术节于2013年10月在山东举办，内容涉及文华奖剧目评比演出、全国优秀演员比赛、“群星奖”评选、演艺展览交易活动等八大项目，这是文化强省战略的重要节点，也是大力发展繁荣山东省文化产业、活跃演艺市场的重要契机。“十艺节”期间，山东省场馆建设、改造总投资98.31亿元，新建剧场十余座，省会文化艺术中心大剧院、潍坊大剧院、临沂大剧院、德州大剧院等一批新建场馆落成后，极大提升了全省演艺活动的承接能力，为演艺产业的发展提供有力的基础设施保障。同时，加大对艺术精品创作的扶持力度，突出抓好重点剧目创作，共投入专项资金2亿多元，通过实施“山东舞台艺术精品工程”和“十艺节重点剧目创作工程”，打造了62部基础较好、潜力较大的剧目。最终，15台剧目在第十四届“文华奖”评选中获奖（其中3台剧目获“文华大奖”，1台剧目获“文华大奖特别奖”），为山东舞台艺术积累了丰富的精品剧目资源。

二、平台建设的必要性

（一）深化文化体制改革的要求

山东省政府批复的《山东国有文艺院团改革发展暨组建山东演艺集团方案》要求山东演艺集团打造山东演艺联盟，实现全省演艺生产要素合理流动、资源共享和优化配置，探索形成演艺业发展的山东模式。山东演艺联盟以全产业链思维，搭建的“政产学研”一体的演艺产业发展综合服务平台，是摆脱传统体制弊端，引领全省演艺产业发展的创新探索和演艺产业跨行业、跨领域发展的创新尝试，对现代企业制度建立到演艺产业模式形成都具有很好的示范作用，可以为转制演艺企业提供政策理论咨询、项目策划指导、演艺人才培养等服务。

（二）强化演艺公共文化服务功能

演艺产业的发展必须把社会效益放在首位。山东演艺联盟把全省演艺机构组织起来，可以实现整体协作、统一协调，相较于单体院团和剧场，在整合资源、发挥文化服务功能上更具优势。山东演艺联盟可以统一组织公益演出、惠民演出，让低收入群体能够到剧场观看演出，为农民工、孤寡老人等弱势群体送去社会的关爱；可以通过艺术培训、大师见面会、组织交流洽谈会等多种形式让群众切实感受到艺术的魅力，让演艺走进群众的生活。

（三）演艺产业发展的内在要求

演艺产业良性发展必须有一条从创意、生产、营销到剧场演出和衍生产品开发紧密衔接的完整产业链条。而实际上，演艺产业各环节发展不均衡，重生产，轻营销，各环节缺少沟通，各自为战，信息反馈滞后，难以实现良性互动，严重制约演艺产业的发展。通过搭建一个互联互通、各产业要素充分互动的产业发展服务平台，从演艺产业人才培养、项目创意生产、剧场标准化管理、资本市场融入、知识版权服务、中小企业孵化等角度切入，服务于全省演艺产业链条的打造，并有助于营造演艺产业发展的良好生态。

（四）发挥好“后十艺”效应

“十艺节”期间，山东投入巨资打造精品剧目进行和新建、改造演出场馆，创作了大批艺术性、思想性、观赏性较高，观众喜闻乐见的艺术作品；新建和改造的重点演出场馆，不论外观形象、功能定位、内部设施还是服务能力等各方面均达到了国内领先水平，有的甚至达到国际先进水平；民众的观演热情得到有效激发，各地演出市场都有起色。“十艺节”后，如何充分利用好丰富的优秀剧目资源和高水准的演出场馆资源，延续观众的观演热情，繁荣演出市场，成为山东演艺业发展的重要课题。通过山东剧场院线“优秀剧目＋全省巡演”的模式，降低剧场演出成本，加强剧目推介，均摊风险，提高各方演出收益；接管“十艺节”电子票务系统，升级为山东演艺联盟电子票务系统，面向全省提供演出售票服务；扩大“十艺节”获奖剧目的社会影响力，满足群众文化需求，组织“十艺节文华奖山东获奖剧目全国推介会”，组织获奖剧目全国巡演，多措并举延续“十艺节”效应。

三、平台建设的可行性

山东演艺联盟成立后，组织了全省演艺团体、剧场、演出中介机构、传媒机构以及专家进行广泛的研究、论证，保障了平台项目的科学性和可行性。

（一）经济可行性

平台虽然以服务全省演艺产业发展的公益属性为主，但仅依靠政府财政扶持及山东演艺集团资金投入，长期的运作发展必将难以为继。因此，为促进演艺平台的发展，必须要有实现经济效益的能力，以经济效益支撑社会效益，以社会效益带动经济效益，实现社会效益和经济效益相统一。通过山东剧场院线建立全省剧场管理服务标准化体系的同时，可以进行统一的剧目演出运作、统一的宣传推介等方式降低成本、增加收益；通过山东演艺联盟电子票务系统服务全省演出票务，可取得售票佣金提成，同时积极拓展体育赛事、旅游、电影、交通等售票业务，扩大服务领域，提高营利能力；通过山东演艺联盟艺术培训中心打造规范化、标准化的艺术培训品牌，形成营利点。

（二）政策可行性

近年来，文化产业多项优惠政策不断出台，扶植力度不断加大，党的十八大提出，到2020年将文化产业发展成为国民经济的支柱型产业。演艺产业作为文化产业的重要组成部分，各地政府也出台了诸多针对性的扶持政策，在国有院团改革的政策中明确了演艺产业的发展目标，为项目实施提供了有力的政策支持和良好的发展环境。平台项目是落实省政府批复的《山东国有文艺院团改革发展暨组建山东演艺集团方案》中关于“探索实行全省统一、互联互通的市场营销、电子票务、剧场院线等现代演艺经营网络体系”要求的举措。

（三）模式可行性

随着文化体制改革的深入推进、演艺行业市场意识的觉醒，单兵作战的经营方式已经不再适应演艺市场发展的新形势、新要求，协作化、联盟化发展已经成为演艺产业发展的总趋势。目前国内已出现了中国国际演出剧院联盟、北方剧院联盟、西部演出联盟、东部剧院联盟、长三角演艺联盟、珠三角演艺联盟等跨区域合作的省际联盟和安徽演出联盟、江西演出院线联盟、江西演出剧场联盟等省际联盟。这些联盟组织对于活跃区域演出市场、带动行业发展起到了积极作用。山东演艺联盟是目前国内业务落地最实、区域成员规模最大的联盟组织，相较于国内其他联盟组织的单纯演出服务功能，山东演艺联盟通过打造集学术研究、项目运作、人才培养、票务服务、版权交易、教育培训、企业孵化等业务于一体的演艺综合服务平台，在发展模式上更具创新性和可行性。

（四）组织可行性

山东演艺联盟由全体成员大会选举产生理事会，下设演艺项目创意委员会、剧场管理委员会、传播和市场营销委员会、演艺投资委员会等四个专家委员会作为联盟发展的智囊团，确保决策科学；此外成立了联盟秘书处，作为常驻办事机构，确保决策落实。突破传统演艺联盟以松散组织形式存在、凝聚力不强的局限性，由山东演艺集团出资500万元成立山东演艺联盟发展有限公司，组建专业团队，负责联盟各项业务的具体运作，可以保障山东省演艺产业发展综合服务平台项目顺利建设。

四、平台业务构成

以全产业链思维，打造集演艺产业发展研究平台、演艺产品交易平台、演艺人才培养平台、演艺企业孵化平台、文化创意版权信息平台为一体的“政产学研”演艺产业发展综合服务平台，建立和完善山东演艺市场体系，带动全省演艺产业实现跨越式发展，最终形成全国演艺产业独一无二的“山东模式”，其业务模块主要包括以下几个部分。

（一）山东省演艺产业发展研究中心

山东省演艺产业发展研究中心成立于2013年3月，是国内率先成立的演艺产业发展专业研究机构，遵循产业经济学的基本原理，进行演艺产业全产业链的系统研究，为政府决策提供建议，面向全省提供演艺产业发展创意、策划、咨询，为演艺机构培养专业经营管理人才。针对演艺产业链的各主要环节，特别是演艺创意、演出经纪、剧场管理、演艺营销和演艺投资，研究中心以专题研究课题的形式，联合演艺产业研究专家和学者，研究演艺产业发展战略，进行演艺创意、策划和研发；实施“人才培养工程”，争取政府财政支持，为全省培养演艺经营管理人才、演艺项目创意策划人才、演艺市场营销人才；加强与国内外演艺产业机构的学术交流，打造产学研结合的平台，条件成熟后，申办博士后科研工作站。

（二）山东剧场院线

山东剧场院线成立于2013年9月30日，致力于指导新创剧目，引进优质演艺项目，推行“精品剧目＋院线巡演”的演出模式，推动全省剧场实现企业化、标准化经营管理。山东剧场院线拥有成员单位35家，涵盖全省13个地市，总座席数超过30460个，占到全省演出场馆总座席数的40.2%，主要承担以下职能。

1. 降低剧场运营成本

发挥规模优势，集中采购国内外精品剧目，组织全省各地巡演，降低成员运营成本，分摊市场风险。

2. 增加剧场演出收益

根据成员剧场当地的市场需求，量身打造演出季，举办主题活动，同时带领成员剧场向剧目订制、广告媒体、教育培训等方向发展。

3. 建立全省剧场行业标准

统一行业规范，与山东省质量认证中心合作，联合开展课题研究，构建山东省剧场管理服务标准体系。

4. 构建良好营商环境

调配剧场演出档期，调解业务分歧，抵制“送票、要票”行为，通过多种形式培育演出市场。

5. 剧场专业人才培养

针对当前剧场从业人员整体素质不高的现状，组织专业技能及运营管理培训班，提高剧场的整体管理和服务水平。

（三）山东演艺联盟电子票务系统

第十届中国艺术节期间，为保障艺术节演出票务工作的顺利开展，艺术节组委会组建了艺术节票务中心，建设了票务系统，承担了全部170场“文华奖”评比演出及32场涉外演出的票务工作，总出票量超过30万张，票房结算金额1670万元，圆满完成票务任务。“十艺节”结束后，该电子票务系统整体移交山东演艺联盟，由联盟负责票务系统的整体运作。按照“技术上一步到位、范围上全省覆盖”的要求，山东演艺联盟对票务系统进行了全面升级，包括增加服务器、购置票务电脑、票纸打印机、电子扫码枪、开发手机APP等各种软硬件设备，涵盖会员系统、演艺资讯宣传、成果展示、场馆展示、在线订购系统、互动交流系统、数据收集、广告代理等功能，将演出团体、剧场和代理票点的票务资源统一起来，建立覆盖全省的票务销售网络，并逐步开发旅游、交通、酒店等多领域票务营销业务，建成覆盖全省、辐射全国的多元化综合性网络票务平台。

（四）山东文化创意版权信息平台

山东文化创意版权信息平台是山东演艺联盟与山东文化传媒有限公司联合搭建的专业版权服务平台，能够促进演艺版权产品和要素在全国范围内合理流动和配置，提高版权交易效率和资源配置效率，延长演艺产业链，推动演艺产业繁荣发展。

版权信息平台以“版权库”为核心，联合演艺团体、剧场、演艺经纪机构、艺术创作者等作为平台合作伙伴，依托其提供的海量版权资源，在严格筛选和分类登记的基础上组建一个公开、系统、专业的“版权库”，打破演艺行业长久以来存在的“圈内人交易”模式，实现演出版权供需双方信息对称、平等对接。版权信息平台以版权认证、评估为核心，利用科学规范的流程设计，明确版权归属，减少版权纠纷。此外还根据以往市场反应和未来市场预期，设计了一套运算系统，对版权资源进行准确估值，为版权交易创造条件。

版权信息平台沟通版权产业上下游，为版权交易牵线搭桥，优选市场价值高的版权资源推介给运作良好的企业、团体，形成完整的版权交易产业链条。依托文化创意版权信息平台可以促进演艺团体、剧场院线、票务系统资源整合，推动山东演艺产品“走出去”，提高山东在全国文化版权交易领域的话语权，加快文化强省建设步伐。

（五）山东演艺产业孵化器

为深入推进整合全省演艺资源，建立全省演艺市场体系，服务全省演艺产业发展，山东演艺联盟计划与政府主管部门共同打造山东演艺产业孵化器，作为培育演艺产业新业态、转化国内外先进演艺经营新模式的服务平台。

山东演艺产业孵化器作为演艺企业培育发展的基地，依托“政产学研”一体的演艺产业发展服务平台，运用全产业链的发展理念优化资源配置，将孵化器打造成集演艺项目剧本创意、剧目生产、舞美制作、设备租赁、实验剧场、营销推广、艺人经纪、衍生产品开发、知识产权保护等于一体的综合产业聚集区。入驻企业将获得政策优惠、智力支持、发展指导等一系列的配套保障服务，支持其快速成为在业界具有核心竞争力的创业企业。孵化器为创业团队提供商务配套、资质代理、政策资讯、投融资、宣传推广、创业辅导等全方位商务服务，以及票务平台、场馆平台和学术支持。

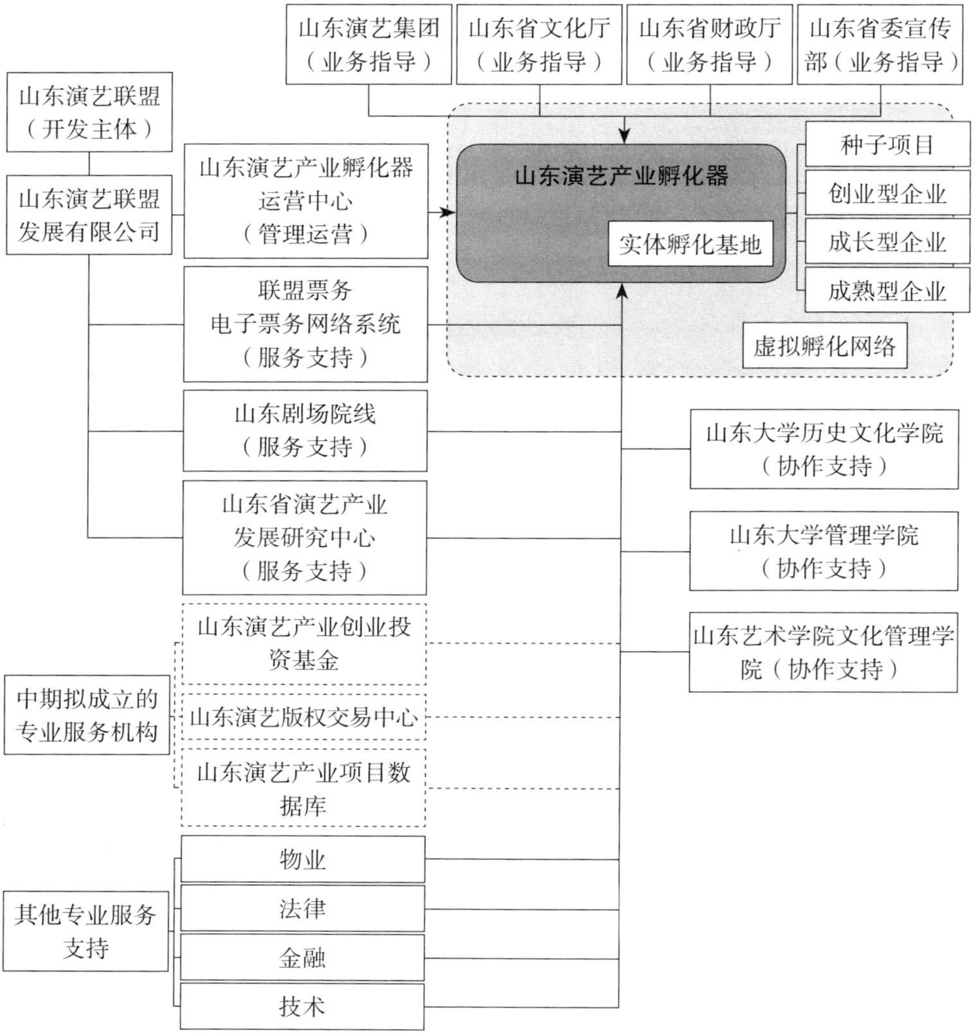

图3-4　山东演艺产业孵化器框架图

（六）山东演艺联盟艺术培训中心

山东演艺联盟艺术培训中心是山东演艺联盟计划联合专业媒体共同成立的艺术培训机构。业务包括声乐培训、器乐培训以及针对艺术高考学生培训三个核心业务板块。培训中心可以充分发挥山东演艺集团和山东演艺联盟的专业艺术资源优势、媒体的宣传推广优势和项目运作优势，打造山东艺术培训的旗舰品牌，解决当前演艺培训行业培训机构规模小、不规范、培训质量参差不齐的问题。

山东演艺联盟艺术培训中心以打造高端专业培训品牌为核心，创新运营模式，建立培训标准化体系。与山东演艺产业发展研究中心等专业机构联合开展以“艺术教育培训标准化研究”为主题的课题研究，通过课题研究建立行业标准与行业规范，在场地标准、教师资格、授课质量、艺术考级等方面制定参考标准，并形成山东演艺产业发展研究中心开展艺术培训业务的执行标准。这一标准可以在业务拓展同时不断复制推行到新的培训机构，带动整个行业的规范发展，同时培育有影响力的旗舰机构和专业品牌。

（七）《山东演艺》杂志

《山东演艺》于2013年11月创刊，由山东演艺联盟主办，初期定位为山东演艺联盟的会刊、双月刊，内容以演艺产业专题研究成果为主，强调产业服务，突出应用研究，同时发布省内重要的演艺活动信息。该刊物以演艺产业全产业链为总的研究主题，结合演艺产业发展过程中每个阶段的关键问题，进行产业政策解读、案例分享、专题研讨。刊物每期由山东演艺产业发展研究中心策划选题，组织国内外演艺专业人士，按照产业要素分别进行研究、解读，主要发行对象包括文化部各司局，国内主要文艺院团和演艺企业，国内演艺产业相关教学科研单位，山东省、市两级的文化宣传和管理部门，山东演艺联盟成员单位等。

五、平台建设规划

自2013年3月开始，约用3年时间完成，整体分为筹备启动、全面推进、完善验收三个阶段。

（一）山东省演艺产业发展研究中心

2013年3月至2014年2月，组建工作团队，完成调研论证，各项业务开始启动。

2014年3月至2015年6月，打造国内一流的演艺产业理论研究团队，配齐各项设备、设施，研究全省演艺产业发展战略并形成初步成果，启动“人才培养工程”。

2015年7月至2015年12月，全省演艺产业发展战略理论研究成果形成体系，面向全省乃至全国提供演艺产业创意、策划、课题研究、经营管理咨询服务，使“人才培养工程”形成常态化。

（二）山东剧场院线

2013年9月至2014年3月，组建工作团队，主要工作包括：完成全省剧场实地调研，建立全省剧场信息数据库；赴省外考察学习先进剧场经营管理经验；“十艺节”山东获奖剧目全国推介；剧场经营发展论坛启动。

2014年4月至2015年6月，与山东省质量认证中心合作，制定完成山东省剧场管理服务标准体系；统一剧场院线成员标识，配齐各项设备、设施；实施“精品剧目＋院线巡演”的演出模式；针对剧场院线成员开展剧场经营管理培训。

2015年7月至2015年12月，制定完成山东省艺术表演团体经营管理标准体系；剧目巡演和剧场标准化开始产生显著效益。

（三）山东演艺联盟电子票务系统

2013年10月至2014年2月，“十艺节”票务销售系统整体移交山东演艺联盟，升级为山东演艺联盟电子票务系统。

2014年3月至2015年2月，继续进行系统升级完善，增加配备各项设备、设施；面向全省建立二级票务服务网点，配齐销售终端设备；拓展体育赛事、旅游、电影、交通等售票业务。

2015年3月至2015年12月，在所有山东剧场院线成员建立二级票务服务网点，实现山东省内全覆盖，开始取得显著经济效益。

（四）山东文化创意版权信息平台

2014年4月至2014年7月，完成调研论证，组建工作团队，建设工作开始启动。

2014年8月至2015年7月，配齐各项设备、设施；建立山东文化创意版权信息平台“版权数据库”；开发山东文化创意版权信息平台版权认证估值体系。

2015年8月至2015年12月，建设立足山东、面向全国的现代化版权交易平台，促进演艺版权产品和要素在全国范围内的合理流动和优化配置。

（五）山东演艺产业孵化器

2014年3月至2014年6月，完成调研论证，组建工作团队，制定项目策划书，报行政主管部门批准同意后，各项业务开始启动。

2014年7月至2015年6月，对国内外成功孵化园区及项目进行考察、调研；建立孵化基地，配备办公设施及物业服务；培育1到3家演艺企业。

2015年7月至2015年12月，成功培育1家具有核心竞争力的演艺企业，入驻孵化基地的演艺企业达到4至6家。

（六）山东演艺联盟艺术培训中心

2014年4月至2014年7月，与主流媒体达成合作共识，组建工作团队，完成调研、论证、规划，各项筹备工作开始启动。

2014年8月至2015年7月，完成培训场地租赁、装修，各类办公、教学设备、设施的配备，配齐师资力量，经教育部门审批，完成培训机构注册；开始进行招生培训。

2015年8月至2015年12月，培训模式进一步完善，初步树立业内品牌形象，生源稳定，开始取得经济效益，成为艺术教育培训管理教学标准化的示范单位。

（七）《山东演艺》杂志

2013年9月至2013年11月，组建工作团队，完成调研论证，确定杂志定位及研究方向，编印第1期《山东演艺》。

2013年12月至2014年11月，组织国内外演艺行业专家团队，对演艺产业进行全方位的研究，不断提高杂志学术水平，在全国范围内形成较高知名度和一定的学术影响力。

2014年12月至2015年12月，《山东演艺》达到国内核心期刊水平。

六、平台综合效益

（一）经济效益

作为产业项目，获取经济效益是山东演艺产业发展综合服务平台的内在要求。微观层面，在运作成熟的基础上，项目可以从演艺项目的创意策划，到演艺产品的营销推广，再到衍生产品的开发，在各环节取得经济收益；宏观层面，本项目可以通过推动山东演艺产业链的科学发展，建立和完善山东演艺市场体系，促进全行业的经济价值提升。

1. 广告赞助收入

面向全省剧场，充分挖掘场地和演出过程中的广告资源，并和赞助相结合，形成经营收益。

2. 票务销售代理收入

山东演艺联盟电子票务系统年售票量达到一定规模后，票务销售代理收入会成为重要的收入来源。

3. 艺术培训收入

每年举办短、中、长期各类艺术培训班，预期可以取得可观的经济收益。

4. 降低演出运作成本

通过演出剧目的规模化引进与输出，掌握演艺项目的议价主动权；在山东剧场院线成员单位进行巡演，实现了演出成本的摊薄，降低了剧目的引进和演出成本。

5. 强化演出营销效果

通过演艺联盟票务系统的山东演艺市场全覆盖，结合营销团队的整合营销，提高演艺项目的宣传营销效果。

6. 培育演艺产业新业态

通过演艺项目孵化基地，积极培育新兴演艺市场业态，提前占领市场增长点。

7. 实现演艺版权的市场价值

通过山东文化创意版权信息平台促进演艺版权交易的规范化和便利化，提高演艺单位版权意识，促进演艺版权多元化开发，在交易中实现增值，在转让中增加版权收益。

（二）社会效益

由于演艺活动的意识形态属性，决定了演艺产业发展综合服务平台的功能，不仅局限于经济层面，社会效益的实现也是应负的责任。

1. 参与文化强省建设

山东是孔孟之乡、礼仪之邦，拥有博大精深、源远流长的齐鲁文化，是文化底蕴、文化传统和文化资源丰厚的文化大省。得天独厚的历史文化资源是人类文明的共同财富，是艺术创作灵感的不竭之源。山东演艺联盟积极整合省内演艺资源，打造艺术精品、营造良好产业发展生态，打造区域文化品牌，助力山东文化强省建设。

2. 促进公共文化服务体系建设

公共文化服务体系是以政府为主的公共部门提供的、以保障公民的基本文化权益为目的、向公民提供公共文化产品与服务的制度和系统的总称，是国家公共服务的有机组成部分。山东演艺联盟成员单位包括了全省60%的剧场、65%的院团、80%的演出中介机构，并与成员单位建立了紧密的合作关系。联盟在开展文化惠民活动、释放剧场公共文化服务功能、搭建覆盖全省的网络文化信息便民服务平台等方面发挥着重要的作用。

3. 深化国有文艺院团体制改革

平台可为转企改制演艺企业的市场化发展提供一站式服务。山东演艺产业发展研究中心提供演艺项目创意、策划和经营管理咨询服务，山东剧场院线提供演艺项目全省巡回演出服务，山东演艺联盟电子票务系统提供营销推广和售票服务，山东文化创意版权信息平台还提供版权增值服务。这一系列服务将极大地提高院团转制后的市场适应能力，增强“造血”功能，激发发展活力，减轻财政负担，对国有文艺院团转企改制发展具有显著的推动作用。

4. 丰富文化消费需求

在演艺内容供给上，一方面通过规模化优势大量引进国内外精品剧目，另一方面推出反映山东地域特色、人情风貌的艺术精品，让山东的观众足不出省就能观赏到国内外一流的演艺节目，把广大人民群众的文化消费提高到一个新水平。

通过打造山东省演艺产业发展综合服务平台，建立和完善山东演艺市场体系，解放和发展全省演艺生产力，促进我省演艺产业繁荣发展，探索形成演艺产业发展的成功模式。

第三节　山东演艺文化版权信息平台[①]

现代文化产业发展的决定因素是文化创意能力，创意人才的规模和水平是文化产业繁荣发展的重要标志。版权是体现创意能力的结果，所以文化产业从另外一个角度也可以认为就是版权产业。关于文化产业的不同表述，就有文化工业、版权产业，最典型的是美国，就不使用文化产业的概念，其文化产业的高度发展，和对版权的重视密切相关。山东是文化大省，文化资源丰富，但是文化产业整体实力不强，上市文化企业少，文化领域市场化、产业化的水平远落后于经济总量相近的省份，这暴露了文化创意人才培养方面的不足，也表现为文化版权保护与开发的滞后。作为文化产业的组成部分，演艺产业更是典型的版权产业，相较于影视产业关于IP理念在市场中的广泛共识，推进演艺产业的版权运营，是产业转型升级发展的必然选择。

山东演艺集团依托现有资源及专业优势打造的山东演艺文化版权信息平台，是对全省文化系统演艺内容资源（吕剧、京剧、柳子戏、话剧、歌舞等）及演艺相关内容资源（舞台美术作品、相关图书和音像制品、剧照、图片、书画等）等版权资源建立的、服务于全省文化系统企事业单位版权登记、查询、统计、评估、鉴证、抵押、交易等服务的综合性项目资源集聚平台，也是致力于与银行等金融机构合作开展版权质押融资、解决中小文化企业融资的基础性平台。版权信息平台的搭建符合国家支持发展文化产业的要求，顺应文化发展的内在规律，满足文化创意人才就业、孵化、提升的需要，是促进演艺产业发展的一项重要基础工程。

---

① 这一节内容，主要来自作者主持的开发建设山东演艺文化版权信息平台的可行性研究报告。

一、平台建设背景

（一）政策背景

建设版权交易市场已经上升为国家战略，成为促进我国文化产业快速发展的战略支撑点。2009年国务院颁布《文化产业振兴规划》，提出建设现代文化产业市场体系；2010年4月，中宣部、财政部、文化部、央行、广电总局、新闻出版总署、证监会、银监会、保监会九大部委联合发出《关于金融支持文化产业振兴和发展繁荣的指导意见》文件（银发〔2010〕94号），要求积极培育流转市场，充分发挥上海文化产权交易所、深圳文化产权交易所等交易平台的作用，为文化企业的著作权交易、商标权交易和专利技术交易等文化产权交易提供专业化服务。2011年10月，《中共中央关于深化文化体制改革、推动社会主义文化大发展大繁荣若干重大问题的决定》中明确指出，“健全现代文化市场体系”，“加快培育产权、版权、技术、信息等要素市场……规范文化资产和艺术品交易”。山东演艺集团建设山东演艺文化版权信息平台，服务全省文化版权行业发展正顺应了这一发展趋势。

（二）产业背景

我国文化版权的开发、管理、保护仍处于低水平。多年来，山东省文化企业积累了大量的版权资源，但由于文化企业对版权资产管理的重要性认识不足、版权权属认定和版权授权使用的复杂性等原因影响，造成文化企业版权资源无法盘活，优质资源流失严重。此外，版权估值难造成文化版权的交易模式单一、版权产业链不完整等问题，影响文化企业通过版权运营进一步发展。

第一，版权保护意识薄弱。虽然近年来版权作品登记数量大幅增长，但缺乏版权保护意识、版权运营意识，这是目前文化企业普遍存在的问题。大部分文化企业只有在办理版权质押时，才会因为强制性要求进行版权登记，或者办理版权转让时进行登记。版权登记的数量有限，进行版权许可使用合同备案的数量更少，文化企业登记版权的普遍做法是把版权资源当成历史资料简单保存，长期积累的版权成为“沉默”资产。

第二，版权价值无法发现。版权资产具有轻资产和虚拟资产的属性，定价困难。同时，许多文化企业在生产、运营过程中，缺乏版权管理的规范化制度及版权管理辅助工具，如没有版权信息的数据库，对于版权资产没有完整记录，对版权权属及介质没有建立台账，使得版权确权和版权交易无从入手，版权价值的发现存在诸多困难。

第三，版权确权和交易困难，导致版权资产和版权资源流失。一方面，文化企业对版权资源管理的重视不足，对外授权不合理、不严谨，版权资产处置的随意，造成了企业版权资产的流失。特别是国有文化企业，版权资产管理粗放，缺乏长远规划，在处理授权时仅考虑短期需要，导致版权资产大量流失。另一方面，版权交易流通的困难，使大量优质版权流失。

第四，版权资产运营处于较低的水平。版权管理粗放，尤其在数字化、网络化环境下，精细化授权要求无法处理，不能适应新形势下的运营要求。大量版权资产处于权属不清、长期闲置或未开发状态，甚至很多企业投入巨资创作、采购的版权内容，最终都没有形成真正的版权资产。

二、平台的业务构成

（一）以演艺内容为核心，逐步涵盖其他相关领域

演艺产业是文化创意产业的重要组成部分，演艺产业的基础资源正是“内容”，包括故事文本、剧本、乐曲、歌词以及肢体语言等。这些“内容”是创作者灵感和智慧的结晶，是演艺产品竞争力的核心，以“内容”为主要表现形式的演艺版权因而成为演艺产业的核心要素。加强对演艺版权的认证、保护、整合与开发，建设公共性和市场化的版权库，推动版权要素在一定范围内合理流动和交易，是演艺产业创新与发展的迫切需求。具体实施时，可以先从演艺产业的创意版权着手，搭建起版权开发与保护的基础架构，再逐步向影视、音乐、动漫等相关领域拓展业务。

（二）建立演艺“版权库”，促进版权信息有效流通

以“版权库”建设为目标，吸纳各类演艺团体、创作机构、剧场剧院、演艺经纪等机构作为平台合作伙伴，依托他们提供的海量版权资源，在严格筛选和分门别类登记的基础上，组建一个充分开放、内容丰富、分类科学的

"版权库",以此来打破演艺行业长久以来存在的"圈内人交易"模式,为演艺版权进入到要素市场打下基础。

(三)搭建版权信息平台,促进演艺版权价值实现

开发以版权登记、认证、评估为核心的服务体系,利用科学规范的标准和流程,明确版权归属,防止版权纠纷。设计科学的交易机制,根据以往市场反应和未来市场预期,进行版权资源估值,为版权交易创造公平环境,依托版权管理服务系统,盘活版权资源,开展版权质押融资服务,促进演艺版权与资本的结合。

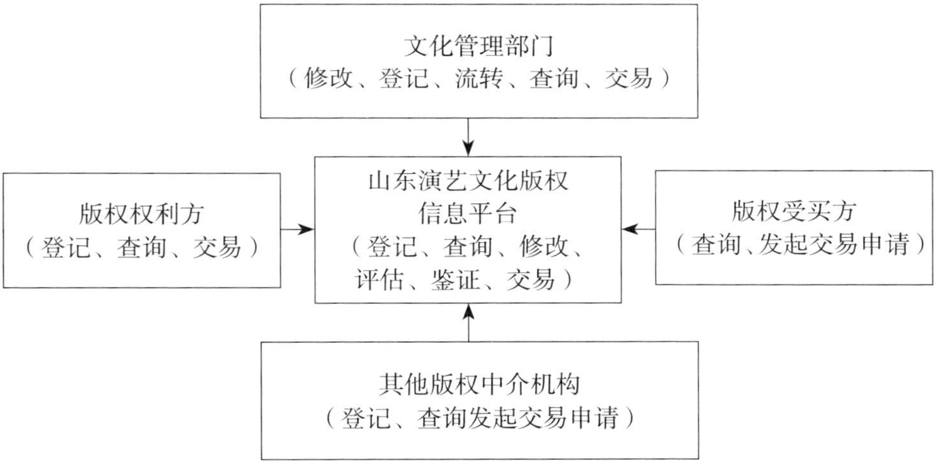

图3-5 山东演艺文化版权信息平台功能示意图

三、平台建设的必要性

(一)提升文化产业发展的核心驱动力

通过成立以知识版权开发、评估、认证、保护、交易为业务体系的行业服务平台和组织,培育文化版权保护的行业生态和市场体系。山东演艺文化版权信息平台的建立,可以为文化企业提供文化版权的一站式服务和系统化解决方案,从文化生产的产业链条中发现版权价值。通过有效的评估和认证流程将无形的文化内容定量、定价,进而实现文化创意和文化版权价值实现,提升企业版权收益,提升核心竞争力。

（二）破解文化与资本对接难题

不同于工业企业，多数文化类企业，尤其是动漫、影视等新兴文化企业，它们拥有的可用于银行抵押的实物资产较少，更多的是版权类的无形资产，这也就带来了文化企业融资难的问题。依托版权信息平台所具有的价格发现功能，通过开展版权质押融资业务，可以有效盘活文化企业的版权类资产，帮助文化企业尤其是新兴文化企业、中小文化企业解决融资难问题。版权质押融资业务的开展离不开版权管理服务系统的支撑。因此，建设山东演艺文化版权信息平台，形成高效的版权管理服务系统，意义重大且极为紧迫。

（三）促进文化企业创新，增强核心竞争力

《山东省知识产权战略纲要》提出，到2020年，全省知识产权创造、运用、保护和管理能力得到进一步提升，实现自主知识产权水平大幅度提高，运用知识产权的效果明显增强，知识产权保护状况明显改善，全社会知识产权意识普遍提高。版权区别于其他资产的特点表现在“创新投入高、创新贡献高、创新能力强、创新产出高”等方面，版权信息平台对文化企业的创新活动进行必要的保护，使文化企业创新成果可以借助版权制度得到合理的保护，从而提高版权资产的运用效率和投资回报率。

同时，版权具有的高收益性、独占性、长期性等特征，是文化企业在发展中形成的具有自身特色的优质资源。版权管理可以充分凸显文化企业挖掘内在潜力和参与市场竞争的能力，将版权运用到企业生产和经营活动中，能够有效节约资金，降低资源消耗，加速产品更新，极大地提高文化企业的经济效益。加强版权管理与服务，建立健全版权保护制度，可以有效增强文化企业的核心竞争力。

（四）深化文化体制改革，强化国有资产监管

版权资产是文化企业资产的重要组成部分，其规模远远大于文化企业的固定资产。尤其是国有文化企业，版权资产管理有待进一步强化。一方面，国有文化企业中大量版权资产仍然处于长期闲置、未开发状态，属于“沉默资产”，没有产权流转，就没有体现出资产价值。另一方面，由于国有文化企业的版权资产，在企业改制、重组、并购中被忽视或简单处理，使得企业间版权

资产交易严重背离公允价值的情况普遍存在，潜在的资产流失问题也越来越突出。随着文化体制改革的不断深入，版权资产的规模日渐庞大，版权资产成为国有文化企业资产监管的难点之一。文化体制改革过程中，通过版权信息平台的版权服务，提升文化企业版权管理和运营效能，盘活存量版权资产，降低版权资产运营的合规成本和法律风险，对有效实现国有文化资产保值增值具有十分重要的意义。

四、平台建设的可行性

山东演艺集团整合文化资源打造山东演艺文化版权信息平台具有极强的政策可行性和实践操作性。在版权管理系统建设方面，山东演艺集团已进行了充分的调研与论证，与主要供应商进行了沟通，投资建立了以演艺为主要内容的版权项目库，并与政府行政主管部门、行业组织、专业机构以及银行、保险、基金等金融机构进行了有效对接，使得建设具有强大服务功能的覆盖全省的山东版权管理服务系统具备了可行基础。

（一）政策可行性

省委、省政府提出的由文化资源大省向文化资源强省跨越的战略要求，为山东文化版权市场的建设打下了牢固的基础。中共山东省委九届十三次会议通过的《中共山东省委关于认真贯彻党的十七届六中全会精神加快建设文化强省的意见》中指出，“加快培育……版权、技术、信息等要素市场”，为山东演艺文化版权信息平台的建设提供了良好的政策契机，平台的创新实践经验也将为山东省完善文化版权发展政策提供有价值的决策参考。

（二）产业可行性

全省版权开发与保护力量的薄弱，为山东演艺文化版权信息平台的建设提供了大有可为的发展空间。建设版权信息平台，加快版权要素的流动和交易，不仅有利于鼓励创新、繁荣艺术，提高产业主体的积极性，激发创作者的创造热情，创作更多更好的作品，而且有利于丰富人民群众的文化生活，繁荣文化市场，推动文化产业发展。此外，演艺文化版权信息平台，能够科学整合演艺团体、剧场院线、票务系统，完善联盟的业务体系，推动山东演艺产业的快速成长。而借助山东演艺文化版权信息平台能够进一步推动山东演艺产业的跨越式发展，推动山东演艺产品“走出去”，提高山东在全国文化版权领域的影响力和话语权。

（三）组织可行性

技术上，委托第三方专业机构为山东演艺文化版权信息平台设计开发数据库信息收录与检索、版权登记与交易于一体的版权管理交易系统，通过互联网实现版权服务业务。人才上，与专业机构合作，设立知识版权专家委员会，开展文化产权资讯、登记、鉴证、评估等业务。财务上，采取多元化的资金筹措渠道，自筹启动资金，吸收社会资本参与平台建设。业务上，山东演艺文化版权信息平台以演艺为切入点开展业务运作，充分利用山东演艺集团和山东演艺联盟在全省的演艺资源整合优势。

五、平台的综合效益

（一）社会效益

山东演艺文化版权信息平台在促进版权产业和文化产业发展中将起到不可替代的作用。其收益首先体现在社会效益方面，即通过山东演艺文化版权信息平台版权管理服务系统的运作，促进山东省文化企业版权的有序、高效流转，确保国有文化资产的保值增值；推动文化产业与资本的高效对接，解决文化企业尤其是新兴文化企业、中小文化企业的融资难问题，进而推动山东省文化产业的发展。

（二）经济效益

山东演艺文化版权信息平台从事版权管理服务，开展版权交易与版权质押融资服务，随着版权数量和品类的增加，逐步形成市场效应，根据文化部对国家文化产业信息平台和国家版权交易中心联盟成员的调研结果，正常情况下，3年左右可以实现盈亏平衡。

第四节　演艺票务与融媒体营销综合平台[1]

随着互联网在演艺产业中的应用越来越广泛，电子票务系统正成为演艺产业生态中不可替代的重要组成部分。大麦网、永乐票务、中演票务通在市场上耕耘多年，各自形成了覆盖全国的不同模式。一批主营二手票的票务平台，形成了规模可观的线上二级市场。娱票原生于网络，依靠背后的微信，通过强大的用户导流，快速崛起。保利院线也投入巨资，开发票务系统，2017年下半年上线。票务系统的技术创新和功能拓展，正在推动演艺产业的转型升级，已经吸引了资本市场的高度关注。阿里巴巴上半年出资50多亿元，完成了对大麦网的全资收购，正在整体改造大麦网的传统业务，全面融入阿里巴巴的大文娱战略，整合完成后，可能会重新定义传统意义的票务系统，形成全新的业务模式。最值得关注的是与移动终端、新媒体结合以后，会给演艺产业带来哪些改变。

山东本地的演艺票务系统主要有山东演艺联盟的联盟票务和民营演艺公司世博演艺的世博票务，分别与省内的演艺团体和剧场建立了一些合作，业务模式还很单一，资源整合力度不够，重“票务”轻“营销”等现象普遍存在，没有能真正改变剧团剧场各自为政的局面。为了充分发挥新媒体、新技术的优势，整合演艺产业资源，打造演艺产业品牌，加快演艺产业生态优化，同时引领文化消费，推动山东省文化领域供给侧的结构性改革，在已有的联盟票务基础上，山东演艺联盟发展有限公司与山东文化传媒有限公司合作，重新研发新一代票务系统“齐鲁艺票通”，建成融媒体采编发一体化的集票务综合管理系统、票务分发系统、演艺场馆管理系统、大数据分析系统等综合功能为一体的演艺票务与融媒体营销综合服务平台。

---

① 这一节内容，主要来自作者主持研发建设的演艺票务与融媒体营销综合平台项目的可行性研究报告，项目2017年申报了文化部文化科技司组织的2017年度中央财政文化产业发展专项资金“艺术呈现技术产业化推广项目”。

一、平台建设的背景

（一）政策背景

我国的电子票务系统建设处于快速发展阶段，这既源于演艺产业迅速发展的需要，也得益于产业政策对电子票务系统建设的高度重视，如《文化产业振兴规划》提出，要“支持全国文化票务网络建设”，《文化部关于加快文化产业发展的指导意见》提出要“积极推动全国文化票务网络建设，以大中城市为主，尽快建成遍布全国的演出票务销售终端”，《文化部“十二五”时期文化产业倍增计划》也将“积极推进全国文化票务网络建设，打造文艺演出票务平台”作为“十二五”期间发展演艺产业的主要举措之一，《文化部“十二五”时期文化改革发展规划》更是将“文化演出网络化协同服务平台与应用示范”作为重点工作。

以上政策除《文化部“十二五”时期文化改革发展规划》外，都使用了“全国文化票务网络”的概念，其中最有代表性的是“中演票务通”的建设和运营。

中演票务通由中国对外文化集团旗下全资子公司——中演票务通文化发展有限公司于2009年6月建成。作为文化部重点发展的高新技术企业，中演票务通拥有先进的线上及线下票务平台。中演票务通的总部位于北京，目前在全国的20余座主要城市设立了分支机构，中演票务通的项目营销及票务服务已经覆盖50余座城市。除传统演艺票务营销外，还进入大型国际体育赛事的票务营销工作，开展文体全方位营销战略，与之配套的中演票务通网（www.t3.com.cn）也已成为主流中文演艺门户网站。中演票务通在资本和政策的支持下，发展极为迅速，在极短时间内便基本完成了在全国各主要城市的布局，充分体现了国家建设“全国文化票务网络”的政策意志。比中演票务通起步更早的是“大麦网”（始于1999年）和“永乐票务”（始于2003年），二者已发展成为全国性、综合性的电子票务网络系统，作为以民营资本为主导的演艺企业，二者在技术、运营和管理上分别拥有各自的优势。与以上三家票务网络系统“立足一线城市、自上而下、全面铺开”的路线不同，由山东演艺联盟发展有限公司委托中演票务通研发的“联盟票务”电子票务网络系统正在探索一条“依托内容资源、深挖本土市场”的道路。

（二）产业背景

从演艺产品供给侧来讲，目前剧场、文艺院团的经营主要存在以下问题：第一，没有形成产业链。剧场和文艺院团的经营方式仍然是“单兵作战，单打独斗”，成本投入、作品创作、作品艺术化提升、作品包装、品牌形象、剧场管理、对外宣传、市场营销、市场反馈等各个环节基本上都是独自操作，线性化发展，这就造成一系列问题，如不均衡、不专业、重生产、轻营销、成本高、反馈慢、沟通少、互动难、规模小等。随着文化体制改革的深入推进，演艺行业市场意识的觉醒，这种经营方式已经不适应演艺市场发展的新形势、新要求。理想状态下的演艺市场应该各个环节充分细化专业分工，内容生产、剧场管理、资源整合、宣传推广、演出经营分别交给专业的团队去做，如文艺院团负责内容生产，剧场管理团队负责管理剧场，服务平台负责资源整合和宣传推广，各演出公司负责具体演出的运作，服务平台再将市场需求反馈到文艺院团，用以指导艺术生产，形成产业链闭环。只有形成演艺产业链，才能进入良性循环，逐步形成持续优化的演艺生态系统。

第二，信息严重不对称。想看演出的买不到票，院团、剧场卖不出票，文化的供给和需求之间的信息严重不对称。文化不同于工业产品，有其特殊性，有社会化和均等化的要求，只有通过普惠性的互联网和移动互联网平台，同时用互联网和移动互联网形成的数据分析引导产业发展，指导艺术生产，这一矛盾才能得以解决。协作化、联盟化发展已经成为演艺产业发展的总趋势，服务平台的建设能够极大地提高文艺院团的市场适应能力，激发发展活力，减轻财政负担，让各文艺院团及演艺企业生产更好的艺术精品，让公众更方便、更全面地了解演出信息，从而提高公众的文化消费水平。

得益于演艺产业的迅速发展和政策的大力支持，我国电子票务网络系统建设发展极为迅速，大麦网、中演票务、永乐票务、猫眼、糯米、淘票票、微票等一系列集网络购票、在线选座、移动端购票、检票验票等功能于一体的综合性票务平台相继进入市场，随着社会资本迅速进入演艺行业，各个票务平台开始并购、整合。对票务市场来讲，目前各个平台已经发展得非常成熟，云平台性质的场馆管理技术相继出现，各个票务平台针对演艺产业的细分有不同的分化和侧重，同时也在向各大型电商平台借鉴或融合。

由于发展环境的制约，社会资本进入演艺票务平台以后营利压力下的经营局限，导致各大票务平台的营利点仍然集中在“售票”领域，其营销模式远远落后于时代发展和消费者要求。所谓营销模式，就是指营销资源的结构性组合。目前公认的营销模式从构筑方式上划分，有两大主流：一是以企业为中心构筑的市场营销模式，二是以客户为中心构筑的整合营销模式。传统的电子票务网络平台属于前者，即以企业为中心，主要是艺术院团、演艺公司等，而非以消费者的利益诉求为中心。演艺企业侧重“票”的营销，消费者侧重演出内容的需求，前者是在市场细分的基础上进行的，后者是在内容整合的基础上进行的。目前各大票务平台均涉及演出、展览、体育、电影、旅游、交通等票务领域，通过买断式代理、项目代理等方式，为消费者提供即时票务查询、在线订票与支付、限时配送的一站式购票服务。从这个意义上说，这种平台是一种单向的营销模式，处于营销链条末端的消费者，其主观能动性易被忽视。这一模式的劣势在于：一方面，演艺企业和艺术院团无法获知消费者的真实需求；另一方面，消费者缺少表达真实意愿的渠道。

二、平台的业务构成

经济效益的创造来自规模化市场的细分，所以票务企业的普遍做法是在演艺领域进行技术开发，继续细分，侧重商演、场馆、电影、小剧种等，这是票务企业不断寻找业务领域蓝海的结果，是资本驱动逐利的结果，是由企业的本能决定的。但是对于观众来说，在市场继续细分的情况下，如果没有统一的入口来提供便利的自主选择，可能造成适得其反的消费体验。文化消费体验要求文化产品和服务提供界面友好的消费场景，往往是不以企业短期资本收益最大化的诉求相容的。演艺票务与融媒体营销综合平台的特点就是充分考虑文化消费的特殊性，从用户体验出发，通过整合营销的手段、开放的网络交互方式，解决观众演艺消费供应的均等化、社会化，同时也解决演艺消费体验的个

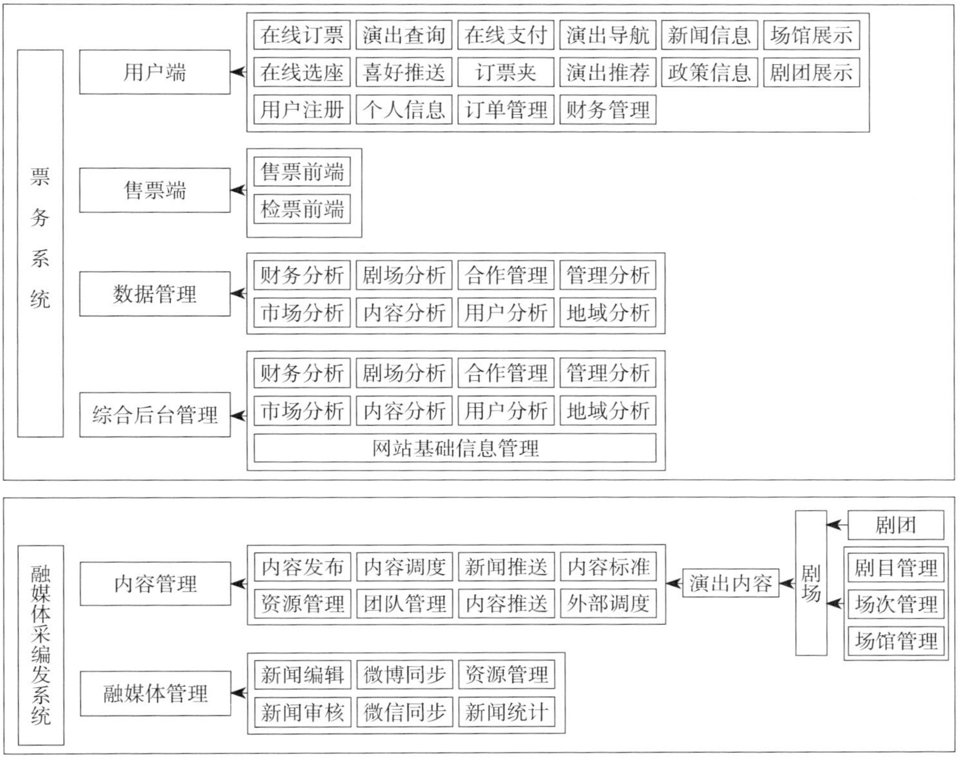

图3-6 演艺票务与融媒体营销综合平台业务构成

性化。

项目的技术特点是“融合”，把融媒体采编发统一管理系统和票务管理系统进行融合，其中涉及数据标准、内容分发再编辑等一系列技术解决方案。在总体架构关系中，业务架构从业务角度对综合平台核心功能进行细化、抽象、归纳、总结，形成整体业务能力视图，为应用架构和数据架构提供关键输入。应用架构基于业务架构，从系统应用功能的角度定义应用功能、应用划分和应用分布，形成综合平台应用架构蓝图。数据架构基于业务架构和应用架构，从系统数据支撑的角度对数据模型、数据分类、数据存储、数据流转等方面进行规划设计。技术架构基于应用架构和数据架构，从系统技术实现的角度定义各类系统组件、集成关系、部署方式和系统安全防护体系。

图3-7展示了综合平台的信息安全保障体系的整体架构，系统在互联网上

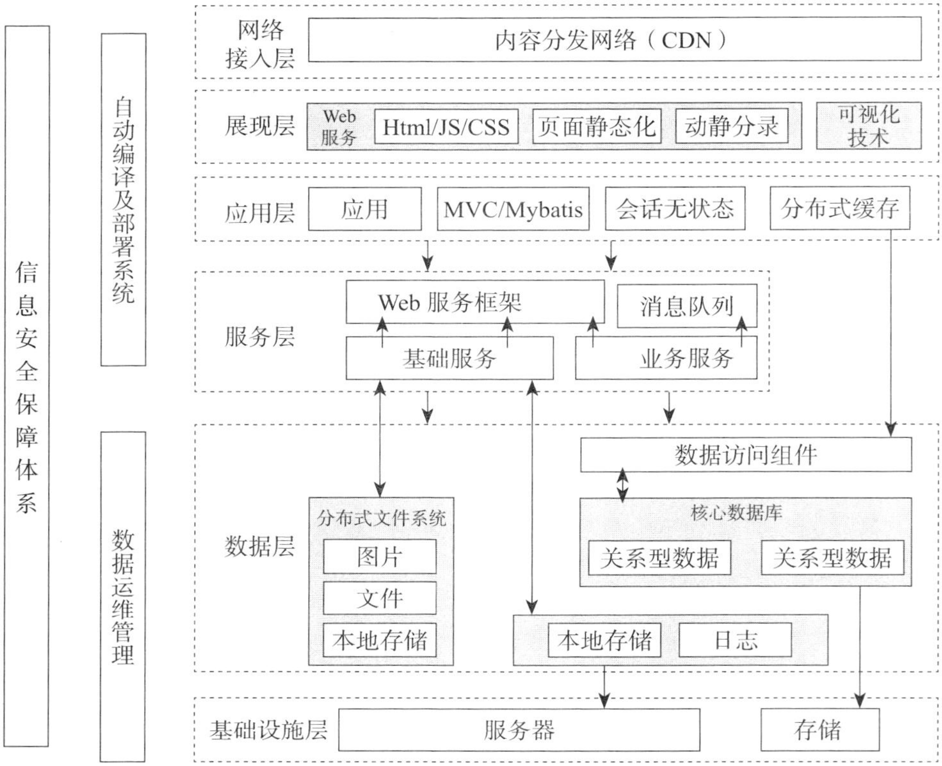

图3-7　信息安全保障体系图

进行一级部署。结合互联网架构CAP理论及OBASE原则，借鉴互联网平台的成熟经验，遵从软件信息化设计标准，形成技术架构设计原则。整体技术架构分为网络接入层、展现层、应用层、服务层、数据层、基础设施层6层结构。第一，网络接入层。负责连接广域网与内部网络，是分流系统访问压力的第一层保障。第二，展现层。负责对网络接入层分发的压力进行第二层分担，通过web服务负载均衡、静态化、动静结合的方式分流对应用层直接访问的压力。第三，应用层。负责业务逻辑的处理。在互联网架构下，应用层通过引入应用无状态等技术，进一步扩大负载的横向分担能力和业务变化快速响应能力，尽可能减少单点故障。第四，服务层。负责根据业务特性进行异步化处理。通过轻量级的服务框架生成一个可以扩展到大量客户端的应用程序。降低了客户端和服务器之间的交互延迟，实现可重用性、简单性、可扩展性和组件可响应性的清晰分离。第五，数据层。按照数据的分类、读取性能、计算要求进行不同存储技术的划分，在最大程度保障数据可靠性的前提下降低数据库压力。第六，基础设施层。承载系统的基础设施，包括网络、服务器、存储等。

三、平台建设的必要性

2013年，中国第十届艺术节在山东举办，组委会根据票务管理需要，委托中演票务通开发了一套仅用于内部管理的票务系统，并未对社会公众开放。时过境迁，这套系统已经远远不能满足需求。2016年，演艺联盟提议建设综合性演艺产业管理服务平台，2017年这一服务平台的建设被列为山东省文化厅重点工作之一，在充分调研的基础上，确定建设一个综合性的、融合型的、开放性的演艺产业综合服务平台，打造山东演艺产业的自有品牌。平台的核心是票务系统，但不仅仅局限于票务系统，而是通过融媒体采编发一体化系统，整合各类文化媒体，进行演出内容的推广营销，在演出内容营销的基础上进行票务管理，并进行演艺行业的数据分析和挖掘。项目开发定位需要进行自有知识产权的技术开发，并实现技术、营销和管理的整体融合。

平台首先不是一个封闭的票务系统，它通过统一的内容标准、数据标准、管理标准向所有票务系统开放。通过统一的演出信息采编发管理平台，向各个票务系统分发演出票务信息，向各大门户网站、微博微信自媒体等分发演出内容信息。这一平台同时又是各文艺院团、剧场的统一展示平台和运作平台，是演出信息新闻宣传的统一策划平台，是以市场需求指导艺术生产的数据分析平台，是引导演艺产业政策制定的决策参考平台。

平台建设主要有以下几个方面的意义。

第一，信息共享。实现信息透明化，行政管理部门、文艺院团、演出剧场、社会公众之间可以增进了解，减少信息不对称，提高政府决策透明度。

第二，资源整合。充分整合各方面的社会力量，包括行政管理机构、理论研究机构、国有文艺院团、演出剧场、民营院团、社会资本、艺术生产周边、市场销售渠道、外部支撑机构、新闻媒体等各个方面的资源，形成聚集效应。

第三，品牌效应。对外打造统一的演艺产业品牌，形成品牌效应。

第四，形象窗口。打造新闻媒体聚集区，统一时间点，统一新闻来源，形成新闻聚集效应。

第五，促进文化消费。培养公众文化消费意识，创新丰富文化消费业态，提升文化消费便捷化水平，推动形成全社会文化消费热潮。

第六，推动艺术创作生产。及时反馈市场需求，及时进行数据分析，用市场信息指导艺术生产，实现演艺产品创作精准化，推动健全院团内部运行机制，增强发展活力。

第七，影响演艺政策导向。以市场数据分析定期形成发展报告，为政府决策提供参考。

第八，推动文化供给侧改革。推动演艺产业和公共文化融合发展，提高公共文化供给水平，解决公众文化需求和政府文化供给的信息不对称问题。

第九，打造演艺产业链。横向切断院团线性化发展，让专业的机构做专业的事情，各个环节互相匹配、共同协作，打造完整的演艺产业链。

第十，培育演艺产业生态。调动一切力量，形成围绕院团、剧场为核心的周边、次周边生态，逐步培育演艺产业生态。

四、平台建设的可行性

演艺票务与融媒体营销综合平台由山东文化传媒有限公司、山东演艺联盟发展有限公司联合开发。山东文化传媒有限公司是山东省财政厅出资的省属国有独资文化企业，成立于2011年4月，入选山东省文化产业示范基地，取得山东省文化版权交易中心资质。公司以“政产学研”结合的运营理念，打造核心竞争力，以“互联网+文化产业”的运营模式，实现业务转型升级。“十三五”期间，计划实施一批创新性强、发展潜力大、市场前景好的“互联网+”文化项目，致力于全省文化资源向文化产业资源转化，建成山东省文化产业大数据、云服务平台——山东省文化产业云，努力发展成为山东省代表性“互联网+”文化企业。

山东演艺联盟于2013年3月8日成立，是山东演艺集团有限责任公司根据

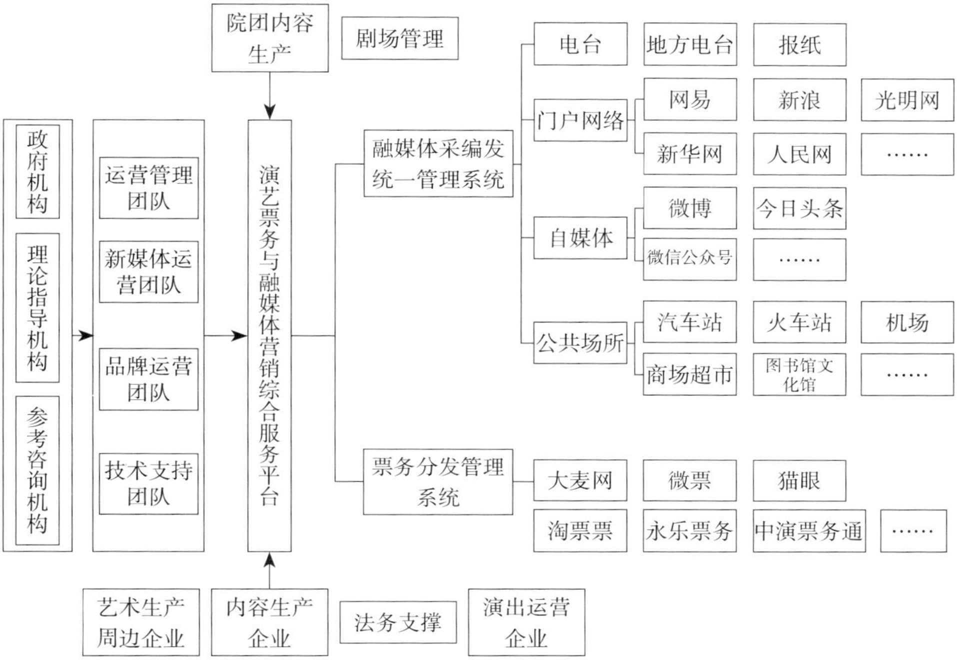

图3-8　演艺票务与融媒体营销综合平台的支撑体系

改革方案的要求，为完善山东演艺市场体系，联合全省180多家演出剧场、艺术表演团体、演出经纪机构建立的演艺产业发展平台。山东演艺联盟发展有限公司，经山东省委宣传部、省财政厅批准，由山东演艺集团有限责任公司出资成立，通过建立专业人才团队，进行公司化经营，运作山东演艺联盟各项业务。

依赖于单独票务系统难以整合全省的演艺资源，很难形成剧团、演出团体、剧场等所有演艺资源的集群效应、新闻聚集效应，也很难进行用户需求分析，因此必须建设一个综合性的、开放性的、融合型的综合管理服务平台。项目可以在2017年年底覆盖至山东省内40余家主要剧场、剧团、民营演出企业等，2018年年底覆盖全省剧场院团。该平台以演艺票务系统为核心，充分整合票务系统的前端后端功能，即在票务系统基础上，前端整合融媒体采编发一体化内容营销平台，后端整合集团化场馆管理系统、票务物流、数据分析、消费需求分析等功能，以演出内容营销为先导、票务系统搭载的形式，彻底打通演艺产业供给侧与需求侧的对接渠道。同时充分整合各方面社会力量，包括政府机构、专业咨询机构、理论指导机构、国有文艺院团、演出剧场、民营院团、社会资本、艺术生产周边、市场销售渠道、各环节支撑机构、新闻媒体等各个方面的资源，形成聚集效应。

该项目的实施流程分为资源整合、标准建设、需求调研、框架搭建、技术开发等五个阶段。

（一）实施流程

1. 资源整合

资源整合包含三部分：内部整合、外部支撑资源整合与外部合作机构整合。内部整合包含行政部分、品牌形象部分、内容管理部分、媒体运作部分、基础支持部分。外部支撑资源包含品牌策划企业、新媒体运作企业、技术支撑企业等。外部合作机构包含各大票务系统（中演票务、大麦网、永乐票务、世博演艺等票务企业，以及美团、猫眼电影、微票儿、百度糯米、阿里电影等O2O平台）、各个公共场馆（火车站、汽车站、机场、文化场馆、大型商超等）、各大媒体平台（电视台、电台、报纸、门户网站等）、各类文化企业（内容生产企业、演出中介企业等）、各类投资企业以及知识产权法律服务、版权交易服务、数据挖掘分析服务等合作企业。

2. 标准建设

平台是一个体系庞大的、信息海量的、数据实时的、需求个性化的、时效性强的平台系统。为了满足前台简洁、后台强大的总体需求以及维护平台的正常运转，平台在内部管理、资源管理、信息采集等方面必须建立一套完整的标准体系，体系内的各个成员只有严格按照相关规程进行培训和操作，平台才能发挥其应有的作用。

平台相关标准与规范有三个方面：资源标准、管理规范、数据标准。资源标准即剧场的座位管理，体现形式即与座位对应的演出票。管理规范包括行政管理规范、财务管理规范、剧场管理规范、信息报送数据规范、信息报送时效规范、内容审核规范、数据接口规范、数据管理规范、数据安全规范、宣传形象规范、新闻运作规范等。数据标准包含信息报送标准、演出元数据标准。

3. 需求调研

系统需求是搭建基础框架、数据结构、服务器架构等一切工作的前提。需求调研分六个部分：应用需求、管理需求、剧场需求、院团需求、群众需求、新闻需求。

4. 框架搭建

按照融媒体采编发一体化需求和综合票务管理需求，搭建需求框架。基础框架要求安全、高效、方便、快捷、美观、易扩展、易维护，达到前台简单易用、后台强大完善的使用效果。

5. 技术开发

技术开发包含内容系统、票务系统、统计系统、物流系统、用户系统、前台系统的综合搭建开发。

（二）实施进度

1. 第一阶段：至 2017 年 5 月

此阶段完成项目的立项审批、系统设计（需求分析、市场调研、系统架构设计、页面设计等）、统计系统、内容管理系统和票务系统的1.0版本开发工作以及云设备的购买准备工作。内容管理系统完成了常规的内容编辑管理和微信公众号平台的直接推送功能，票务系统完成了项目、场馆、场次的管理等工作。1.0版本系统于6月份上线运行测试，7月份正式运行。

2. 第二阶段：2017 年 6 月至 2017 年 12 月

这一阶段的主要工作是完成多平台发布功能，将微博、微信、门户网站等其他第三方平台加入其中，同时搭建各地的管理中心，负责物流转发、售票与维护等工作。内容系统、会员系统、统计系统与票务系统的升级完善工作也将放在第二阶段进行，其间将测试完成的部分以系统1.1、1.2等不同的子版本进行更新升级。

3. 第三阶段：2018 年 1 月至 2018 年 7 月

搭建完成项目立项的设计方案与构想，并在开发过程中针对新技术、新性能、新指标等进行迭代更新，在原预期的基础上进行更高的提升与创新。

4. 2018 年 8 月开始正式运行

项目运行的完善分三年进行，2017年完成视觉形象系统设计、宣传推广、办公场地、新闻策划、服务器、系统开发以及硬件投入，并覆盖全济南市；2018年完成系统再开发，宣传推广达到相当规模，并实现覆盖全省；2019年继续加大市场推广力度，并实现营收平衡。

5. 平台建设预算

平台前期资源整合、系统开发、品牌建设、市场推广等平台建设阶段需要财政资金的投入，是一个孵化的过程。后期品牌运作成熟以后，其产生的社会效益、经济效益完全可以支撑平台的运营，平台才可以完全走向市场，甚至走向资本市场。

6. 平台的预期投入期为三年

2017年上半年完成组织体系、系统调研、标准建设、网站开发、品牌形象、办公场地等建设，并以省直院团为基础进行系统调试和修正；2017年下半年覆盖全济南市，完成自媒体平台的初步推广；2018年逐步覆盖全省，完成系统扩容，品牌运作初步成型；2019年主要投入市场推广，品牌运作完全成熟；2020年进行完全市场化运作。

从目前来看，项目存在的风险主要是团队建设。由于系统庞大，实施的核心是打造一支优秀的团队，这是落实政策、整合资源、推动市场、满足需求的首要条件。为了能够建立一支现代化管理团队，山东文化传媒有限公司与山东演艺联盟发展有限公司共同组建了项目工作团队，由山东演艺联盟发展有限公司负责行政协调，山东文化传媒有限公司进行技术开发，团队内部通过目标导向、分工协作、绩效考核等手段，实现目标分解和任务落实。

该项目内部执行团队分为四部分：行政部、设计部、新闻部、技术部。行政部负责对外联络、财务管理、各成员单位信息员体系管理、文字材料管理、档案管理、人事管理、绩效管理、会务组织等行政管理工作。设计部负责对外形象系统执行、对外形象宣传。新闻部负责内容管理、对外内容宣传、媒体管理。技术部负责网站、APP等的初步技术维护、内部网络、硬件系统管理、各剧场终端管理、内部信息安全管理。目前项目分工机制、内部考核机制、绩效评估机制、内部沟通机制、任务分解安排等都已经实施到位，工作正在紧张有序进行。

五、平台的综合效益

平台的盈利将以社会效益为主，在保证社会效益的前提下，争取更好地实现经济效益。

平台获得盈利有三个阶段。

（一）初期阶段：以资源营利

平台2017年进行建设，2018年将会产生初期盈利。初期收益主要依托于资源的整合，如演出推广、票房分成、网站广告费用，广告费用为主要收入。

（二）中期阶段：以品牌营利

2019年用户数量和新媒体粉丝量快速增长，品牌带来的社会效益将会产生聚集效应，广告收入等预期收益用以维持团队运营以及系统维护、系统再开发、品牌改造、新媒体运营等成本。

（三）最终盈利：以概念营利

平台的最终服务对象是用户，通过品牌化的运作积累用户。改变十万用户的文化生活方式，将会成为普遍的社会现象；改变百万用户的文化生活方式，产生的社会效益则不可估量，此时的平台可以进入资本层面的运作。

依托现代信息技术和互联网思维建立起来的演艺票务与融媒体营销平台，将成为山东省未来演艺产业的中枢系统，这对于整个演艺产业的发展具有战略性意义。

—— 第四章 ——

国内外演艺产业生态构建的经验观察

演艺产业生态的理论假设，来源于对演艺产业发展中存在的一系列问题的长期探索和思考，是探寻演艺产业发展问题解决方案方法论的理论建构的尝试。理论是抽象思辨的结果，也是对现实的观照。反观国内外演艺产业发展的不同路径和现实选择，可以检验演艺产业生态学理论与产业实践的契合程度。就美国和香港演艺产业发展的经验来看，产业理论并不是演艺产业发展的预设前提，而是政府文化治理政策与市场机制的有机结合。看得见的手与看不见的手有效协调，文化政策有效平抑了市场机制在演艺产业的失灵，市场机制最大限度实现了政府行政边界以外的市场效能，呈现出各具特色的演艺产业发展态势。以演艺产业生态理论作为观察美国和香港演艺产业发展规律的视角，可以发现，演艺产业的各种产业要素和市场机制形成的有关产业生态的内生、外生、共生的各种互动关系，可以很好地揭示两地演艺产业良性发展中隐含着的演艺产业生态理念；从演艺产业生态理论抽离出其中的共性规律，就成为可供借鉴的经验。

由于演艺产业先天具有的不完全市场的特性，文化治理政策是演艺产业发展的重要外部因素，从产业的顶层设计层面深刻影响着演艺产业发展中的各产业要素之间的关系。中国香港地区和美国的文化治理模式为我们思考演艺产业发展提供了可以借鉴的经验："场地伙伴计划"为香港地区文化艺术发展起到积极促进作用，通过政府对文化基础设施的直接投入，演艺团体实现了与演出场地的合作共赢，弥补了市场的缺陷，从而保证了香港地区艺术的普及与发展；美国政府通过文化代理机构间接地进行文化管理，这些中介机构一方面为政府提供文化政策建议和咨询，另一方面受政府委托对拨款使用效果进行监督评估，形成了有效的合作分工机制。

在演艺产业近几年的发展中，内地民营演艺企业以产业生态的建构为经营理念，在实践中形成了一些值得关注的模式，为演艺产业发展提供了借鉴：宋城演艺以“一个主题公园＋一台实景演出”为基础，实现了演艺产业生态整体战略布局，打通了线上线下资源，形成了文化娱乐生态圈；繁星戏剧村开创了“场制合一”的剧场运营模式，打造起集群式的文化综合体，为我国剧场经营管理提供了一种生态化的新模式。山东演艺联盟属于体制内的机构，积极探索“政产学研”结合的发展模式，尝试产业发展服务平台建设，对山东省乃至全国演艺产业发展均有重要的启示作用。

第一节　美国演艺产业生态的经验分析

美国是典型的市场主导型国家，自由竞争的价值观是文化治理模式的基本出发点。美国是一个“文化大熔炉”，尽管它的文化艺术发展起步较晚，却是当今世界范围内艺术表演活动最发达的国家。表演艺术在文化艺术中占有重要地位，美国政府投入文化的资金用在表演艺术领域的部分较为可观，因为大部分表演艺术组织是非营利性质的机构。从美国政府对文化艺术实施的政策法规、对文化艺术领域采取分权式的间接管理方式，可以窥见美国的文化治理模式及其财政投入机制。

一、美国文化治理模式

（一）独特的政策法规

与世界上多数国家设立国家级文化部门及各级地方机构、直接管理全国的文化事务不同，美国政府虽然支持文化艺术项目，但政府机构中并没有单独设立国家级的文化部门，至今也没有一个国家层面的官方文化政策。而美国联邦行政机构由国务院、内政部、住房和城市发展部、财政部、国防部、司法部、商务部、劳工部、农业部、交通部、教育部、能源部、卫生和公众服务部、退伍军人事务部、国土安全部等15个部门构成，除了国土安全部之外，几乎所有的部门内部都有各自的文化政策，并设有一个专门负责文化政策的机构。每一个部门出台的文化政策、推出的文化项目都跟各自部门的使命有关，通常是全国范围内适用，而且多是社会公益性质。例如，美国国务院内部专门设立了“文化关系司”，这个部门负责处理美国与拉丁美洲的文化事务。内政部下设的国家公园管理局，负责保护国家公园未受损害的自然和文化资源及其价值。住房与城市发展部发起一个“让城市变得更加宜居”设计方案征集活动，这不仅关系基础设施、卫生条件，还与城市的文化氛围有关，这个部门就可以推出自己的文化政策。财政部下设的税务政策办公室，负责制定和实施税收政策和方案，审查并管理“国家税收法”的条例和规定，并对总统提出的预算进行评估。司法部出台《司法部知识产权工作组报告》，加强对知识产权的保护。商务部下设专利和商标办公室，负责授予专利和注册商标，向美国总统、商务部长和美国政府机构提供有关知识产权政策的建议，保护知识产权。教育部于1961年颁布了共同教育和文化交流法案。农业部下设的国家农业图书馆，是美国三大图书馆之一，也是世界上最大的农业图书馆。关于全美的文化艺术政策主要由国会下设的国家艺术基金会来决定，州级的文化部门负责为整个州推出一些文化政策。由此可见，联邦层面部门的任何文化政策、文化项目，实际上跟州的文化部门没有关系，除非这些部门与州的部门是合作伙伴关系。

美国在文化政策的制定方面比较独特，至今没有一个正式的官方文化政策文件，但在其他法规文件中可以窥见美国政府对文化的管理态度。1917年，美国颁布《联邦税收法》，明文规定对非营利文化团体、机构和公共电视台、广播电台免征所得税，并减免资助者的税额。1965年通过了《国家艺术及人文事业基金法》，成立国家艺术基金会，保证了国家每年拿出相当比例的资金投入文化艺术领域。[①]此外，政府通过制定专门的法令法规来规范、保护和促

① 傅才武、陈赓：《艺术表演团体管理学》，湖北人民出版社，2013年，第373页。

进文化发展，如新闻法、版权法、图书馆法等。

（二）间接的文化管理

美国的社会机构分为三类，第一类是公共部门，是由政府支持的机构或研究所；第二类是私营部门，即私人拥有和运营的部门；第三类是非营利组织，美国的文化机构，大多属于这一类。美国政府不直接管理具体的文化艺术机构或企业，而是在政府和艺术机构、文化企业之间设立一级中介机构，通过文化代理机构行使管理文化艺术的职能。这类机构一方面负责向政府提供文化政策建议和咨询，另一方面又接受政府委托执行拨款评审等事务，并对拨款使用效果进行监督评估。例如，美国国家艺术基金会代表联邦政府向文化艺术机构提供财政援助，帮助它们发展艺术，保护美国的文化艺术。这一联邦机构虽面向全国，但只有计划协调和财政资助职能，无行政管辖权，在各地方政府也无相应的对口分支机构。

1. 文化代理机构及其运作方式

（1）国家艺术基金会

国家艺术基金会是由国会建立的独立联邦代理机构，成立于1965年。国家艺术基金会主要是给一些表演艺术组织、视觉艺术组织拨款，将款项拨给一些特别的、特定的艺术组织和艺术项目。它的运作和众多的私人基金会相似，其捐赠数额虽然占全美艺术捐赠额的比例较小，但却是全美最大的一个基金会，其项目设置更多地具有导向性质，而不具有指令性质。[1]

国家艺术基金会的拨款有两种方式：一种是直接拨款，即国家艺术基金会60%的预算用于联邦层面，任何的艺术组织都可以向它申请，申请的目的可以是为支持某一个艺术项目或者是做某一项艺术调研、科学调研；另一种是间接拨款，即国家艺术基金会40%的预算平均发放给各州的文化艺术委员会，由州级的文化艺术部门来拨款。

值得一提的是，20世纪90年代之前，个人艺术家可以向国家艺术基金会直接申请拨款；90年代之后，个人艺术家、机构的运营经费不能从国家艺术

---

① 沈亮：《美国非营利职业戏剧》，上海远东出版社，2014年，第133页。

基金会申请拨款，只能申请当地文化艺术部门的拨款。而州政府扮演着一个非常重要的角色，就是去认可这些艺术家的成就。

（2）文化艺术委员会

美国没有国家级的文化部，国家艺术基金会代表联邦政府向各州拨款，因此每个州成立了各自的州级文化艺术部门。1899年，美国肯塔基州率先设立了州级的文化部门；1965年，几乎每个州都有了自己的文化艺术部门。

州级、郡级和市级设立的文化艺术委员会，在国家艺术基金会之下，相当于政府部门，而不是非营利性质的机构。州级的文化艺术部门不仅从国家艺术基金会拿到拨款，也能从州议会获得资金支持，并自主决策。国家艺术基金会、州议会虽然可以决定地方的文化艺术委员会能够拿到多少钱，但没有权力决定这笔钱的去向与受益对象。文化艺术委员会的主要作用是拨款，符合条件的文化组织可以申请拨款。每一个郡都有一个文化艺术委员会，因为城市有大有小，基本上主要的大城市都有一个自己的市级文化艺术委员会，但并不是每一个市都有。虽然美国整体艺术拨款数字加起来好像也不小，如果分到这么多的州文化艺术委员会，那么每个艺术委员会得到的份额就会相当小。州级文化艺术部门相较于郡和市级文化委员会，给艺术组织拨款最多，所以郡级和市级的委员会之间要相互竞争，而郡级的委员会不仅需要从政府获得资金，也需要从市场获得资金。

州级的文化艺术委员会组成全美艺术机构大会，大会的宗旨是支持州的文化艺术委员会，为这些州的文化艺术委员会提供服务，但不是扮演一个监督的角色，也没有任何筹款的职能。它通过三个方面来实现这个使命：第一个方面就是去创造知识、分享知识，主要为州级的文化艺术委员会提供研究方面的帮助，比如，比较各个州级的文化艺术委员会的发展情况如何，它们是怎样使用这笔拨款的，它们把拨款率先用在了哪些领域，以及关于税收方面它们有什么创新方案以采用税收政策来促进文化发展。第二个方面，在联邦政府要批准一个预算的时候，这个机构可以代表这些州级的文化艺术委员会的利益，为它们发起倡议，从联邦层面为它们争取更多的拨款。第三个方面，这个机构每年都会举办年度会议，州级以及当地的文化艺术委员会的主席或者最高负责人都会在会议上互相交流信息，对一些问题提出解决方案等。在美国的六大地区，每一个地区所有的文化艺术委员会也会召开一个小会，讨论本地区的一些文化发展事宜。

（3）非营利文化组织

美国政府还通过介于各州政府和具体文化部门、文化艺术机构或文化企业之间的各种非营利文化组织，促进文化机构的发展，比较有代表性的是表演艺术推出人协会、表演艺术联盟等。

表演艺术推出人协会，是一个为艺术界服务的团体。1957年之前，美国的一些歌舞剧团等演艺单位只能通过行业的领头公司的“推出人”才能够推广自己的艺术，后来，超过30个这样的推出人联合起来成立了一个组织，即表演艺术推出人协会（APAP），目的是为了帮助更多的演艺人士把自己的艺术带向社区和市场，更好地发展繁荣艺术，更重要的是去培养真正有才能的艺术家。截至2017年，表演艺术推出人协会已经有2000多个成员，包括表演艺术推出人、经纪人、经理、艺术家，以及来自34个国家的代表。这个组织既不直接参与演出，也不直接制作剧目，甚至不直接跟艺术家进行互动，服务目的是促进艺术产业不断地演化发展，帮助需要帮助的艺术家，为艺术界服务。它的收入主要有三个来源：第一个是会员费，第二个是来自于每年1月份在纽约举办的APAP大会（美国最大的表演艺术大会），第三个是来自于联邦层面的国家艺术基金会。协会从国家艺术基金会拿到拨款，这笔钱是不允许用来运营的，几乎全部用来资助艺术家或者艺术组织，2016年的数额大于500万美元，主要是代表国家层面的认可，象征意义大于实际意义，而协会的运营，还需要专门筹集资金来维持。

表演艺术联盟受联邦政策指导，它的主要职责是寻找不同资源，去支持艺术者的发展，聚焦某些州和城市，解决表演艺术行业发展所面临的问题。表演艺术联盟为美国的非营利表演艺术组织、艺术家以及联盟发声，代表它们的利益去影响国家政策，以争取更多政府拨款。这一组织的成员涵盖了艺术行业各个领域，比如歌剧、舞蹈、交响乐等艺术领域，主要由美国的15个表演艺术服务组织联合组成，这些组织基本上都是非营利性质机构。与表演艺术推出人协会的宗旨一样，表演艺术联盟的宗旨是通过促进美国多元化的艺术文化氛围，促进艺术的发展与繁荣，唤起人们对艺术价值的认知。其总体目标是促进社会公平、公正，让每个人都有机会享受艺术，珍视多元化的艺术环境、艺术文化。表演艺术联盟每年都会向一些国会议员和参议员通报，它的会员组织是如何使用从国家拿到的拨款来服务社区、改善人们的文化生活、提高人们对于一些社会问题的认识以及对教育的重视，而且还努力地寻找机会，帮助会员组织跟国会和参议院之间建立起更密切的沟通关系。简而言之，它的工作就是更加谨慎地用好国会的拨款，帮助更多的国会议员认识艺术教育的重要性。

在州级层面，如马里兰公民艺术协会，是马里兰州政府支持的一个协会。作为一个倡议型组织，除了筹款之外，还跟州长以及政府的一些其他官员共同推进有利于艺术发展的政策，帮助艺术家以及艺术组织。1992年，协会制订了一个长远的目标，以使任何有资质获得马里兰州拨款的艺术组织，无论是图书馆、博物馆、剧院还是舞团等，都能从州政府获得一笔拨款，并且这笔拨款在它们的预算中所占的份额要达到10%，目前，所占份额达到了8%。1994年，马里兰州通过了一项非常有历史意义的、旨在稳定艺术发展的法案，根据这个法律的规定，不论是谁被选举为州长，随着州政府每年的收入逐渐上升，州长对于艺术拨款的数额也要逐年上升。马里兰州每年的艺术拨款是2000万美元，其中5%来自国家艺术基金会，除此之外，马里兰公民艺术协会还运用另一种方式来支持艺术机构的发展，比如赌博市场的收益要赋税，该税收的一部分用于支持艺术机构的发展。马里兰公民艺术协会还打造了艺术休闲区，其经营收入享受一定的税收优惠，在艺术休闲区出售艺术产品和进行表演的艺术家也能够享受一定的税收优惠。此外，公民艺术协会还成立了一个公共艺术委员会，使马里兰州的一个法案规定建筑物运营预算中0.5%的资金必须用于发展公共艺术活动。

在美国，州议员、州长对于艺术拨款发挥着重要作用，他们将会决定繁荣艺术的相关政策。公民艺术协会在与立法者以及州长进行交流时，会提供一些证据向他们说明艺术对发展经济以及提高人们生活质量所发挥的重要作用，以此来说服他们增加艺术拨款。公民艺术协会在整个马里兰州寻找更多支持艺术的倡议者，并培训他们以正确的方式与立法者进行交流，宣传艺术的积极影响。

另外，公民艺术协会在马里兰州拥有重要的合作伙伴，一个是集合了全美各州的艺术倡议组织形成的协会；另外一个非常重要的合作伙伴是马里兰州艺术委员会，它帮助公民艺术协会更好地利用从联邦政府获得的拨款，并把这笔拨款用于发展艺术。

2. 文化代理机构遵循的原则

不论是在联邦、州政府还是地方政府层面，抑或是国家艺术基金会，还是州的文化艺术委员会，这些文化代理机构必须要遵循以下原则。

（1）去中心化，即放权

成立国家艺术基金会是为了使得州政府拥有更大的拨款决定权，而不是所有的事情都由联邦政府定夺。

（2）本地化

由于不同地区的人口结构和文化存在差异，这也是联邦层面没有文化部的原因，州政府和地方政府就要发挥作用，推出一些比较适合本地情况，有利于文化发展的文化政策。文化代理机构不论是向国家艺术基金会、州政府还是当地政府申请拨款，都必须要符合各自州的人口结构状况。

（3）“参与”原则

以美国马里兰州为例，这个州的文化部部长没有权力去决定联邦政府、州政府的拨款应该用在哪里，但是必须要确保当地的文化艺术委员会设立一个咨询委员会，成立各种评审小组。咨询委员会提供咨询意见，决定马里兰州哪些文化领域是最需要钱的，这笔钱应该怎么用。评审小组的作用是决定申请人能否获得拨款，并决定这笔钱的去向。

（4）“阳光法律”原则

“阳光法律”主要指公开透明，例如，小组评审时需要向公众公开。

（5）支持不是很受市场欢迎、没有商业价值的文化

比如，某种传统文化的一个传统剧目要上演，可能没有人买票，那么州层面的文化艺术委员会就要保证它们拨款的其中一部分是用于这种没有市场的文化类型的发展。

（三）严谨的管理运行机制

美国的表演艺术机构大部分都是非营利性质的，只有小部分是营利性机构。美国表演艺术机构的理事会或董事会运行机制，在一定程度上映射了国家的治理模式。在机构运行过程中，政府没有权力决定这个机构的具体管理运行方式，而是由理事会或董事会来发挥重大作用。

每个机构在成立时，都会制定一个机构章程，在章程中会详细说明理事会或董事会成员如何选出，以及各自承担的职责。理事会或董事会的主要职责是制定机构的使命以及发展方向，并且确保机构拥有所需要的资源和资金来发展；雇用或者是解雇机构管理层的执行者；为机构提供法律监督或者财务监督，监管机构的运营。当这些使命、目标、方向确认之后，由具体的管理人员或者执行人员来执行，理事会或董事会并不参与具体的管理事务。理事会或董事会通常设主席、总裁等职务，成员的每个任期通常都有固定的年限，每一个人能够连任几届也是有规定的。对任期进行限制，主要是为了确保理事会或董事会成员以机构利益为重，为机构服务。

在美国表演艺术机构中，理事会或董事会是其最高决策机构，艺术总监、行政总监由理事会或董事会任命，负责日常经营管理事务。在美国，以艺术总监为主、行政总监为辅的管理机构设置是普遍模式。艺术总监决定机构的合作艺术家、艺术风格、上演剧目、演员录用等事项；行政总监根据艺术总监的意图和目标，负责机构的各项行政管理事务。

以理事会为核心的治理结构在美国非营利表演艺术组织中广泛推行，此外，一些表演艺术机构，尤其是营利性表演艺术机构，采取以董事会为核心来运营。理事会成员有捐赠人、公司的领导人、州政府或地方政府的官员，他们都是自愿服务的，不领取工资。非营利演艺组织的理事会履行服务社区、服务人民的机构使命，承担宣传艺术、推广艺术的重要角色。由于美国政府对非营利演艺组织的资金支持历来很少，理事会通过执行专门筹钱的部门去筹款，一方面，理事会成员要为机构捐款；另一方面，他们要想办法从其他的渠道筹得资金和资源来支持机构发展。理事会的发展为非营利演艺机构的发展提供了支持。

美国一些理事会自己来选择新一届的理事会成员，另外一些理事会的成员则是由外部的机构来选举。肯尼迪表演艺术中心比较特殊，理事会成员是由美国政府提名任命的。一些非营利演艺机构需要向联邦政府、州政府进行注册，从这个层面来说，理事会是要对联邦政府、州政府履行一定职责的。如果这些机构不遵循联邦、州的法律、法规，或者没有去服务大众，那么联邦政府、州政府完全有权力去关闭它。由此可见，这些机构理事会从政府那里肩负了赢得公众信任的重责。

非营利演艺机构的理事会成员必须满足三大条件，而且这些条件都是写入法律的。第一个是关切职责。所有的理事会成员必须要知晓机构的活动，必须要参与决策，以善意和真诚来维护机构的利益，并且谨慎做出决定。第二个条件是忠诚职责。这意味着理事会成员必须视机构利益为最高利益。比如，某一个非营利演艺机构的理事会成员同时还在经营着另外一家公司，而这家公司有可能从这家艺术机构中获利，那么在他做出决定的时候，必须要秉持机构第一的原则。最后一个条件是遵从职责，即所有的理事会成员必须要遵从联邦、州、当地演艺管理机构制定的相关法律。

二、美国文化财政投入机制

在文化资助方面，除了联邦层面的国家艺术基金会，美国政府将权力分散给州政府和地方政府。文化管理的分权，可以提高地方资助文化的积极性。财政经费须由政府核定、议会审查批准，凡是违反法律规定的活动，政府有权予以取缔。美国政府对特殊艺术团体和非营利性组织进行资金支持，私人所有的营利性文化机构，则自主经营，自负盈亏，不允许申请政府资助。申请政府拨款以年度为周期，每年可以申请一次。

联邦政府直接拨款的文化机构主要有国家艺术基金会、联邦艺术暨人文委员会、肯尼迪表演艺术中心、史密森尼学会四个，拨款用于机构的运营。还有其他一些文化艺术机构可以从不同级别的政府获得拨款，包括联邦政府、州政府和地方政府。由于政府的资金投入有限，这些机构争取政府拨款的竞争非常激烈，它们除了联邦层面的国家艺术基金会，还从州级、郡级和市级的文化艺术部门获得拨款，更多的资金来源就是从基金会、个人、公司筹集。

联邦层面的财政资金拨付程序，先由总统提出预算，提交给国会，国会审议的拨款包括方方面面，国会审议通过预算后，就赋予了法定的地位而确定下来，发放到不同的部门、机构。专门用于文化艺术发展的国家艺术基金会，所需的资金列入联邦预算，由总统提议，国会拥有决定权，决定给国家艺术基金会拨多少资金。在州政府层面也是一样，州长提出一个预算提案，然后提交给州议会由州议员来决定。

从联邦层面拨下来的资金，会逐级渗透到各个州以及地方政府。国家艺术基金会预算的具体分配是60%用于联邦层面，申请机构直接申请；40%平均分配到各州，由各州再根据申请进行艺术拨款，平均每个州能够获得100万美元的拨款。国家艺术基金会给予各州的拨款是基于每个州的规模、人口等情况，获得拨款的最小数额大概为50万美元，但是拨款还有另一个条件，就是这个州能够拿出另外相同数量的资金进行配套，来支持当地艺术机构的发展，加起来的最小数额是100万美元。以此类推，州政府再给下面的郡和市拨款，郡和市也要配套等额资金。

三、美国非营利演艺组织生态

16、17 世纪，在英国等国家先后出现以开展社会救济等公益活动为目的的“慈善机构”，当时政府没有介入，企业也很少参与，面对社会的大量需求，出现并形成了由私人出资、不要求利润分红的非营利组织形式。20世纪60年代，美国政府第一次从国家层面进行拨款来支持艺术发展，这也可以说是美国联邦政府有史以来第一次正式开始关注艺术事业的发展，在美国政府鼓励之下涌现了大量的非营利组织。随后，表演艺术产业得到了更多支持，表演艺术组织大量出现，特别是60年代和90年代，演艺组织数量剧增。

美国表演艺术组织基本分为音乐（含歌剧）、舞台剧、舞蹈三大类，20世纪末的统计数字显示，全美共有15000多个演艺组织，音乐类团体占总量的30.3%，舞台剧类团体占总量的18.4%，舞蹈类团体占总量的3.4%，其余为流行音乐、演艺管理、演艺经纪等组织。各类演艺组织中的非营利组织在舞台剧团、舞蹈团、古典乐团和歌剧院中分别占到52.7%、70.5%、87%，营利性演艺组织多分布在流行音乐和其他娱乐类，分别占到本类组织总数的86%和91%。[①]由此可知，在表演艺术领域，非营利机构从数量上占了大多数。

非营利组织就是不以营利和赚取利润为目的的组织，是公益性的，以提供公共产品和社会服务为宗旨。非营利组织与营利组织的根本区别在于，营利机构的收入可以用作金融投资或者分红，非经营组织所得的净利润不得用于股东分红，必须要再投入到非营利的事业中去，用于机构的再发展。在美国社会中，非营利性质的机构扮演着重要的角色，政府的认定也非常严格，很多非营利机构需要进行官方注册才得以确定。据统计，1940年注册的非营利机构为13000所，截至2016年，机构总量近160万，这些非营利性质的机构对美国经济发展也做出了巨大贡献，贡献了1.74万亿美元。

（一）美国非营利演艺组织承担的使命

美国的表演艺术机构，大部分属于非营利性质，只有如百老汇、巡回剧团等一小部分是营利性机构。对营利性演艺组织而言，不营利的项目不会花成本去做推广，机构存在的目的是赚取利润。非营利演艺组织则不同，首先它要具有对艺术的把握和推广能力；其次是在艺术推广过程中增加教育内容，向观众宣传、介绍好的艺术，并推出票价优惠的节目。美国非营利演艺组织依法履行社会职责，力求在艺术上创新，制作并推广新剧目、推出新艺人，为民众提供优质服务，承担普及、发展、繁荣艺术和服务社区、服务民众的使命。

美国非营利演艺组织的一项主要职责是为社区服务，每年开展大量的艺术教育活动、为社会提供一定场次的免费演出。以肯尼迪表演艺术中心为例，该机构在全国范围内开展过针对年轻人和家庭的艺术教育、针对学校不同年龄段学生的艺术教育活动、针对培养新艺术家的教育项目和针对艺术管理领域的培训教育等活动，肯尼迪表演艺术中心的国家交响乐团每年要到社区和学校义务举办多场普及音乐会。而且，肯尼迪表演艺术中心采用现代技术手段实施艺术普及项目，通过建立全国艺术教育网站，开展网络艺术教育和卫星艺术教育

① 谢锐：《美国非营利性表演艺术机构的考察》，选自张晓明、胡惠林、章建刚：《2006年：中国文化产业发展报告》，社会科学文献出版社，2006年。

项目，使全美450万学生免费看到所有节目。

（二）美国非营利演艺组织生态的实现路径及手段

对非营利演艺组织而言，使命便是它存在的基础。机构的运行和发展需要法律法规、政策的支持，多元投资的条件，良好的管理运行机制，同时也需要与其他组织合作，才能实现非营利演艺组织的使命。

1. 法规和政策

美国政府通过制定相关法律法规，不断创造和维护适于非营利演艺机构运营的社会环境。非营利演艺组织是依法设立的机构，以肯尼迪表演艺术中心为例，美国国会联合参议院和众议院专门为之颁布法案，并在法案中对机构的权利、义务、运营等都制定了详尽的条文。

美国政府允许非营利演艺组织接受捐赠和赞助，并享受减免税收的优惠政策；营利性质的演艺机构不会直接得到财政拨款，不能接受捐赠，但是可以参与有政府资金支持的项目竞标。美国政府颁布的法律法规中对捐赠行为的税收优惠政策做了明确的规定，比如一般美国公司捐赠100美元，能够抵扣25美元的税，基本上这个比例是25%，然而法律中没有对公司捐款数额的限制，捐赠者捐献多少都会得到规定的免税额度。美国大部分非营利演艺机构都是享受免税的，也存在房产需要赋税的机构，但是享有一定的税收优惠，其余的资产不用赋税。

2. 资金筹集

虽然非营利演艺组织不以营利和赚取利润为目的，但是也需要经营，经营的业绩会直接影响机构的使命和发展目标的实现。非营利组织的资金来源构成中，政府拨款和私人捐赠大约占预算开支的44.9%，其中政府对非营利演艺组织的资金支持一般仅占总收入的10%左右，而且非营利机构申请政府拨款必须每年都要申请一次，联邦政府的资助主要是通过国家艺术基金会（NEA），将款项拨给那些特别的、特定的艺术项目和组织，除此之外，非营利演艺组织运营和发展的资金主要来源于票房、租金等“营业收入”与捐赠。2012年的统计数字显示，营业收入占到了总收入的40%以上，捐赠也占很大比例，来源包括企业、个人、基金会的捐赠（包括遗产捐赠）和赞助，其中又以个人捐赠所占的比例最大。

美国非营利演艺组织每年都有预算，在预算中会设定当年需要募集的捐赠目标，由专门负责的部门完成目标。在美国的非营利机构中，通常有一个募集捐赠资金的常设部门，负责募集捐赠资金事务的员工已经职业化，甚至有些大学开设有相应的专业，专门培养筹资人才。筹资部门通常使用电话、电子邮件、信件的方式去联系潜在的捐赠人，有选择地接受捐赠，筹款的工作经费大约控制在预计筹款额的 5% ～ 10% 的范围内。非营利演艺组织的筹资行为非常多样化，也会针对一些特定的剧目或者是特别的项目筹款，比如一位捐赠者对《泰坦尼克号》剧目特别感兴趣，她可以捐赠一笔钱指定全部用在这一特定剧目的服装制作上面。另外，非营利演艺机构也经常会用预售门票的方式筹集资金。对美国的非营利演艺机构而言，决定筹款是否成功的一个重要的因素，就是筹款用来发展、繁荣的艺术是不是好的艺术，是不是值得推广、繁荣的艺术，公众以自己的价值判断参与到艺术的发展过程中，间接地发挥导向作用。

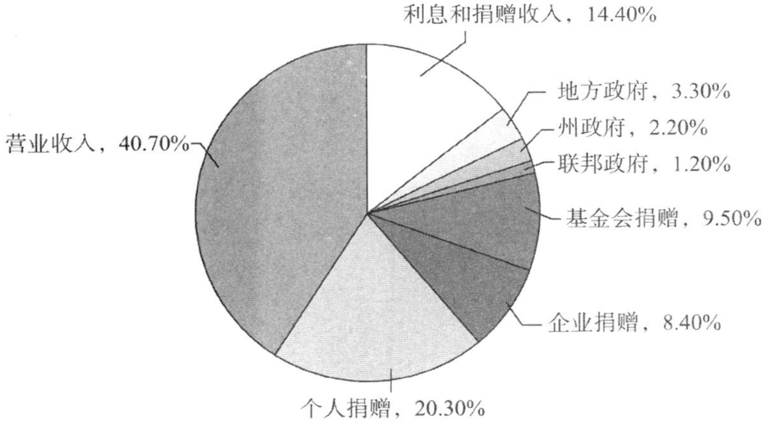

图4-1　美国非营利演艺组织资金来源构成[①]

3. 机构的注册

由上文可知，美国从事舞台剧、舞蹈、音乐（含歌剧）类的表演艺术组

① 数据来源：美国国家艺术基金会：《美国如何赞助艺术》（How the United States Funds the Arts），2012 年 11 月，https://www.arts.gov/pub/how.pdf。

织，自行申报为非营利组织的比例在本类组织中分别占到52.7%、70.5%、87%。这些非营利性质的演艺机构，如果是国家层面的，它要向联邦政府注册；如果是州级层面的，要向州政府注册。注册并没有一个具体的分级制度，唯一的要求是在这个机构的章程中必须说明理事会的成员组成。除了肯尼迪表演艺术中心、史密森尼学会这两个特殊的例子，美国的大部分非营利演艺组织是没有政要担当理事会成员的。

不论是国家级、州级还是地方级的非营利演艺机构，每一个机构必须要去两个地方进行注册。一个是政府，可以是联邦政府或者州政府，这要根据需要注册的机构是国家级的还是地方级的来选择，每个州设有一个专门管理内政的部门，负责注册事务。另一个是税务部门，非营利演艺机构如果想要运营，必须要去税务部门报备，明确它是免税的、非营利的机构，以此来获取税务方面的优惠。非营利演艺机构的规模大小，选择与联邦政府或者州政府的税务部门登记，取决于两个方面：一方面取决于它的服务对象，如果它的服务对象是全国性的，就去联邦政府进行登记，如果它的服务对象是一个州或者几个州，那么它就必须去这一个州的州政府，或者是那几个州的州政府进行登记。另一方面则取决于它从哪里获得资金，比如这个机构是从密歇根州筹款获取资金，那么它就应该去密歇根州政府登记。

4. 管理运行

非营利演艺机构由一群受托人成立一个理事会来管理这个机构。由于美国政府对非营利演艺组织的资金支持有限，理事会就必须发挥作用去筹款，支持机构的发展，而且他们还承担着宣传艺术、推广艺术的重要角色。随着美国政府对非营利演艺机构的拨款越来越少，理事会的筹资工作就越来越重要。理事会成员不但要为机构捐款，他们也要想办法从其他渠道筹得资金和资源来支持机构发展。理事会的筹资能力是非营利演艺机构发展的主要保障。

每个机构在成立时，都会制定一个机构章程，在章程中会详细说明理事会成员是如何选出的，各自承担的角色，以及组织的使命是什么，一些理事会自己选择新一届的理事会成员，另外一些理事会的成员则由外部的机构来选举，比如肯尼迪表演艺术中心的理事会成员是由美国政府提名任命的。

美国一些非营利演艺机构向州政府注册，从这个层面来说，理事会是对州政府负有一定职责的。如果这些机构不遵循州的法律、法规，或者没有去服务本州民众，那么州政府完全有权力去关闭它。由此可见，这些机构的理事会从州政府那里承担有公众信任的重责。

理事会的主要职责是确定机构的使命及其发展方向，并且确保机构拥有其所需要的资源和资金来发展，雇用或者是解雇公司管理层执行者，为机构提供法律监督或者财务监督，监管机构的运营。当这些使命、目标、方向确认之后，由具体的管理人员或者工作人员来执行，理事会并不参与具体的管理事务。在理事会之下还会设立一些专门的常设委员会，理事会的成员要加入这些常设委员会。在很多非营利演艺组织中，有些人专门负责艺术方面的事务，有些人专门负责行政管理事务，他们的地位是平等的，都向理事会报告。在机构中还有一些人提供专业服务，比如专门提供市场营销，专门进行艺术策划等。

非营利演艺组织大都设有自己的捐款部门，如果机构的规模大，捐款部门的规模就大。

5. 与其他组织合作

就美国高度发达的经济部门而言，演艺产业所占有的比重还是相对较小，如果非营利演艺组织不与其他合作伙伴共同发声，为艺术发展积极倡议，艺术发展就会被忽略。所以，非营利演艺组织不论规模大小，经常会设有一个专门发起倡议的部门，负责与不同的组织进行合作，建立发展合作伙伴关系，以扩大社会影响力。一些非营利演艺组织还与当地政府的很多艺术机构合作，这些机构不生产艺术产品，但是会为当地的社区艺术活动拨款，而且还会组织一些公益性质的艺术活动，非营利演艺组织参与合作，共同为社区服务，这也是回馈社会并赢取支持的重要形式。

第二节　中国香港地区演艺产业生态的经验分析

中国香港地区因特殊的历史经历，一方面具有中华传统文化的根基，另一方面在长达百年的英国殖民式统治期间，吸收西方文化，形成了“中西交融”的独特文化发展格局。香港回归后，特区政府专门成立了文化委员会，历时3年制定了一系列文化政策。

香港关于文化发展的愿景是成为国际文化大都会，根植于中国传统且融汇多元文化；目标是提供广泛参与文化艺术的机会，让有潜质的人士展现他们的艺术才华，创造一个有利文化艺术多元及均衡发展的环境，支持保存及弘扬传统文化，同时鼓励艺术创作和创新，最终使香港成为文化交流重要的枢纽。

香港特区政府文化政策的确立有一些重要原则。第一是以人为本，即鼓励市民参与文化艺术，发挥个人在文化艺术方面的潜能；第二是多元发展，即促进充满活力的多元文化发展；第三是尊重表达自由，即尊重艺术自由，加强保护知识产权；第四是全方位推动，即社会各界共同参与，缔造一个有利文化艺术蓬勃发展的环境，政府部门携手合作，推动艺术文化发展；第五是建立伙伴关系，即建立一个由政府、商界及文化界共同组成的伙伴关系，政府不必事无巨细管控，只发挥牵头作用，由商界及文化界企业充分参与。

一、香港文化治理架构①

2008年，香港主要的演艺团体香港舞蹈团、香港芭蕾舞团、城市当代舞蹈团、香港中乐团、香港管弦乐团、香港小交响乐团、香港话剧团、中英剧团、进念·二十面体（习称“九大艺团”）改为法人机构，资金来源相应地由民政事务局直接拨款改为资助，资助的经费平均占到各艺团预算支出的五成以上，不足部分需要艺团通过票房或者赞助自行解决。民政事务局还推出“场地伙伴计划”，给予每个演艺团体每年免费提供部分演出场地的支持，以确保非营利性演出项目也得到演出机会，不至于被需求旺盛的商业性演出挤压。香港特区政府的这些措施，类似内地把全额拨款单位改为差额补贴，并设计若干保障政策，这是香港在文化治理方式和治理理念上比较大的一个转变。

① 本节内容主要参考了文化部“重点文化设施经营管理人才培养计划——2014年剧院管理职业经理人培训班”上香港教育学院郑新文教授的授课内容。

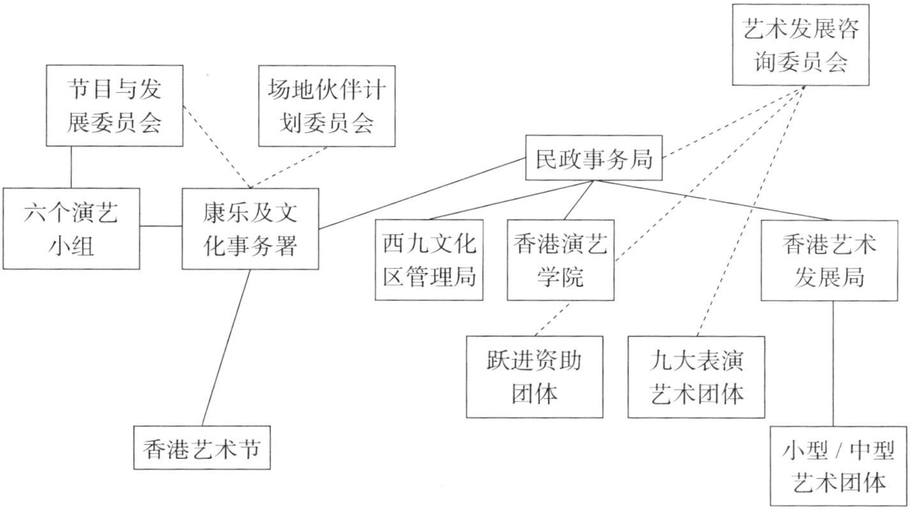

图4-2　2008年后香港的文化架构[①]

香港现在的文化架构如图4-2所示。特区政府民政事务局主要负责政策层面的工作，文化领域的工作主要集中在所属的康乐及文化事务署，其中负责文化领域事务的官员很少，内部机构设置是以一个小组的形式分管文化事务。康乐及文化事务署（简称康文署）作为文化政策执行机构，主管香港大部分的演艺场地、观众拓展和艺术教育。香港的演艺市场中，并没有经纪公司和经纪人，无论本地演出还是外来演出，文化节目的主办方主要是康文署和香港艺术节。主办方少，场地资源有限，文化节目的资金使用又要兼顾本土作品，所以每年康文署只做1～2个国外演出，这也是香港国外演出的数量少于北京、上海等城市的原因。

西九龙文化区管理局、香港演艺学院、香港艺术发展局在香港演艺产业中是最重要的演艺机构，得到政府重点资助，所拥有的演艺资源由政府主导支配。这些机构，在香港被称为法定组织，不是政府机构，也不是纯粹的市场化企业。香港立法会建立一套法定程序成立这些机构，政府要取消这些机构时，

① 郑新文：《艺术管理概论——香港地区经验及国内外案例》，上海音乐出版社，2014年，第226页。

也要按照立法会相关的法律程序进行，有些类似于内地差额拨款的事业单位。这三个机构各自有董事局，所做决策由董事局决定，而非政府，只是董事局的董事均由政府委任，内部管理机制又类似内地的国有文化企业。

在香港，艺术教育资源基本集中在香港演艺学院，不再开设其他音乐学院、戏剧学院、电影学院等院校。香港艺术发展局拥有的资源较其他政府机构而言并不多，艺术发展局在1994年成立时，被定位为在艺术政策上向政府提供意见的法定机构，当前艺术发展局的主要工作则是为艺术家及中小型艺术团体提供资助。

香港九大艺团由民政事务局拨款重点资助，因为这些艺团的规模及社会影响力相对较大，是演艺团体中政府资助的主要对象，因此有了“九大艺团”的习惯称谓。九大艺团的发展有不同的渊源，如香港管弦乐团，在香港回归之前，由于当时的市政局①财政比较宽裕，那时的香港文化生态发育程度很低，严重缺乏艺术家，而市政局认为既然肩负了文化推广的任务，就应有所作为，所以开始资助管弦乐团，使其成为职业乐团。后来市政局又连续发力，成立了话剧团、舞蹈团与中乐团，这三个是市政局官方机构，其他艺团则是私人创办政府资助发展而来，虽然他们也获得了很多政府资助，但是政府无权干涉他们的具体业务，如芭蕾舞团就拥有自己的董事局，与民政事务局的关系主要是每年去申请资助并接受审计和监督。

香港使用率最高的售票系统是康文署属下的城市售票网，于1984年开始投入使用，由康文署票务办事处负责营运。城市售票网服务范围涵盖全港16所康文署管理的表演场地、通利琴行19间分行和6间其他非康文署的文化场地等，共44个场地设施。

2014年3月，购票通（香港）有限公司为康文署开发推出新的票务系统，其运作程序如图4-3所示。新系统具备更大容量，可同时容纳的网上使用者比以往增加了10倍，处理节目、演出、座位数量等方面的能力也比旧系统提升

① 香港市政局（1883年～1999年12月31日）是香港政府为香港新界地区提供食物卫生、清洁街道、文娱康乐设施、管理食肆等市政服务的法定机构。

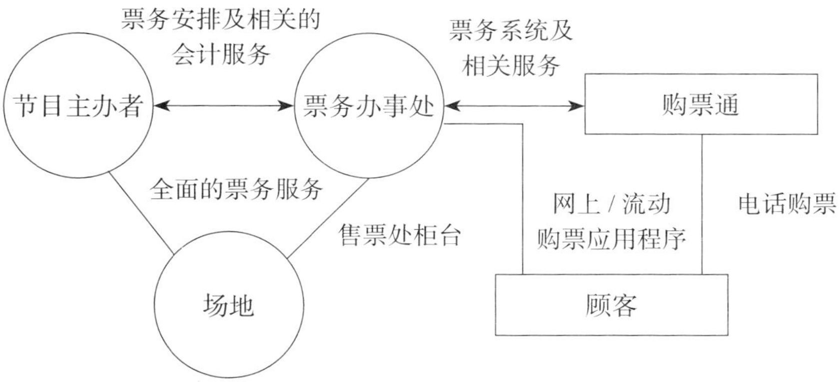

图4-3　城市售票网运作图

了数倍，可提供更多便捷的购票功能。城市售票网还考虑在广州星海音乐厅及深圳音乐厅设置自助取票机，如若可行，这一举措不仅为内地顾客在广东省内直接取票提供了方便，更促进了两地的文化沟通与交流。

城市售票网虽然是康文署所属的香港演艺机构使用率最高的票务系统，但是根据康文署场地租用的条款，并不会强制租用人使用，租用人有可以选择其他票务系统的权利。但如果选择了使用城市售票网，就需要遵守康文署的相关规定：内销门票设有限额，其中康文署的表演场地不能超过全部门票的49%，而香港体育馆（红馆，红磡体育馆）及伊利莎白体育馆则不能超过所有门票的80%，余下的票必须要在城市售票网公开发售。另外，城市售票网售卖的租用康文署场地的节目，整体收益如果高于特定的百分比（一般为10%或20%），且这个百分比高于场租，而由于同时要保障场地的长租收入，则须从付给租用人的门票收益中扣除差额。

除了通过城市售票网进行线上销售，节目的门票会同时在全港各地售票网售票处开始发售。在节目开始前一小时，该节目的门票只在节目举行的表演场地售票处发售。

二、香港政府对文化艺术的资金投入

香港特区政府对演艺的财政投入方式有利于形成健康的产业生态。香港16家演出场馆的经费全部由政府投入，收支两条线，政府没有营利要求；这些演出场馆属于政府直接管理的法人机构，实行企业化的管理；艺术表演团体全部是私人公司性质（香港话剧团、香港中乐团、香港舞蹈团等本属政府所有，2001年后都改制为企业），都可以申请政府资助，其中9家院团得到重点资助，最高可以得到经费的70%以上。香港艺术中心、香港艺术节以及私人公司性质的社会文化机构团体，也可以申请政府部分资助。

香港特区政府投入在文化艺术方面的资金总数接近40亿港币，大概是政府公共财政的1%。这些资金接近一半用于演艺领域：公共演艺场地及节目占28%、主要演艺团体即所谓的“九大艺团”等占8%、香港演艺学院占8%、香港艺术发展局占3%，以及与文化相关的推广和行政开支等占大概4%。

在资助方面，香港大部分比较小的艺术团体都依赖艺术发展局，申请艺术发展局的资助。艺术发展局有多种类的资助项目，比如出版书籍、策划制作展览或演出；而对于专业的演出机构，则可以申请年度的资助，或者3年固定年期的资助。通常情况下，固定年期的资助额度可以支持演艺机构聘任一位全职的艺术总监和一位全职的行政人员，其他的演出人员则是就不同的项目需要聘用临时演员。

在内地，一般较大规模的表演团体会有自己的剧场，而香港的所有团体

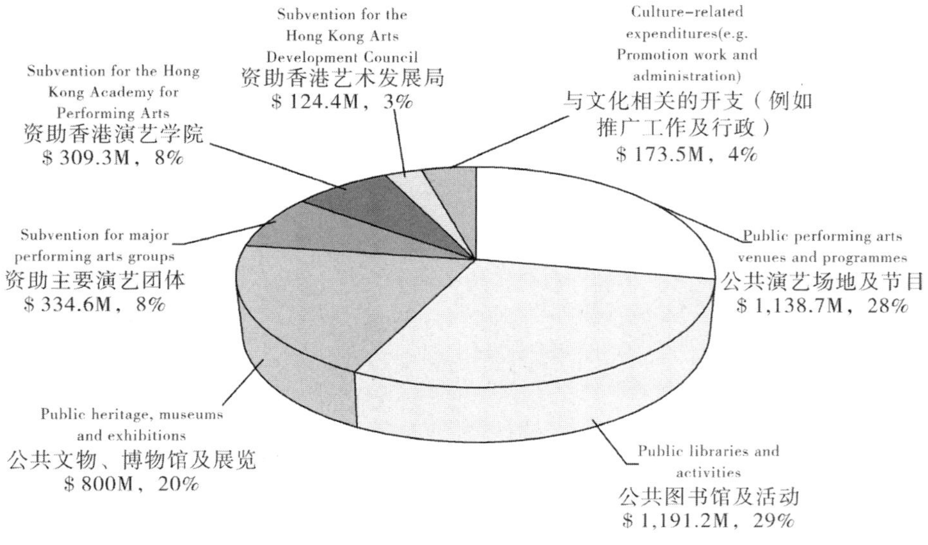

图4-4　香港特区政府为文化艺术提供的资金

都没有自己长期演出的空间。针对这个状况，康文署制定了“场地伙伴计划”，使演出团体能够拥有长期稳定地使用演出场地的机会。“场地伙伴计划”于2009年开始推行，每轮为期三年，旨在鼓励康文署演艺场地与演艺团体之间建立伙伴关系，通过合作达到提升场地及伙伴的艺术形象和特色、扩大观众层面、充分善用现有设施、制定适当的市场策略、促进寻求企业或私人赞助、鼓励社会各界参与艺术发展及推动表演艺术在社区发展的目标。

（一）“场地伙伴计划”的特有优势

在“场地伙伴计划”诞生之前，康文署辖下的演艺场地任何机构均可以租用，不仅可以用来演出，也可以用来举办毕业典礼等其他活动，场地的商业利用率非常高，票房价值不高或偏重公益的演艺项目得不到足够的场地使用机会。在租用时间的安排上，康文署虽然尽可能做到对各类机构公平配置，但各类机构对于演艺场地的需求仍较难得到满足，如香港管弦乐团等九大艺团以及香港艺术节，由于节目规划的需要，或许需要提前两年与康文署确定场地使用日期。而在“场地伙伴计划”中，场地伙伴可优先使用有关的表演设施，还可以使用小型工作场地；对于政府资助的大型艺团以外的场地伙伴，康文署会提供节目经费及多样化的宣传支持。如香港文化中心，在“场地伙伴计划”期间，内部和外墙都会出现大幅宣传装置，这种宣传形式在有“场地伙伴计划”之前几乎是不可能的。

各类机构在成功申请场地伙伴后，就可以与演艺场地签订使用时间，如在第二轮“场地伙伴计划”中，香港八和会馆可以使用油麻地戏院180天。由于香港九大艺团享有政府资助补贴，所以非九大的演艺机构，康文署不仅免费为它们提供场地，还会提供100万～110万的节目制作资金。

此前，由于康文署关于场地营运的模式，尤其是节目的安排，并非以场地为本，而是通过办事处把节目分配到不同的场地（其模式与“院线”的剧目配送相似），所以场地负责人对节目选择的影响十分有限。而通过“场地伙伴计划”，剧院的管理人员与艺团成为伙伴关系，由于自身定位明确，在场地伙伴及节目的选择上，就具备一定的发言权。康文署的工作人员也可以针对场地伙伴及演出的节目提出意见，与场地管理方充分协商，如屯门大会堂、北区大会堂、元朗剧院等，由于地理位置相对偏远，导致观众相对缺乏，康文署的工作人员基于对各地区的了解，可以为场地伙伴提供客观的建议。

如前文所说，康文署会尽最大可能对各机构公平配置资源，所以在“场地伙伴计划”之前，康文署如若对部分艺术机构提供上述服务，在场地资源本就有限的前提下，自然会招致不满甚至抗议；但“场地伙伴计划”的出现，为合作伙伴提供更合理优质的服务，较好地处理了剧场供需平衡问题。第三轮“场地伙伴计划”已于2015年4月开始，执行到2018年3月。其中由民政事务资助的大型演艺团体8个（即九大艺团中的8个演艺团体），以个别、联合或联盟形式参与的中小型艺团则有13个。此外，还有在香港大会堂、香港文化中心、西湾河文娱中心等12个演艺场地举办丰富多彩的舞台创作及观众拓展活动，进一步把表演艺术在社区中进行拓展，进一步放大了剧场的功能。第三轮“场地伙伴计划”艺团名单如表4-1所示。

表4-1　　第三轮场地伙伴艺团名单

序号	场地	设施	伙伴艺团
1	香港大会堂	音乐厅	香港小交响乐乐团
		剧院	香港话剧团
2	香港文化中心	音乐厅	香港管弦乐团
			香港中乐团
		大剧院	香港芭蕾舞团
			进念·二十面体
3	西湾河文娱中心	剧院	夸啦啦艺术集汇（包括香港小莎翁、海豹剧团及启智）
4	上环文娱中心	剧院	焦媛实验剧团
5	牛池湾文娱中心	剧院	团剧团
			东边舞蹈团
6	葵青剧院	演艺厅	中英剧团
			W 创作社及风车草剧团
7	北区大会堂	演奏厅	香港戏剧工程
8	沙田大会堂	演奏厅	粤剧营运创新会（包括16个艺团）
		文娱厅	三角关系及一路青空

（续表）

<table>
<tr><th>序号</th><th>场地</th><th>设施</th><th>伙伴艺团</th></tr>
<tr><td>9</td><td>油麻地戏院</td><td>剧院</td><td>香港八和会馆</td></tr>
<tr><td rowspan="2">10</td><td rowspan="2">荃湾大会堂</td><td>演奏厅</td><td>香港舞蹈团</td></tr>
<tr><td>文娱厅</td><td>明日艺术教育机构</td></tr>
<tr><td>11</td><td>屯门大会堂</td><td>演奏厅</td><td>春天实验剧团及香港青苗粤剧团</td></tr>
<tr><td rowspan="2">12</td><td rowspan="2">元朗剧院</td><td rowspan="2">演艺厅</td><td>香港梨园舞台（包括粤剧戏台、春晖粤艺工作坊及龙的艺术社）</td></tr>
<tr><td>Theatre Noir</td></tr>
</table>

在第三轮“场地伙伴计划”中，并非合作伙伴的所有演出都在这12个场地进行。如香港大会堂的剧院，合作伙伴是香港话剧团，而香港话剧团一年的正规演出有百余场，如果全部选择在香港大会堂的剧院进行演出，则会占据剧院档期的绝大部分，演艺场地资源紧张的情形随之也会加剧。所以，香港话剧团除了部分演出安排在香港大会堂，其余演出会安排在周边不同地区的剧场，如高山剧院。对于演出量相对较少的机构，则采取灵活组合的形式，如牛池湾文娱中心，其合作伙伴分别为团剧团和东边舞蹈团，香港舞蹈团则是和明日艺术教育机构共享荃湾大会堂一个演出场地。

（二）“场地伙伴计划”的影响

在为场地伙伴带来诸多便利的同时，康文署工作人员要承受到较大的压力。压力主要来自两方面：一是根据香港康文署工作人员的介绍，由于香港的演出场地缺乏，现在大概有70%的演艺团体租不到场地，但场地伙伴一年一般使用场地50～90天，其他剧团自然会有意见；二是场地伙伴也对康文署的场地提出了诸多要求，比如是否可以于某个地方悬挂横幅等。虽然有不尽人意的地方，“场地伙伴计划”仍对香港文化艺术的发展起了积极的影响，演艺团体或机构通过“场地伙伴计划”，实现了与演出场地合作共赢，推动了艺术的普及与发展。

1. 方便中期目标制定

每轮“场地伙伴计划”为期3年，如此则意味着演出场地开始固定，演出团体或机构在熟悉场地的特色、配套设施后，创作及制作策划环节相应会更加方便。同时也打破了剧团、场地、观众独立存在的固有模式，剧团与场地进行捆绑式合作，具有共同的理念，相关事务共同参与、共同承担，在很大程度上有利于培养观众对合作伙伴的忠诚度。

2. 创作多元化

“场地伙伴计划”为演出团体或机构获取了更多资金注入的机会，拥有资金注入，演出团体或机构则可以灵活运用资源，进行多元化创新尝试，探索独特的艺术风格。如第二轮“场地伙伴计划”中，W创作社尝试了原创本土特色文化演出，包括原创音乐剧、翻译剧等，不同的艺术风格也为创作社带来新的活力。

3. 建立良好形象，加深社会责任

加入“场地伙伴计划”，伙伴双方的合作也加深了观众对伙伴双方的忠诚度。在场地合作伙伴的推动下，演出团体或机构就有条件制作系列颇具意义的延伸活动，既可以深化观众修养，增加观众的归属感，又为自身建立了良好的形象，创造了三赢的局面。

“场地伙伴计划”意味着双方将肩负共同的社会责任，即推广本土艺术及提升观众的兴趣。所以我们可以理解为，由于康文署的场地基本上属于多用途，可实现话剧、戏剧、音乐等不同表演形式，所以通过场地伙伴建立剧场的艺术形象是至关重要的。目前元朗剧院属于香港最北边的剧场，通过“场地伙伴计划”，使用率也已超过90%。此举并非因为需要改善其定租状况，而是希望打破某一个固定的团在某一个固定的场地表演节目的单一形式，通过丰富的演出内容与形式，同时辐射周边社区，使演出真正融入市民的生活。

三、演艺团体运行机制

香港特区的艺术表演团体作为私有公司，政府资助是重要的收入来源。政府重点资助的九大艺团，资助经费占艺团总收入的50%以上，其他艺术团体受资助比例不等。艺术团体在财政资金的引导下，积极创作排演同时，也能兼顾社会效益，实现经济效益和社会效益的平衡。

艺术表演团体都有自己的使命和愿景，定位明确，并能始终坚持既定目标。特别是小型的团体，虽然规模不大，人员也不一定稳定，但是都能主动根据自身人才优势，发挥专业特点，和社区密切互动，紧密贴近民众的需求，以社会功能和社会效益为主导开展艺术活动，因此成为香港社会文化中非常活跃的组成部分。

艺术院团均设有董事局，作为最高决策机构。董事局一般有8～10名成员，由政府官员、行业专家、企业家等组成，1～2个月召开一次董事会，审议财务报表，决策重要事项。管理层一般不由董事局成员兼任，是董事局领导下的管理执行团队，专业水平较高，决策和执行职责明确，各司其职，运营效率也很高。艺术院团的运行管理透明度很高，财务每年度有年报，全面公开发布业务开展、人力资源、财务营收、高管薪酬、社会责任等事项。

场馆在政府全额资助下，不存在营利压力，在演出安排上，能根据艺术规律和社会需求进行合理规划和布局，有效地引导了表演团体贴近观众的创作导向，形成了良好的业态。

在政府的主导下，根据不同表演场馆规模、区位、结构等特点，通过“场地伙伴计划”，每年安排一定的使用时间，减免场租，提供排练和演出空间，支持表演团体艺术创作和发展。兼顾了艺术家个性化的艺术创作，鼓励艺术家在创作时不需要单纯迎合观众，在没有成本回收压力的情况下，进行艺术创新与探索，并有足够机会向观众展示艺术成果。

四、香港艺术节的运作模式

香港艺术节成立于1973年，第45届于2017年2月16日至3月18日举行，时间跨度长达近五周。它是香港每年最大型的艺坛盛事，更是亚洲乃至国际艺坛知名的表演艺术节。艺术节期间，演出节目类型包含歌剧、音乐、戏剧、舞蹈、多媒体等，每年参加演出的国际及香港艺术家超过1500名，大概演出40～50套节目，共约140场。除此之外，香港艺术节还举办超过300项外展及教育项目，每年总参与人次超过18万人。

香港艺术节作为非营利常设机构，2017年第45届艺术节的年度预算约一亿一千万港币，对于香港的演出市场来说，俨然可以视之为大规模的艺术团体。其中香港特区政府的基本拨款约占总收入的14%，约9%来自政府庆祝特区成立20周年特别节目的拨款，另外约28%来自票房收入，约32%依赖来自各大企业、热心人士和慈善基金会的赞助和捐款，预计大约17%则来自政府针对捐款和赞助收入而提供的配对资助。获得这些资助则很大程度上需要倚仗艺术节打造的良好的品牌认知度与认可度。

（一）演艺名家荟萃，建立良好品牌

良好的品牌效应是获得资金注入的前提，香港艺术节的品牌主要靠优质的演出项目来建立。以2015年艺术节为例，莫斯科大剧院、洛杉矶交响乐团、德国的皮娜·鲍什皇家莎士比亚剧团、中国国家话剧院等世界知名演出团体齐聚于此，这极大地刺激了观众的参与热情。除此之外，香港艺术节在品牌建立方面并没有忽视对青少年的艺术教育，23年前郑新文教授建立了针对香港的中学生和大学生的“香港青少年之友”项目，他们在一定意义上可以称之为艺术节的宣传大使，广泛传播艺术节的品牌。

（二）拓展营销策略，确保收支平衡

由于票房收入占香港艺术节总收入的三至四成，这意味着香港艺术节须达到三千万到四千万元港币的票房收益。为确保资金来源，香港艺术节制定了诸多营销策略。

1. 预订门票

香港艺术节售票系统会于节前数月开启，比如2016年9月底，已经开始预售2017年艺术节各项演出的门票。经过长期的口碑积累与品牌建设，大部分预售票会被售出，票房也会在12月初开放，观众可直接购买。这对资金的回笼与使用来说是行之有效的一个策略。

2. 奉行不打折、不送票、“劫富济贫”原则

香港艺术节在营销过程中，所购门票只有在预售票的时间可以享受最高15%的折扣，其他时间均无折扣。除开幕式与闭幕式所邀嘉宾，对其他观众严格执行不送票策略，即便是香港艺术节主席仍须买票入场。

在定价方面，艺术节会将受欢迎的节目的票价定得高一些，以此补贴实验性、较前卫的节目，同时这也是将较前卫的节目进行推广的策略。此外，每

场演出提供多个票价，但保持最低门票价格的稳定，以吸引不同阶层的人士。香港艺术节还针对学生与残疾人士提供半价优惠策略，而半价学生票的供应数量依据艺术节“学生票捐助计划”的善款数额而定。

3. 推广手法与时俱进

香港艺术节的推广手法一直是以不同的营销策略配合不同的节目，以满足不同观众群体的需求。过去互联网尚不发达的时候，艺术节以邮寄、传真订购门票、印刷媒体广告为主，随着互联网功能的日渐强大，在保留传统推广手法的基础上，艺术节逐渐将网上营销、搜索引擎营销、Google及Facebook网上广告等贴近年轻观众购买行为的推广媒介作为重点。数年前市场部开发出艺术节的手机App，但随着科技的改变，现在已被responsive的网站所取代。保持与时俱进的推广手法，是香港艺术节接触不同观众群体的重要手段。

4. 选择艺术节筹资渠道，制订赞助回报计划

艺术节有四个主要的筹资渠道：赞助、捐款、赞助舍计划（赞助舍让机构或企业与艺术节建立紧密的联系）与广告收入。通过建立品牌、扩展营销手段获得一部分资金后，香港艺术节仍有近4000万的资金需要筹集，在这部分资金的筹集过程中，香港艺术节同样会制定相应的筹资策略。

艺术节的筹资渠道原则是凭借较少的人员与资源实现筹资收入最大化，或者在增加收入的同时提升艺术节的形象。艺术节筹资最有效的方式是由赞助商赞助；当然，也可选择虽不能带来最多的资金却可以提升艺术节形象的方式，如艺术节中的“新作捐助计划”，该计划是将所筹集的资金用于资助新作品创作，虽然每年筹集资金很少，却可以推广艺术节的形象与品牌。发展委员会也会支持筹资，比如无偿为艺术节提供建议、协助艺术节发展部职员“开门”、介绍潜在赞助机构等。艺术取向与自主性不受筹资活动的影响是艺术节筹资的大原则，所以香港艺术节将方案给赞助商后，赞助商并无权利干涉演出内容，但艺术节也会尽最大可能规避风险，确保赞助机构利益最大化。

社会的飞速发展使香港的筹资环境也在日渐改变，香港艺术节的筹资工作需要不断与时俱进，所以适当的时候使用网上集资如Kickstarter、Fringebacker或其他更多不同的筹资方法，也在考虑的范围之内。

五、西九龙文化区的规划及运作模式

西九龙文化区（West Kowloon Cultural District）前身为西九龙文娱艺术区，位于香港西九龙填海区临海地段（西九龙最南端，由填海所形成的约40公顷土地，面向维多利亚港），将会是集一系列世界级文化、艺术、潮流、消费及大众娱乐为一体的综合文化场地，核心设施包括剧院、博物馆、演艺场馆、剧场及广场等共17座场馆，旨在提高香港文化的水平及世界性地位。此外，西九龙文化区包含长两公里的海滨长廊，并且将会建造占地23公顷的公园。第一阶段建设预计于2020年或者以前竣工，第二阶段建设预计于2030年或者以前竣工。

香港特区政府之所以建设西九龙文化区这样的艺术生态区，原因是香港地价太高，且商业、企业的用地本身就很少，有较大的投资风险，如果政府不牵头做，民间的商人更不会拿出地来做文化，所以需要用公营的方法处理。另外，由于香港表演场地归康文署系统运作，完全公营的系统使表演场地不够多元化，其他民间系统在各方面都不能与之相比，所以，决定发展西九龙文化区时，政府提供土地与资金，同时成立专门机构——西九龙文化区管理局负责运营，采取不同于康文署的官方的方式，让香港表演场地多一种产业生态环境。

西九龙文化区管理局的定位为半官方机构，虽然由政府成立且由政府部门监管，但并非公务员系统，与内地的事业单位有几分相似。资金来源相对比较灵活，除了政府拨款，还可以有其他筹款方式，或以商业活动作为收入来源。由于西九龙文化区零售的餐饮、休闲设施等归管理局自行管理，所以除了文化活动，其他所有商业的收入都属于管理局。正是因为有了稳定的收入来源，政府后期就不会再给予西九龙文化区资金扶持。

西九龙文化区拟建楼层面积为739550m^2，主要艺术设施包括博物馆、剧场等占34.1%；5.4%是其他艺术设施，如排练室、教育空间等；16.4%是零售餐饮；24%是住宅；15.4%是办公楼；7.6%是酒店。目前处于计划发展阶段的场地共有戏曲中心、M+、小型艺术展馆、西九公园、自由空间、演艺剧场。自筹备到开幕运营还需要几年的时间，但西九龙文化区已经开始了内容、教育及其他预设工作，包括戏曲的活动和演出实验等。也就是说，一个场馆在开幕的前6年就确定了定位、内容以及和艺术家的关系及其运营成本，如M+在正式场馆尚无方案时，已策划了多次展览，包括“M+进行：油麻地”等，在无场馆的情况下探索新的公众互动与策展模式。这种先收藏、再建筑的由内而外的建构博物馆的反传统方式，是M+与众不同之处，究其原因，则是M+团队希望可以先想好自身能做什么、这个空间将来要面对什么样的观众，再建筑相应的场馆，使得建筑真正成为观众和艺术品的桥梁。

2012年开始举办的“西九大戏棚”，发展至今已迅速成为香港一个最具代表性、最令人期待的大型艺术节目，由多位粤剧界的名角连同粤剧新秀携手表演传统戏曲。在2013年，著名建筑师林伟而和他的团队，于短短两周内，在戏曲中心未来坐落的地点，动用了过万支竹竿，搭建了一个设有800个座位的大戏棚。西九龙管理局正是要通过这一行动告知香港的民众，这里将来会建戏曲中心。虽然是当代的戏曲中心，但西九龙文化区并没有忽视保存和发展传统戏曲，也没忘记民众最喜欢的、原生态的戏曲是什么样的。“西九大戏棚”从最初一个为期五天的节目，发展至今已成为一个长达两个月的大型艺术节庆，演出题材综合粤剧、当代音乐和舞蹈表演，戏棚外加设了新年市集及戏曲中心设计比赛展览等活动。即使戏曲中心尚未建好，西九龙文化区管理局仍用这种方式开始培养观众、拉近民众与粤剧间距离。除此之外，西九龙文化区管理局也在空地、公园做艺术节和音乐节，比如大型户外艺术节——自由野，即每策划一个新场地的时候，也会同时策划相关的实验活动。

由于教育与学习是西九龙文化区功能建设的重要元素，西九龙文化区致力于接触不同年龄层的观众，特别是青少年，鼓励他们参与并探索不同形式与类型的艺术，鼓励教师与学生参与创意学习，与香港社会各界合作促进艺术发展与创造的相关机会，培育艺术人才、艺术团体与艺术专业人士，如举办文化领航学程、与香港艺术发展局合办“本地艺团领袖人才海外考察及培训计划”、暑期实习计划、新作论坛等，力争为各种艺术形式提供一个促进创新、创意与多元化的平台。

第三节　演艺企业的产业生态构建的经验分析[①]

一、宋城演艺

2010年12月9日上市的“中国文化演艺第一股”杭州宋城旅游发展股份有限公司主要从事的是文化演艺和泛娱乐业务。宋城以“演艺”为核心竞争力，成功打造了“宋城”和“千古情”两个文化品牌，产业链覆盖旅游休闲、现场娱乐、互联网娱乐，是国际权威组织公布的全球主题公园集团十强企业，连续六届被评为“中国文化企业三十强”。

宋城现场演艺业务主要是主题公园集群和千古情系列演出。主题公园为宋城旅游景区，最早建设于西湖风景区西南，由杭州世界城宋城置业有限公司投资兴建，是中国人气最旺的主题公园之一，年游客逾700万人次。千古情系列演出包括宋城千古情、三亚千古情、丽江千古情、九寨千古情、泰山千古情等。目前，宋城演艺打造了杭州、三亚、丽江、九寨、龙泉山等十大旅游区、三十大主题公园、上百台千古情及演艺秀，旗下拥有28个各类型剧院、45600个座位数，超过世界两大戏剧中心之一的伦敦西区全部剧院的座位总数，达到美国百老汇全部座位数的95%，并拥有宋城六间房、宋城中国演艺谷等数十个文化娱乐项目。

互联网演艺主要是六间房。六间房是宋城演艺全资并购控股的基于平民艺人和粉丝关系的互联网演艺平台，主要从事平台的运营业务，收入主要来自于虚拟物品的销售。

旅游休闲服务业务主要指宋城演艺自有线上商务平台——宋城独木桥，通过搭建直销及分销的线上渠道，对公司产品以及周边游产品进行营销推广，实现宋城演艺营销的转型升级，拓宽其产品的销售渠道。

---

① 本节宋城、繁星、万达三个案例的内容，主要来自公司官方网站、上市年报和网络上的新闻报道与评论分析等公开资料，出处不再一一注明。

（一）宋城演艺战略布局

年报显示，2015年宋城演艺实现营业收入169,451.40万元，比上年同期增长81.21%；利润总额为82,512.60万元，比上年同期增长67.91%；归属于上市公司股东的净利润为63,056.09万元，比上年同期增长 74.58%；归属于上市公司股东的扣除非经常性损益后的净利润为63,435.22万元，比上年同期增长83.63%。①

表4-2　　2015年宋城演艺营业收入构成　　单位：元

	2015年		2014年		同比增减
	金额	占营业收入比重	金额	占营业收入比重	
营业收入合计	1,694,513,980.00	100%	935,119,130.20	100%	81.21%
分行业					
文化艺术业—现场演艺	1,264,523,929.74	74.63%	906,794,308.37	96.97%	39.45%
文化艺术业—互联网演艺	369,099,362.92	21.78%			
旅游服务业	60,890,687,34	3.59%	28,324,821.83	3.03%	114.97%

纵观宋城演艺的发展，基本可以概括为以下三个阶段。

1.以杭州为大本营，创建演艺与旅游资源结合的模式

杭州自古以来就是中国历史文化名城，以西湖观光为主的旅游格局也由来已久，要改变人们的旅游思维定式并非易事。宋城演艺认为既然项目根植于杭州，又依托以上海为中心的华东经济圈，只要找到消费者承受能力与公园给予的回报相称的结合点，没有理由不成功。再者，从大环境看，杭州以观光为主的传统旅游方式已日益脱离社会发展，高品位的人文景观可以起到积极的互补作用。于是宋城演艺创建了展示《清明上河图》原景、融合宋文化和杭州地域特色表演的主题公园——宋城，并提出“给我一天，还你千年”的推广宣传口号。

① 《宋城演艺发展股份有限公司2015年年度报告》，第10页。

1996年5月18日，杭州宋城建成并开园，以“主题公园＋文化演艺”为主营模式，打造“宋城主题公园”和“千古情”的品牌。杭州宋城主题公园园内建有宋河东街、土豪家族、胭脂巷、非来巷、美食街、市井街等六大主题街区。大宋博文化体验馆、七十二行老作坊也已开放，加上高科技体验区失落古城与仙山佛窟区，丰富了整个主题公园的游览内容。同时，越剧、木偶戏、皮影戏、布袋偶、街头杂耍、燕青打擂、捉拿武松等表演，吸引了大量游客赴杭州宋城主题公园游玩。

大型歌舞《宋城千古情》是宋城景区的核心内容，是唯一获得国家“五个一工程”奖的旅游演艺类作品，也是中国舞蹈荷花奖获奖作品，与拉斯维加斯的O秀、巴黎红磨坊并称“世界三大名秀”。该剧以杭州的历史典故、神话传说为基点，融合世界歌舞、杂技艺术于一体，运用现代高科技手段营造如梦似幻的意境，演绎良渚古人的艰辛、宋皇宫的辉煌、岳家军的惨烈、梁祝和白蛇许仙的千古绝唱，把丝绸、茶叶和烟雨江南的文化特质通过演艺的形式表现出来。

2017年 8月6日，杭州宋城景区单日接待游客达14万人次，创下了开业21年来的最高纪录。现在经常一天演出九场，年演出2000余场，至今已累计演出22000余场，接待观众6500余万人次。杭州本部宋城景区（宋城千古情演艺项目）2015年营业收入为700,754,733.73元，营业成本为209,190,073.03元，毛利率达70.15%。除了宋城景区外，杭州本部还有杭州乐园和烂苹果乐园主题公园，2016年开始受益于上海迪士尼开园影响，杭州本部景区有约20%以上的收入增长。

发展至今，杭州宋城已基本打破了杭州旅游业自古以来以西湖为中心、以观光览景为主要旅游形式的传统格局，同时也开启了中国民营旅游业发展的新纪元。

2. 在旅游资源丰富、土地资源相对低廉的城市开拓，实现强大的品牌复制能力

早在2012年，宋城演艺开始了异地旅游城市的战略布局，例如三亚、丽江等地。三亚宋城旅游区是宋城演艺“主题公园＋文艺演出”战略模式落地

的第一个异地项目，主题公园于2013年9月15日推出，其千古情演出于2013年9月25日开始首演，演出主要针对团队游客。

宋城演艺通过调查发现，三亚市场散客流量与团队流量比率将近1:1，且三亚入境过夜人数比重大，停留的时间长，那么看演出的可能性就会增加，为三亚千古情提供了游客底量。此外，杭州旅游旺季一般在4～6月，后半年杭州天气湿冷，旅游进入淡季。三亚市属于热带海洋性季风气候，冬暖如春，夏无酷暑，四季常绿，后半年进入旅游旺季，刚好与杭州的旅游淡旺季形成互补，使宋城演艺资源可以得到优化整合，同时可以平滑公司资金收支。

三亚千古情项目投资4.9亿元，深入挖掘疍家文化，展现特色的疍家生活，注重深挖本土黎苗文化元素，建设了六大主题游玩区及四大探险游览区，并推出《古今穿越巡游》《冼夫人练兵》《穿越快闪》《上刀山下火海》等二十大演艺秀，以及新春狂欢节、火把节、泼水节、冰雪节等民俗节庆活动。2014年，三亚千古情景区策划了以下主题活动季：新春狂欢季（1月～2月）、火把节（3月～5月）、南北狂欢季（6月～7月）、泼水节（7月～9月）、周年感恩季（10月～12月）。

2015年三亚宋城旅游区收入257,852,071.96元，同比增长61.58%，占营业收入比重的15.22%。三亚宋城旅游区成功后，宋城演艺又将项目在丽江进行复制，于2014年3月21日推出丽江宋城旅游区及大型歌舞《丽江千古情》，很快在当地形成了自己的市场。旅游区内游玩项目及千古情演出同样结合当地特色历史文化，根据年报，2015年丽江宋城旅游区收入为171,198,719.31元，同比增长131.56%。与宋城大剧院、三亚大剧院相仿，丽江千古情大剧院设计的座位数为4700个，初期开放其中的一半。

2014年5月1日，九寨宋城旅游区向观众开放。作为当地唯一的主题公园，九寨旅游区以藏羌文化为主色调，有色嫫女神造像、最大的转经筒、最神秘的唐卡谷、圣水街、藏碉、羌寨、马帮广场、茶马驿站、千佛洞、吐蕃集市等，犹如一座活着的藏羌古城。大型歌舞《九寨千古情》演出，涵盖九寨传说、英雄史诗、文成公主和松赞干布汉藏和亲、512大地震等内容，最大限度地与当地风土人情融合。至同年11月30日，短短7个月内，演出410场，观众

188万人次，成为九寨地区首家单日演出3场的旅游演艺作品。

之后，宋城演艺实现了武夷山项目的落地，相继成立、控股了武夷山武夷千古情旅游发展有限公司，进一步扩大了异地复制的规模。异地的千古情项目继承了杭州本部的骨架，同时吸收了各地文化的特色，成为“文化拼盘”。

3. 文化战略投资，减少对土地资源的过多依赖

相比一般意义的影视文化公司，宋城演艺属于重资产公司，它需要建立一个主题公园作为舞台剧的载体，势必会依赖土地资源；而相比于人文公园和景观公园，宋城演艺又是一个轻资产公司，因为它有一幕幕的“千古情”剧目，有一个弹性的演出团队。宋城演艺依靠文化挖掘与标准化流程降低新项目的开发成本，填补国内游夜间娱乐文化消费空缺，并采用轻资产管理模式开拓异地复制，打造大文化战略架构，轻重资本合力，有效减少了对土地资源的过多依赖。

2013年底，宋城演艺宣布出资1.225亿元入股深圳大盛国际传媒有限公司，正式跨进电影业大门。2014年3月25日，宋城演艺宣布将与海润影视制作有限公司共同投资拍摄电视剧《玻璃鞋》，进军电视剧制作业。4月22日，宋城演艺发布公告战略投资杭州本末映画创意有限公司，公司将控股本末映画60%的股权，并约定将在品牌道具、日常创意影像制作、剧目视频制作等方面加强合作。未来本末映画将通过影像等方式帮助宋城演艺实现景区内容资源的沉淀，促进线下内容向线上内容的升级，进一步发挥其内容资源优势。此外，相比旅游演艺，城市演艺聚焦城市人群，客流黏度较好，营利能力也较高，宋城逐步布局城市演艺项目，杭州的宋城·中国演艺谷已于2014年3月开业，引进了国内外多台经典剧目。

除此之外，宋城演艺先后控股九寨沟《藏谜》、收购福州旅游演艺资产，并以轻资产扩张模式完成了泰安项目；大举打造本土化娱乐IP资源，收购六间房，线上线下打通文创娱乐产业链，为衍生产品拓展变现渠道。轻重资产合理搭配，将资产配置的作用最大化。

（二）以旅游演艺和城市演艺为核心构建线下平台

为实现长远发展，宋城演艺逐渐构建成一个演艺生态系统。从剧作、剧

本开始，有演员、公园、客流量作为载体，这是线下的巨大平台。另外，通过线上载体，开启娱乐视频、OTA在线旅游网站、综艺真人秀和影视剧构建，发展这些紧扣时代主题的产品，形成宋城的产业链布局。将资本注入产业链上下游，全方位渗透综合演艺行业（娱乐、综艺、电影、游戏、动漫、戏剧等），打造以演艺为核心的跨媒体、跨区域的泛娱乐生态圈。

宋城搭建的线下平台，是在“一个公园＋一台演出”的基础上，将旅游演艺与城市演艺有机结合，如图4-5。

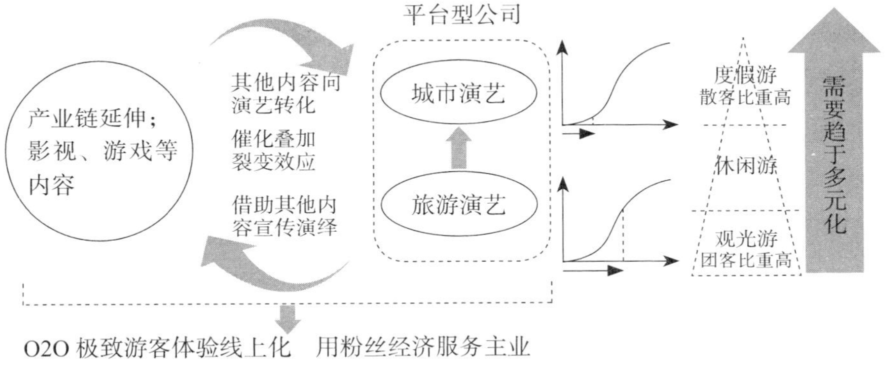

图4-5　宋城演艺的生态构建

经过数年的市场培养，宋城主题公园与千古情系列演出已经进入稳定发展期。2015年年报显示，整体观演人数2,233.83万人次，大幅增长53.42%。其中宋城千古情观演人数增幅创近5年新高，8月16日更是创造了单日演出15场的奇迹；三亚千古情观演人数同比增长87.56%，连续两年保持高速增长；丽江千古情观演人数同比增长181.82%，成为增长最快的项目；九寨千古情观演人数同比增长近60%，成为当地最具竞争力的演艺企业。根据《2015～2016中国旅游演艺报告》，千古情系列占据市场1/3的票房。结合宋城演艺年报，初步核算显示千古情系列旅游演出收入达12.6亿元，占年度全国旅游演出总收入的35%。

除了演出收入，宋城还通过景区门票及物业租赁取得收益。在门票方面，采取与旅行社合作的方式吸引游客观赏，通过收取游客的门票费用获取收益。宋城近90%的游客都来自旅行社，通过与源头旅行社建立合作，逐步精选本地合作旅行社，为散客市场营造更大空间，结合活动加大市场推广力度，从而实现利润的增加。

除了打造主题公园和特色演出，宋城演艺还对宋城景区周边的商业进行了整合。以杭州为例，紧邻宋城景区的宋城二期项目——“南宋懒城”的推出，可以营造宋城景区和周边的旅游、商业氛围，完善功能区和服务设施，打造一体化休闲旅游概念，繁荣景区经济，有效拉长游客停留时间，延长景区消费链，提高游客消费能力，挖掘购买能力，促进人气集聚。

于2012年7月开幕的烂苹果乐园也是杭州宋城演艺的亮点之一，烂苹果乐园是一座全室内主题乐园，其市场定位主要是散客，尤其是有小孩的家庭。乐园运用动漫和科技的手法，以青年和儿童为目标群体，将其打造成为魔幻的亲子乐园、成人的童话世界。伴随着烂苹果乐园逐渐推向市场，通过完善其游乐服务链，使主要客户群体实现从少儿到成人市场的全面覆盖。

2012年7月1日开放的杭州乐园水公园与宋城景区形成了互补。水乐园整体游玩面积30000平方米，与浙江卫视共同打造的水上真人闯关游戏——“冲关我最棒”第四季，赢得了游客的口碑。同年的“十一”黄金周期间，宋城演艺推出了“杭州乐园＋吴越千古情演出”的组合尝试，使演出上座率高达87%。

项目组合的形式可以缓解乐园游客排队等候游玩的压力，降低游客投诉率，提高游客满意度。通过整合营销，使游客群体覆盖了儿童至成人，直接拉动了经济效益的提升。

在城市演艺的打造上，宋城于2014年以“内容＋平台”的方式打造了中国演艺谷，标志着宋城正式涉足城市演艺。演艺谷的定位是“东方百老汇”，由5个大小各异的剧院（可容纳10000人同时入座）和8个影厅（可供1200人同时观看）组成，可以满足各类演出和放映需求；除了剧场群，演艺谷周边还有艺术工作室、电影院、个性商业和1500间客房的主题酒店配套设施，其业态规划为餐饮35%、娱乐休闲30%、工艺品特产20%、教育培训书画15%。力图打造成以城市演艺为核心、集吃住玩娱购于一体的娱乐综合体。

演艺谷的核心内容为“舞台剧＋音乐节＋演唱会＋展览”，仅2014年就推出了30多部剧、无边系列音乐节以及演唱会。如无边系列音乐节，分别是以4月摇滚、5月电子、6月民谣、7月流行、8月世界音乐、9月爵士、10月大狂欢为主题，并邀请诸多乐坛知名歌手及乐队表演。在引进好演出的同时，中国演艺谷还致力于引进人才并打造自己的作品，比如青年表演艺术家李玉刚的个人工作室已正式入驻中国演艺谷，将与中国演艺谷合作推出舞台剧《昭君出塞》。

演艺谷的盈利模式主要由采购剧目在演艺谷演出，获得票房和广告赞助收入；剧目组租用场地，演艺谷获得租赁费和秩序维护等管理费用；投资或孵化剧目从而获得全国巡演收入和杭州的演出票房收入等几种方式构成。所以演艺谷对宋城的意义不仅仅是增加新的利润增长点，而是强化以演艺为核心的平台价值。演艺谷以城市演艺为平台，根据游客的需求，灵活引入相应的艺术产品，从而吸引散客消费。在这种情况下，演艺谷可以有效丰富宋城的品牌价值，带动重复消费，提升客户黏性。

中国演艺谷的运营有多方面的资源优势：首先是政府支持。之江国家度假区正在建设中，计划2016年建成浙江文化城，同时设立演艺产业扶持基金，首期规模3000万元（浙江省杭州市引导资金1000万，西湖区引导资金500万，宋城1500万），为孵化新剧院提供了重要支撑；其次，每年有800万游客资源，宋城旗下酒店超过1500间客房，加上13个场地组成剧院群以及周边高校学生群体（中国美术学院、浙江大学、浙江工业大学），这些都将是中国演艺谷的潜在观众；此外，与各大演出团体唱片公司建立长期合作关系，充分利用强大的宣传策划、营销推广渠道，拥有平面、电视、广播、网络、场内外广告宣传单等宣传平台。

宋城以旅游演艺结合城市演艺，初步构建了整个生态系统的线下平台。

（三）以OTA[①]和娱乐视频为核心构建线上平台

宋城演艺不断开拓互联网营销市场，通过新开设的旅游直通车配合，推出各样的线路与组合套餐，测试并打开市场。在加大与OTA渠道销售合作的同

① OTA（Online Travel Agent）：指在线旅行社，是旅游电子商务行业的专业词语。代表为：携程网、去哪儿网、同程网、艺龙网、途牛旅游网等。

时，还与OTA共同策划线上线下活动，扩大与美团、大众点评、去哪儿网的合作渠道。另外，加强官网、天猫旗舰店等的推广销售，同时推出移动无线端微信购票、微网站等服务。宋城还将打造“智慧景区”，全面满足游客的线上需求，扩大宣传渠道：铺设WiFi，完善景区设施，加大移动网站的建设，实现导览功能并方便游客来景区后分享游历过程；把演员与游客的互动、活动、表演现场制作成微视频，在独木桥或其他成熟网络平台推广，从而形成线上传播与拓展的平台化格局。

在娱乐视频平台的构建上，收购是宋城演艺最主要的方式。由于宋城演艺自身就是线下平台型的公司，所以看重的收购标的或者有相似的基因，或者是互补型的公司，一是内容类的公司，可以与宋城演艺产生良好的协同效应，二是线上具备互联网思维的平台化公司。

2015年3月18日，宋城演艺以26.02亿元的价格收购六间房100%股权，并于2015年8月完成交易实现并表。根据iUserTracker数据[①]显示，六间房是目前中国最大的互联网演艺平台网站，主要的产品和服务为互联网演艺平台运营业务。选择六间房说明宋城演艺将通过在线秀场、在线演艺来服务长尾市场并开拓客户群体。此外，宋城演艺并非将“千古情”等剧目照搬到六间房上，而是把旗下的艺人推广到六间房，让他们成为宋城演艺互联网上的代言人，这就使宋城演艺线下的文化产业延伸到线上，打造了一个线上线下的互动娱乐平台，双方互相推广，共享资源，从而提升内容层面的竞争优势，让宋城的品牌形象更为突出。

2015年，六间房月均页面浏览量达5.34亿，注册用户数达3,518万，网页端月均访问用户达到2,857万，较2014约增长45%，移动端月均访问量较2014年增长79.9%，年人均充值金额为702元。在内容层面，截至2015年底，六间房签约表演者超过8万人，较2014年末增长60%。六间房还实现了专业内

---

① iUserTracker：是基于对中国网民的网民行为研究产品，能够还原最真实的中国网民互联网应用。分为中国网络媒体访问指标和中国应该软件使用指标两大模块，能提供准确的网民形态和使用行为数据，其通过数据进行的深度分析能够支持网络媒体、广告公司、行业投资公司的战略制订、市场策略制订和竞争对手分析。

容的接入，包括宋城艺术团、嘻哈包袱铺等，未来将进一步强化形成UGC[①]、PUGC[②]和PGC[③]内容的全面覆盖。与之对应，内容模式开始从“业余表演者—平台—用户”C-B-C 模式向“业余表演者—专业表演机构—平台—用户”C-B-B-C模式和“专业表演机构—平台—用户”B-B-C模式延伸 。

根据2015年年报，六间房实现收入72,715.28 万元，净利润16,207.24 万元，超额完成业绩目标。这标志着宋城演艺实现线下向线上的跨越，正式涉足互联网娱乐版块。

（四）进军IP市场，整合线下、线上生态圈

打通线下与线上的资源后，宋城演艺借助在文化演艺行业的丰富经验和独特的竞争优势，积极延伸文化产业链，布局影视行业等领域，通过增加线下展示主体来扩充线上内容来源。

2013年底，宋城宣布出资1.225亿元入股深圳大盛国际传媒有限公司。2014年3月25日，宋城与海润影视制作有限公司共同投资拍摄由周冬雨、陈晓主演的电视剧《玻璃鞋》，进军电视剧制作业。电视剧《玻璃鞋》总投资5416万元，其中，宋城演艺投资人民币1100万元，投资占比20%。从合作方海润影视出品的作品、行业地位以及此次投资剧目的演职阵容来看，该剧收视及收益前景被看好，而宋城演艺享有该剧舞台剧的优先运作权，因此，该剧获得成功的情况下有望衍生新的运作空间。对于初次投资电视剧，以固定回报的方式收益，投资风险较为可控。同年4月22日，宋城演艺发布公告战略投资杭州本末映画创意有限公司，将控股本末映画60%的股权，本末映画在进入宋城体系内后，2015年度接拍了虾米音乐七部 MV，其中“寻光计划”的成功，为后续与阿里音乐开启深度合作奠定了坚实基础；后续业务包括支付宝9.0发

① UGC（User Generated Content）：指用户原创内容，即由原来的以下载为主变成下载和上传并重，用户既是网络内容的浏览者，也是网络内容的创造者。

② PUGC（Professional User Generated Content）： 是 PGC（Professional Generated Content）与 UGC 的合成词，即专业用户生产内容。

③ PGC（Professionally-generated Content）：指专业生产内容（视频网站）、专家生产内容（微博）。泛指内容个性化、视角多元化、传播民主化、社会关系虚拟化。也称为 PPC（Professionally-produced Content），与 UGC（用户原创内容）相对应。

布会视频、农村淘宝首支形象片、2015年云栖大会宣传视频等，大大提升了本末映画与宋城演艺在行业内的知名度。未来，本末映画将通过影像等方式帮助宋城演艺实现景区内容资源的沉淀，促进线下内容向线上内容的升级，进一步发挥其内容资源优势。

此外，宋城依托实景演出《宋城千古情》，计划涉及影视剧、游戏、综艺真人秀等。真人秀载体也是与公园、演员结合，比如结合时下流行的中国大妈与广场舞，初步统计这个市场可以吸纳几十万人直接参与，宋城以此推出了一个项目，通过一轮轮的层级挑战，让胜出作品在各个公园展示。让公园里的人及线上的观众看到更多的产品，基于此，宋城成立了宋城娱乐公司。宋城娱乐首档素人版真人秀《全能极限王》目前已完美收官，该节目在浙江卫视周三晚间以0.639的首播收视率获同时段排名第二，第一季节目收视排名稳居全国同时段前三，也为与浙江卫视的长期合作打下了扎实基础。

宋城演艺于2015年先后设立了30亿TMT基金和10亿现场娱乐投资基金，大力布局IP，聚焦于以宋城演艺、特别是与六间房在线演艺生态相关的上下游产业链标的企业与项目。TMT产业投资基金的设立，将与现场互动娱乐基金实现优势互补，既丰富各平台内容，又能实现各资源之间的整合，增强线上线下平台产品的竞争力，实现平台间的联动效应。

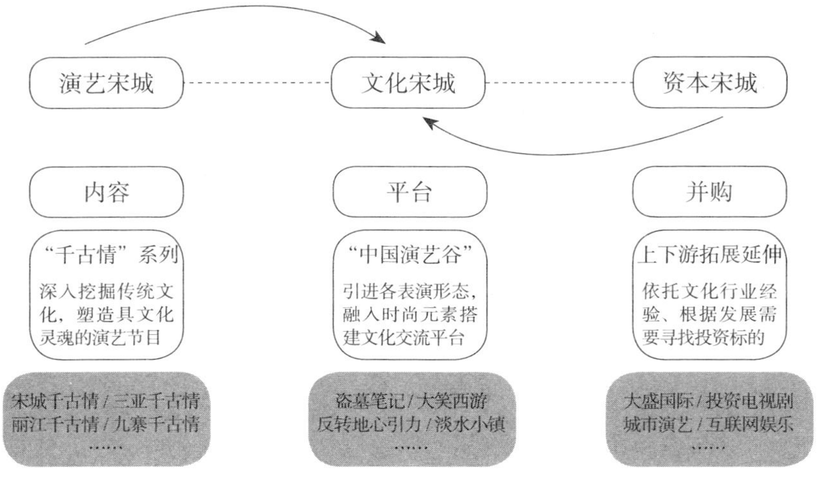

图4-6　宋城演艺发展路径规划

游戏方面，投资了手游《暖暖》研发商；动漫方面，投资了布卡漫画平台；现场娱乐方面，投资了新生相声组合“嘻哈包袱铺”。通过IP布局，整合资源，打造核心竞争力。加之前文所述，通过宋城娱乐、大盛国际、本末映画等公司对综艺影视、文化创意等领域进行全面布局。而公司布局的独木桥平台的分销及直销渠道也已逐步成熟，未来将成为“互联网+”旅游自助游平台，并拓展公司旅游休闲板块，打造旅游O2O一站式产业链。公司线上和线下平台将持续协同发展，创意娱乐内容加码平台搭建，打造宋城大文化生态圈。

宋城演艺目前已拥有线下旅游演艺以及线上互联网演艺资源，同时又通过旗下宋城娱乐、大盛国际、本末映画等积累影视综艺娱乐领域的创意内容，全方位渗透综合演艺行业（娱乐、综艺、电影、游戏、动漫、戏剧等），形成了“全面拥抱互联网”的文化娱乐生态闭环，带来了新的盈利增长空间。

二、繁星戏剧村

繁星戏剧村隶属于北京天艺同歌国际文化艺术有限公司，于2009年在北京创建。这既是国内首家集群式剧场，也是中国首家“体验型戏剧文化产业园”，园区占地约5000平方米，目前园区内设置5个专业小剧场，可容纳近800名观众、3个专业排练场、1个美术馆、1个主题会所、1个主题艺术书吧、

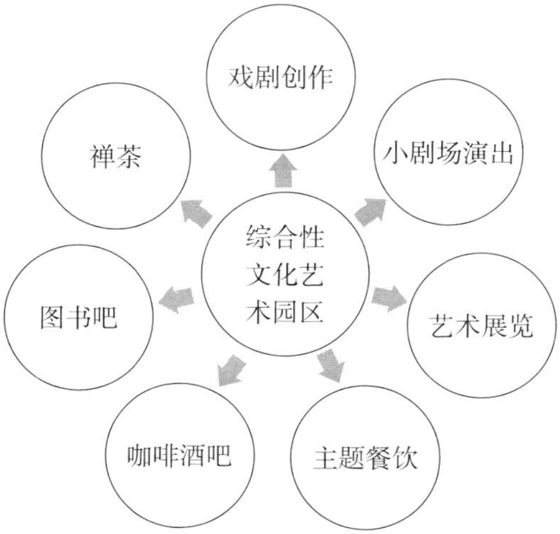

图4-7　繁星戏剧村的功能构成

2个主题餐厅以及其他配套设施。

繁星戏剧村开创了“场制合一”（即剧场运作和戏剧制作一体化）及“多厅驻场演出”的剧场运营模式，现已成为极具规模的“首都文化演艺集散地”，填补了西城区小剧场演出的产业空白，在文艺演出行业起到了重要的示范作用。繁星戏剧村依托强大的资源平台，以及国内外优秀话剧导演的加盟，已出品原创话剧、音乐剧几十部，年度国内外演出总量近千场，吸引了参与创作及演出的艺术类人才300余人。

（一）打造剧场综合体，满足观众综合文化休闲需求

繁星戏剧村的设计理念是致力于打造一个体验式的剧场艺术空间，满足观众的综合文化休闲需求。作为国内首家集群式剧场，繁星戏剧村共拥有5个小剧场，分别是壹剧场——黑匣子剧场，实验性强，可随演出需求变换场内空间，能同时容纳210人就座及400人流动站席的活动；贰剧场——镜框式舞台剧场，适合传统形式剧目演出，能同时容纳210人就座及400人流动站席的活动，剧场紧邻园区艺术书吧，便于活动期间联合使用；叁剧场和肆剧场为小型剧场，适合60～80人的小型演出，也可作为剧目合成排演使用；伍剧场——扇形剧场，三面观众环绕舞台，能同时容纳136人就座及200人流动站席的活动，剧场紧邻园区阳光大厅，便于活动、演出联合使用。从产业和市场的角度来考虑，多厅式演出为更多的观众提供更多的选择，最大可能地吸引更多的观众走进繁星戏剧村。2015年，仅壹剧场、贰剧场、伍剧场就有着近千场的演出场次。其中繁星戏剧村创作的当代话剧、音乐剧、新编戏曲等都有着较高的票房反馈。

为贴合剧场综合体的定位，繁星戏剧村也提供着多元的艺术文化体验。除剧场外，繁星戏剧村还设有艺术书吧、繁星美术馆、戏剧主题餐厅等配套设施，涵盖了展览、新闻发布、讲座、沙龙、影音视听、餐饮等各种综合性文化功能。例如，承载着跨界艺术空间综合体的繁星美术馆，曾承接过戏曲艺术展、当代艺术邀请展、雕塑展等十余个展览，多样的文化展览也使得繁星戏剧村成了多元文化需求的聚集地。除此之外，观众可在同一区域内游走于各种空间之间（剧场、餐厅、美术馆、戏剧广场），体验互动和张力，充分满足其综

合文化休闲需求。

（二）独立制作人+导演工作室，打造原创话剧的孵化平台

繁星戏剧村通过签约独立制作人工作室及导演工作室，以原创剧目为核心，打造两大演艺产品线，培养储备运营管理及艺术创意人才。

繁星戏剧村先后与多位国内外知名戏剧导演签约长期合作，以戏剧村为基地，搭建原创话剧的孵化平台。主要制作团队和演员均来自中央戏剧学院、北京电影学院等著名院校，目前已出品了话剧《罗生门》《一见钟情》《高朋满座》《晚间游戏》《那次奋不顾身的爱情》《那次说走就走的旅行》《一夜一生》、舞剧《等待戈多》、音乐剧《莎翁的情书》等多部受到市场欢迎的原创新剧。

繁星原创剧目《那次奋不顾身的爱情》和《那次说走就走的旅行》，有着极高的IP价值和近800万的网络搜索热度。《那次奋不顾身的爱情》自2013年在繁星戏剧村首演以来受到了很多观众的喜爱，在北京上演期间数周蝉联小剧场票房冠军，已在全国各地巡演近千场次。2014年，《那次奋不顾身的爱情》和《那次说走就走的旅行》分别入围中国小剧场话剧票房前十强。

2015年，繁星戏剧村举办了四次演出季，其中包括了40部演出剧目，仅繁星自创剧目便有10部之多，涵盖了话剧、戏曲、音乐剧、儿童剧四种类型。通过此次艺术节的优秀剧目展演，培养了众多年轻观众对于戏曲的热爱，也同时激起了众多青年创作者的热情。

独立制作人联合导演工作室的戏剧创作产出模式，不仅使戏剧产品的艺术质量得到保证，而且演出场次也形成固定规模，产业链式的运营产出带动了相关产业和衍生产业的集成互助，降低经营成本，分摊市场风险，拓展了利润空间，保证了繁星戏剧村的良性发展。

（三）多元化营销模式扩大观众群

在有了演出平台及原创剧目后，如何尽可能多地吸引观众走进繁星戏剧村看戏，成为其发展的首要问题，而观众也是决定繁星戏剧村演艺生态构建成功与否的关键所在。

根据繁星戏剧村的会员平台数据显示，55%的观众由18～36岁的年轻人

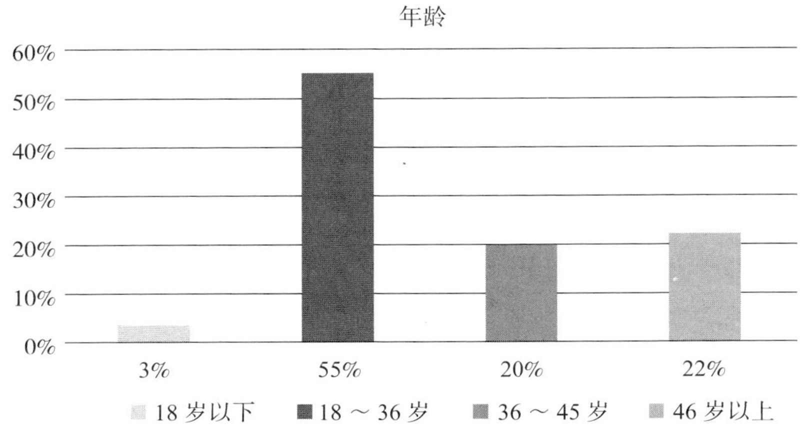

表4-8　繁星戏剧村会员平台观众构成

构成。繁星戏剧村根据此部分观众的日常生活关注点及习惯，重新布局了营销策略。

除了低票价策略、扩大年轻人参与度和提高上座率外，繁星戏剧村将营销策略偏重于时尚类自媒体传播置换，把园区内商业活动中的客源与不同组织及品牌的活动联动。

第一个布局——时尚类自媒体传播置换，是直达观众的宣传策略。繁星戏剧村于2010年初，在PC端开设了自己的会员管理系统，借用其他行业成熟的CRM系统进行会员管理。发展至今，除了会员管理系统，繁星已经拥有了微信公共号、新浪微博、豆瓣小站等一系列线上微营销媒体，培养了固定观众群。

除此之外，繁星并没有忽视主流媒体的投放，而是将主流媒体的选择缩小到文艺青年所关注的范围，所以繁星戏剧村与各个化妆、美容等时尚类杂志都有合作，且因关注群体的高度契合而费用低廉。

关于园区内商业活动的客源，繁星戏剧村成立了大客户部，对200余位大客户进行常态管理。大客户主要以高端女性美容会所、艺术品机构为主。针对他们的客户源设计与他们相关的演出活动，吸引他们走进剧场。如以“艺术切入美丽”为主题的公司活动，通过走进戏剧、走进美术的形式，将合作客户与繁星自有资源进行最大化贴合，为双方共同创造利益。

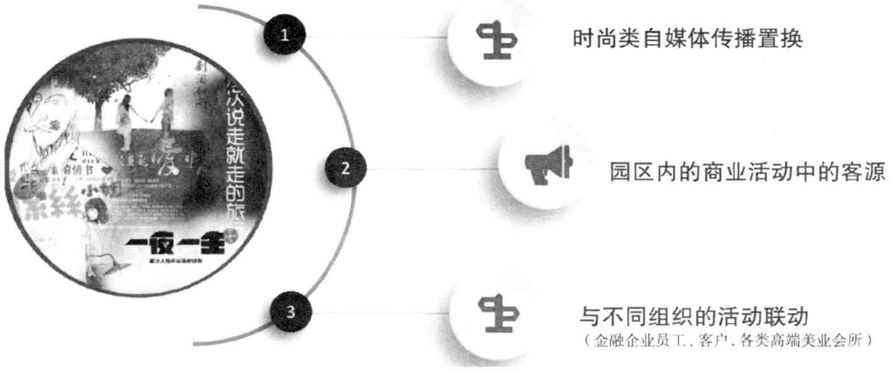

图4-9 繁星戏剧村营销的策略布局

针对不同组织的活动联动，繁星戏剧村每个月会提前下发下个月或下个演出季的排期，以及各种商业合作的可能，并制定方案有针对性地发送给合作客户，最大可能地寻求合作机遇。这些客户包含了机构客户、大客户，还包括全国的商业广告公司、公关及传媒机构等。

通过以上措施，繁星戏剧村在维护好青年观众参与度的同时，将线下观众的辐射范围进一步扩大。

（四）开拓“场制合一”的运作模式

繁星戏剧村以“场制合一”的整合战略为定位，以市场品牌培育和拓展为先导，将演艺生态与经济活动整合，进而实现以剧场为基础将剧目创作、制作、演艺经纪、市场推广、剧院管理融为一体进行整体市场运营的过程，确立以戏剧产业为核心产业，通过对戏剧相关性产业和支持性产业的集成融合，打造完善的产业链，实现整体产业可持续发展的运营模式，提升整体品牌价值，拓展新的利润空间。

“场制合一”的运作模式，即剧场运作和戏剧制作一体化。通过“独立制作人＋导演工作室”，深度整合戏剧编创演的价值链，并以规模稳定、保持增长的观众群体为基本条件，进而整合价值链上的经济活动，对市场品牌进行培育与拓展。

繁星戏剧村有2/3的演出剧目由剧场出品，剧目形式十分多元化，有话剧、音乐剧、形体戏剧、儿童剧和各种实验戏剧等，能够适应不同观众群体的欣赏需要。结合“多厅驻场演出”的模式，有效地分摊市场风险，拓展利润空间。

自繁星戏剧村推出“场制合一”的概念以来，拥有了50部以通过版权交易代理的形式获得代理权的剧目，同时也在为全国演艺产业提供着优质的演出内容。繁星戏剧村也以其优秀的剧目、强大的艺术承载力吸引了各类艺术活动，如演出季、小剧场艺术节、“有态度”戏剧论坛等。

繁星戏剧村以“场制合一”与“独立制作人+导演工作室”模式为基础，将繁星戏剧村打造成为以“演艺内容创意生产+商业剧场艺术空间综合体运营”为两大核心产品的演艺生态，使营利模式不再单一依靠票房收入，而是在此基础上，凭借以上两种模式，对繁星戏剧村的品牌价值进行深度挖掘，让繁星的潜在价值得到最大程度的利用与开发。

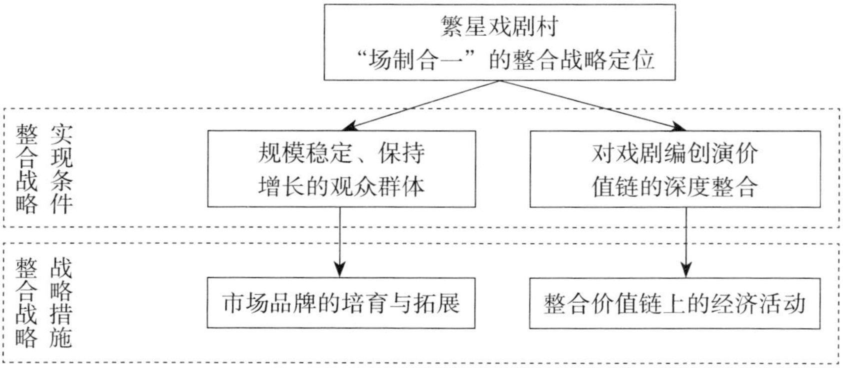

图4-10 繁星戏剧村“场制合一”整合战略的实施过程

三、万达电影院线

电影不属于演艺的范畴，但是影视产业的市场化程度相对成熟，与演艺之间从IP到演职员又具有难以分割的市场要素的重叠和流转，所以，以万达电影院线为代表的影视业生态建构，对演艺产业发展非常有借鉴意义。

万达电影院线股份有限公司（以下简称万达院线）成立于2005年，隶属于万达集团，是一家主要从事影院投资建设以及运营管理的电影院线公司。截至2015年底，万达院线拥有已开业影城292家，银幕总数2557块。2015年公司观影人次1.51亿人次，票房总收入63亿元，约占全国14%的票房份额，连

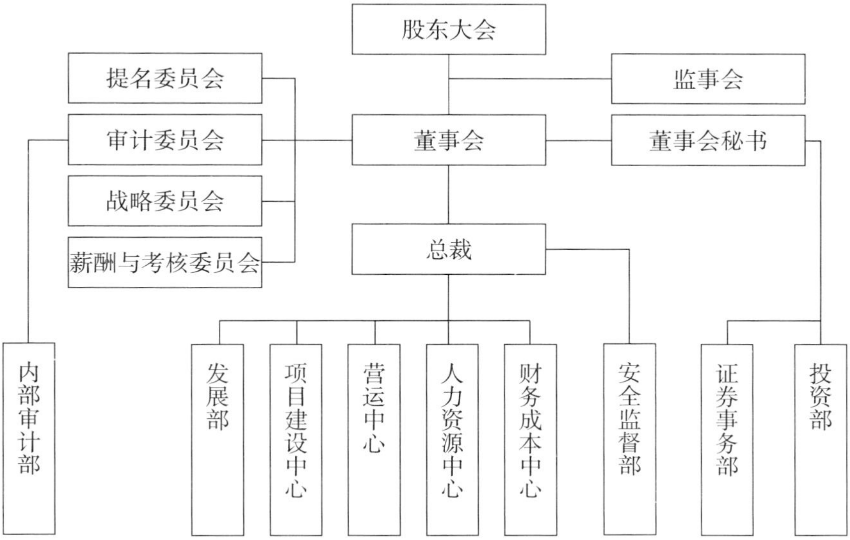

图4-11　万达院线组织架构图

续七年票房收入、市场份额、观影人次稳居全国第一。[①]

2015年1月22日，万达院线正式登陆A股市场，在深圳证券交易所中小企业板块上市，成为首家登陆A股的院线公司。截至2015年二季度，万达院线的市值突破一千三百亿元，超过了美国排名前三的院线市值总和，成为全球市值第一大的电影院线。

万达院线主营业务为影院投资建设、院线电影发行、影院电影放映及相关衍生业务，主要业务收入来自于电影票房收入、卖品收入以及广告收入。万达院线采取资产联结、连锁经营的经营模式开展上述业务，旗下影院均为自有，影院所在物业全部采用租赁方式取得 。

万达院线的主要产品和服务为：院线电影发行及电影放映，通过各电影发行公司引进影片，根据市场情况向下属影院下达排映指导；发布广告，公司所经营的广告业务主要包括贴片广告[②]和阵地广告[③]；销售卖品，卖品品相主要

① 《万达电影院线股份有限公司2015年年度报告》，第9页。

② 贴片广告：在电影正片前搭载的商业广告，在电影放映前播出。

③ 阵地广告：在实体影院相关媒介上播放、陈列的产品广告，主要包括异形立牌、灯箱广告（含LED、LCD电子屏）、喷绘广告等。

分为两大类，分别为电影衍生产品和餐饮类产品。

（一）全产业链生态布局

与传统的电影产业链（编剧、制作、发行、放映）相比，现代的电影产业链包括系统内产业链和系统外产业链，系统内产业链包括传统电影产业链的各环节；系统外产业链在前端包括电影投资融资，后端包括多元化的后电影产品，如电影音像制品、电影广告、光碟、游戏以及在电影频道和付费电视频道播放等。发展至今，万达院线的布局包括并购传奇影业和美国AMC院线，建设青岛东方影都影视产业园区，主营业务由以前的集中于影视行业产业链下游扩展至电影开发、投资、制作、发行、影游互动等领域，实现了对电影全产业链的打通。

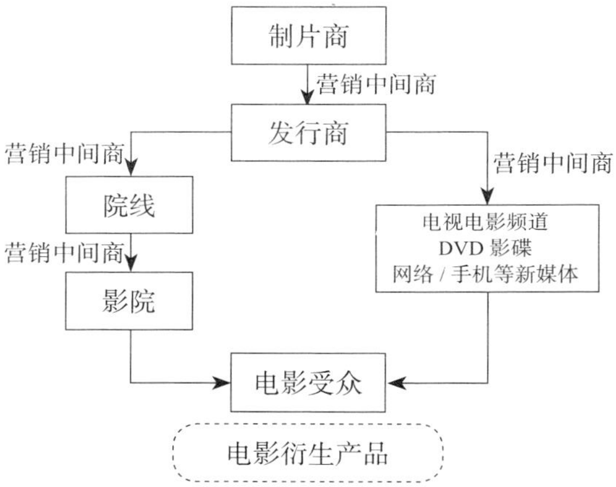

图4-12 万达院线产业链

1. 借助资本力量进行产业收购，进军电影产业链上游

自上市至今，登陆A股的万达院线借助资本的力量完成了多次产业收购，并将触角伸到了院线以外的市场。在院线方面，万达一直试图用并购的方式扩大其领先优势，先后收购世茂影院、厚品、奥纳等影院公司，并购澳大利亚第二大的影院运营商HOYTS，进军大洋洲市场，这被万达视为实现国际化发展战略的重大布局。目前，万达集团旗下已拥有美国院线AMC以及亚太第一大院线万达院线，是名副其实的全球第一大影院运营商，2015年约占全球8%的市场份额。

2015年，万达院线实现境外票房2.88亿元，澳洲市场占有率19%，境外影院52家，银幕424块。国内通过并购增加影院15家、银幕126块 。

2015年7月，万达院线战略投资时光网，就电影衍生品形成战略布局，共同开发与拓展这一电影产业延伸领域。时光网是中国电影领域专业的媒体和服务平台。2015年1月，时光网电影衍生品电子商城上线，半年后，实体店进驻全国包括北上广深在内的10个高票仓城市，一站式电影服务O2O布局已经初显。目前，时光网已经与全球最知名电影公司合作开发衍生品，并获得了迪士尼、漫威、DC、环球等多家品牌的正版授权。

在美国等电影工业发达的地区，电影衍生品销售可以占到片商收入的近50%，而中国的电影衍生品发展却相对缺失与滞后。只有衍生品的营利模式成熟，才标志着中国拥有成熟的电影产业发展链条。万达院线将开放其一线城市及二线重点城市影院阵地与时光网共建衍生品销售体验中心。对此，时光网已筹备近两年，准备打造业界一流的设计研发中心，而万达则将提供旗下影院阵地渠道以及庞大的会员数据体系等优质资源。2015年12月10日，万达院线旗下衍生品品牌“衍生π”正式发布，11家衍生品店正式运营，在《星球大战》上映之际与全国影迷见面。因此，万达院线与时光网合作的这项举措不仅可以丰富观影文化，也为双方的长足发展做好了重要铺垫，乃至为整个行业的产业链布局填补了空白。

2016年5月12日，万达院线发布公告，向万达影视33名股东以发行股份的方式购买其持有的万达影视100%的股权。公告显示，此次交易价格为372亿，万达影视估值375亿，此前，万达影视230亿收购传奇影业，因此，此次万达院线购买主要标的实际是万达影视+传奇影业。万达影视经营业务范围包括境内电影制作及发行、境外电影制作以及网络游戏发行业务，并通过买断、改编、原创等方式积累了丰富的著作权、域名、商标等IP储备。在国外电影领域，万达影视全资子公司传奇影业是独立制片公司，与华纳兄弟、环球影业等好莱坞娱乐集团建立了长期合作伙伴关系。万达影视于2015年推出了两部电影，《警察故事3》票房6亿元左右，《北京爱情故事》票房4亿左右；《警察故事3》投入不到1个亿，《北京爱情故事》的投入是3000万。

紧接着，万达院线和万达影视宣布完成对好莱坞电影娱乐整合营销公司Propaganda GEM以及中国北京的游戏发行公司互爱互动（北京）科技有限公司两家公司的战略并购。对万达院线而言，对Propaganda GEM的并购是其打入好莱坞上游产业链的一次重要突破。同时，Propaganda GEM还将和万达院线国内的全资子公司、本土电影整合营销公司慕威时尚（万达院线传媒和影时尚影业两大主营业务品牌）合作，两家公司将分别在美、中全球最大的电影市场深耕细作，成为全球品牌与电影IP之间的桥梁。同时，双方也将通过合作，在全球IP投资领域有所作为，进军电影产业链上游。

作为并购实施主体，万达院线主营业务目前已扩展至电影开发、投资、制作、发行、影游互动、衍生品开发等领域，实现了对电影全产业链的打通。

2. 用会员连接线下，构建电影生活生态圈，打造多样性、娱乐性、服务性兼具的电影生活服务平台

作为影院，必须更积极地摆脱对票房收入的过度依赖，一是因为票房的毛利远低于非票房收入（譬如食品、广告），后者的经营效率提升显然能事半功倍地改善影院经营绩效，二是由于影院若只局限于卖电影票的业务，发展则会异常被动。王健林在2015工作报告中指出，万达院线2015年会员数已超过5000万人，会员消费占比超过80%。根据统计数据显示，“每位持卡会员的平均年观影次数超过了6次，与人均观影次数最高的韩国（4.12）和美国（3.88）相比都高出许多”。基于此，万达院线提出了“会员+”战略。

“会员+”战略是围绕5000万会员，打造一站式电影生活服务平台。“会员+”战略共包含五个部分：会员+网络电影院线、会员+电影衍生品、会员+游戏、会员+金融、会员+品牌跨界。规划中包括：独立的电影票务线上平台、网络电影院线、游戏运营与分发、衍生品研发与销售、跨品牌会员权益打通等等。“会员+”战略的提出意味着万达院线开启了从连锁电影院线运营商向着生态型、科技型、平台型公司的转型。

截至目前，一汽-大众奥迪、腾讯、招商银行、小米、孩之宝等企业都是“会员+”战略先期的合作伙伴。万达院线通过“会员+”，让流量成为收入的发动机，把流量导出去，把收入导进来，而合作伙伴的用户和会员亦可以导入

到院线，成为院线的新会员。

2015年10月，腾讯联合万达院线举办了《英雄联盟》（简称LOL）城市英雄争霸赛“万达院线外卡赛”，把电竞的赛场拓展到了影院。2016年，万达院线将尝试进一步开发游戏行业的巨大潜力，将万达院线打造为线下游戏体验和消费的场景，从而创造一个全新的非票房收入来源。

此外，线下商品也是“会员+”战略的重要方面。2015全年万达院线旗下共三家影城年度卖品收入突破千万元，而全国有七成以上的影院全年票房收入尚不足千万。

因此，把会员看作流量，把影院看作消费场景，万达院线已形成了具有多价值出口的生态结构，无论是内部的兄弟公司或是子公司，还是外部的合作企业，都能在这个生态里共享流量和场景，也有机会共赢用户和收入。

从万达院线目前已完成的并购来看，万达院线主营业务已由原本集中于影视行业产业链下游，扩展至电影开发、投资、制作、发行、影游互动、衍生品开发等领域，形成了独有的电影生活生态圈。

表4-3　　万达院线2015年营业收入构成

	2015年		2016年		同比增减
	金额（单位：元）	占营业收入比重	金额（单位：元）	占营业收入比重	
营业收入合计	8,000,733,794.57	100%	5,338,992,065.33	100%	49.85%
分行业					
境内影院业务	7,333,505,862.02	91.66%	5,338,992,065.33	100%	37.36%
境外影院业务	605,647,186.18	7.57%			
广告代理、影片投资业务	61,580,746.37	0.77%			
分产品					
放映收入	6,387,737,853.84	79.84%	4,362,102,905.10	81.70%	46.44%
商品销售收入	922,836,251.01	11.53%	631,122,751.59	11.82%	46.22%
影院广告收入	463,315,621.81	5.79%	264,304,417.95	4.95%	75.30%

（续表）

	2015 年		2016 年		同比增减
	金额（单位：元）	占营业收入比重	金额（单位：元）	占营业收入比重	
贴片广告、影片投资和宣传推广	61,580,746.37	0.77%			
其他	165,263,321.54	2.07%	81,461,990.69	1.53%	102.87%
分地区					
国内	7,395,086,608.39	92.43%	5,338,992,065.33	100.00%	38.51%
国外	605,647,186.18	7.57%			

（二）打造电影生态圈

根据万达院线的大事记，2015年以前，万达院线主要内容是扩充院线队伍，增加银幕的市场占有率。2015年初在A股成功上市后，万达院线正式开启了“电影生态圈”的布局。

上市后的万达院线，主要思路是提出“会员+”发展战略，推动O2O电商模式创新变革，积极开展跨界营销，多渠道促进会员增长；同时，积极开展行业并购，扩大影城规模，提高市场竞争力，使收入、利润等各项指标保持快速增长。

1. 登陆资本市场，成为市值千亿公司

万达院线于2015年1月22日正式在深圳证券交易所挂牌上市，成为国内A股院线第一股。上市后，万达院线入选沪深300、深证成指、中小板指、深证100等指数样本股，市值达到千亿规模。

2. 加快行业并购步伐，实现产业快速布局

2015年全年，万达院线通过并购加快产业布局。通过并购澳大利亚第二大影院运营商HOYTS，实现全球化发展战略，提高国际市场份额；通过并购世茂影城，获得优质影院资源，提高国内市场份额；通过收购慕威时尚①，实

① 慕威时尚：一家集电影实时大数据应用决策、电影制作投资和影片宣传推广、电影媒体广告业务于一体的数据化电影公司。

现电影媒体整合营销；参与好莱坞影片投资以及宣传推广，拓展公司业务领域；同时，公司战略投资时光网，全面合作电影电商O2O业务，不断完善产业布局。

3. 实施“会员+”发展战略，打造电影生活生态圈

2015年，万达院线正式发布“会员+”战略，打造全球领先的电影生活生态圈，标志着万达院线全面启动由一个连锁电影放映终端向科技型、平台型、生态型公司的跨越转型。

截至2015年末，万达院线会员突破5000万，会员消费占比超过80%。依托庞大的会员体系，万达院线在国内率先提出“会员+”发展战略。围绕众多影城终端建立场景消费平台，与国内外知名厂商合作启动“互动娱乐营销”“互动影城”“电影后产品消费”等场景消费计划，后续还将在网络院线、电商平台、电影衍生品等多方面构建、完善电影生活生态圈。

4. 创新营销模式，试水跨界合作

上市的这一年，万达院线致力于创新营销，通过精准营销、个性化营销、娱乐营销等多种模式，尝试提高营销能力；同时，利用会员优势与客户开展跨界营销、影片营销、场景化互动营销，将客户资源贯穿于电影生命周期内的全营销链条。利用慕威时尚公司，全面整合电影媒体资源，整合大客户资源，由传统的客户广告到给客户提供电影整合营销。公司还与腾讯游戏等公司开展娱乐营销，2015年通过举办《英雄联盟》城市英雄争霸赛“万达院线外卡赛”，实现游戏与影城互动，打造线下游戏体验和消费场景。

5. 打造自主衍生品牌，提升非票房收入

在衍生品方面，2015年12月，万达院线发布了自有衍生品品牌——“衍生π”，首批共运营11家衍生品店。公司与时光网合作建立衍生品销售体验中心，与知识产权授权方孩之宝、ZINC中国、SNAPCO等大型品牌商建立战略合作关系，推动衍生品业务发展。同时，万达院线卖品收入全年4家影院卖品销售额突破1000万元，进一步提高了非票房收入。

6. 加快信息化建设，打造高端放映技术

2015年，万达院线实现核心业务系统、电商平台、财务结算系统、影城

POS系统等在影城端落地执行，提升了管理能力和经营效率。在放映技术上，公司集合科视、RealD、杜比三家公司世界先进技术，通过RealD 6FL[①]认证，从“幕”“声”“画”“3D”四个维度打造了专属“万达9号厅”。此外，万达院线还新引进IMAX激光数字放映系统、科视6P激光放映系统、4D放映系统、SCREEN X放映系统及REALD Ultimate Screen终极银幕等先进的放映系统，确保院线放映技术、品质处于国内外领先地位。

四、山东演艺联盟

山东演艺联盟的基本情况在前文中的不同部分已经有详细的介绍，探索形成的以产业生态理念打造产业服务平台的模式，作为演艺产业的体制内国有企业，具有一定的创新意义。业内和媒体评价认为形成了所谓演艺产业发展的“山东模式”，所以，有必要再以产业生态构建的视角，进行简要的梳理和归纳，也作为演艺产业生态构建的经验分析之一。

山东演艺联盟在打造山东省演艺产业发展综合服务平台的过程中，逐步确立了“政产学研”相结合的发展模式：政，山东演艺联盟积极做好政府行政管理部门与联盟成员单位的中间组织，为企业实践提供政策分析与业务支持，又将实践经验转化为政府决策参考；产，山东演艺联盟积极参与和促进山东本土演艺企业发展，通过票务系统、艺术教育、剧场院线等参与市场经营；学，山东演艺联盟与省内外高校和科研机构建立深度合作关系，共同培养各类演艺专业人才，并积极推动演艺产业博士后科研工作站的建设；研，山东演艺联盟以山东省演艺产业发展研究中心为主体，通过横向课题的形式整合国内外学术资源，对山东省乃至全国演艺产业发展做及时、深入、系统的研究。

演艺产业链是指整合创作、院团、剧场、经纪等演艺资源而形成的，集剧本创作、演出策划、剧场经营、市场营销、演艺产品开发等多个环节的，紧

① RealD 6FL：一种放映标准，指的是放映亮度达到6FL（FL即福特朗伯，亮度单位），代表着3D放映亮度的顶级标准。

密衔接、相互协作的产业链条。完整产业链的形成是一个产业发展成熟的标志。全产业链的理论研究方法，要求将演艺产业看作一个包含创作、院团、剧场、经纪等各种类型的实体以及政府、大型集团、中小型企业、非营利组织等不同性质组织的生态系统。因此，通过山东演艺联盟深度整合演艺资源，逐步完善演艺市场体系，优化演艺产业生态，可以作为发展山东演艺产业的基本理念。

（一）加强演艺产业研究

依托山东演艺联盟的演艺产业研究中心，加强对全省演艺行业的研究深度和广度。山东演艺产业发展研究中心自2013年3月成立至今，多次对全省剧场进行实地调研和问卷调查，掌握了全省剧场行业的发展现状，形成行业发展研究报告，上报政府主管部门，为政府了解行业发展水平、制定行业政策提供资讯和数据参考。

通过建立演艺产业专家库，成立演艺行业专家委员会，进一步加强研究中心与高校和研究机构的学术交流与课题合作，不断提升研究水平，为演艺项目的策划和运作提供智力支持；推动研究成果转化，从行业宏观研究逐步深入到演艺产业各细分领域的功能研究和操作层面的专业研究，带动行业发展水平提升；举办系列延展活动，通过召开演艺产业研究发展高峰论坛、举办演艺项目交流交易会、组织演艺人才培训班、制定演艺行业标准等活动，不断提高业界的产业认知能力以及学界的关注度和政府的支持力度。

（二）培育骨干演艺企业

借助山东演艺产业孵化器，培育创新演艺项目和骨干演艺企业。山东演艺产业孵化器定位于全孵化服务链，根据项目发展所处的三个不同阶段分别设置“创业苗圃、孵化器、加速器”三个孵化环节。创意苗圃阶段，对好想法、好点子进行可行性分析，并给予创业指导，提供产业资源帮助建立团队、注册公司；孵化器阶段，为企业提供政策优惠、信贷支持以及商业资源，使其快速成长；加速器阶段，为实力较强、前景广阔的企业协调、提供更广阔的硬件配套和软件支持，指导进入资本市场。目前该项目正在策划筹备阶段。

（三）加强产业人才培养

演艺产业的核心要素是专业人才。山东演艺联盟自2013年3月成立至今，先后召开了6次全省范围内的主题研讨会，为全省演艺行业对话国内外研究专家、学习先进理念提供平台，改变行业多年来各自为营、单兵作战的思维局限。2014年6月，在山东演艺联盟的深度参与下，配合文化厅在北京大学成功举办“山东演艺产业剧场运营管理高层研修班”。2015年，山东演艺联盟不断推动山东演艺人才的队伍建设，内容包括：第一，落实与加拿大中加文化交流中心签订的演艺行业学历和非学历人才培养计划；第二，推动与台湾专业机构的剧场专业人才培训合作；第三，推进国内领先演艺机构与本地院团联合打造演艺项目的合作；第四，与高校加强交流，争取联合设立演艺相关专业，或在原有专业课程中设立演艺项目管理课程，为演艺产业发展培育和储备后备人才。

（四）制定行业管理标准

演艺产业发展滞后于其他传统产业，业务活动呈现无序和不规范状态，因此，加强行业标准制定及推广成为山东演艺联盟的一项重要工作。2014年5月，在山东省财政厅、省文化厅的指导下，山东剧场院线联合山东省质量技术监督局联合制定了《剧场等级划分与评价》，这是全国范围内第一个剧场地方标准；作为全省剧场标准的一项基础工作，山东剧场院线以历山剧院为试点，建立起了一套适合传统剧场发展的质量管理体系，并通过了ISO9001质量管理体系的认证；同时，积极与山东省质量技术监督局开展演艺产业各个领域的标准化课题研究和标准制定。

（五）完善服务平台建设

山东演艺联盟搭建的全省演艺产业发展综合服务平台，是根据“政产学研”的理念和全省演艺产业链条各环节发展的需要，不断完善的体系化服务组织，随着产业发展的不同阶段和政策指导方针的需要，不断增设新的服务内容，以期在各级政府部门的指导和省内外演艺行业合作伙伴的支持下，使山东演艺联盟在推动全省演艺产业发展、建立演艺市场体系方面发挥更大、更好的作用。

（六）营造良好演艺生态

通过山东演艺联盟不断整合、优化全省演艺资源，打通演艺产业链的各个环节，延伸演艺产业价值链，提高项目附加值，营造良好演艺业态。主要方式和做法有：通过项目研究不断引导政府推进演艺行业政策和制度建设；积极落实现有政策要求，制定行业公约，杜绝“索票、送票”行为，建立行业诚信共识制度体系，不断净化演艺营商环境；推广剧场行业标准，不断提高演艺从业者的市场意识和服务意识；联合打造演出季和系列文化演出活动，发挥规模优势、形成集约效益；建立山东演艺版权信息交易平台，拓展演艺产业价值链条，提高项目附加值；升级山东演艺联盟电子票务系统，扩大覆盖范围，丰富服务内容。

—附　录—

附录1　山东省剧场调查问卷

2014年5月

（本问卷须剧场工作人员填写，需要将电子稿和纸质版同时提交。）

填写说明

《山东演艺产业发展对策研究》是由山东省财政厅、山东省文化厅、山东演艺联盟共同发起的有关我省演艺产业发展对策研究的重大课题，剧场是其中重要的部分。本课题旨在通过对我省剧场的调查，结合我国公共文化服务体系建设和文化产业发展政策，探索剧场的发展模式与演艺产业的发展对策，为剧场合理定位和我省出台剧场发展扶持政策提供依据。请您珍惜这次机会，代表贵单位填答《山东省剧场调查问卷》，感谢您的协助和支持。

《山东省剧场调查问卷》由山东省文化厅、山东省财政厅、山东演艺联盟、山东大学等单位共同组织，由山东演艺联盟负责发放和回收，由山东大学专家团队负责数据处理与分析。

课题组织单位郑重承诺：对贵单位所提供的所有信息予以保密使用，请您在填答时不必有任何顾虑。

请注意按下列要求填写：

1.《山东省剧场调查问卷》的调查对象为剧场，由剧场法定代表人或剧场经理负责相关部门来填写。

2. 请您选择认为最真实、最合适的答案在方框内打“√”；对于多选题您可以选择多个答案；须用文字说明的，请尽可能详细填答。

3. 若无特殊说明，对于区间答案选择项，遵循上限不在内原则（例如请就以下备选答案进行选择：A. 3% ～ 5%；B. 5% ～ 8%；C. 8% 以上，若您的答案是 5%，则应选择 B）

4. 调查问卷中数据填报时间截至 2013 年 12 月 31 日。

5. 相关名词解释请参阅题后注释。

6. 问卷填写完请于 5 月 30 日前将纸质版和电子版交到以下地址和邮箱。

联系人：张欢

固话：0531-81281197

手机：13793164619

电子信箱：zzkzzh@126.com

地址：山东省济南市历下区解放路 25 号（百花剧院 3 楼）

第一部分：剧场基本信息

<table>
<tr><td>单位名称</td><td colspan="4">（并盖章）</td></tr>
<tr><td>地　址</td><td colspan="4"></td></tr>
<tr><td>登记注册类型
（请在您认为合适之处打√）</td><td colspan="4">A. 内资企业
1. 国有企业　2. 集体企业　3. 股份合作　4. 联营企业
5. 有限责任公司　6. 股份有限公司　7. 私营企业　8. 其他企业
B. 港澳台商投资企业
C. 外商投资企业</td></tr>
<tr><td>剧场类型
（请在您认为合适之处打√）</td><td colspan="4">1. 综合性剧场　2. 歌舞剧场　3. 戏剧场　4. 音乐厅
5. 多功能剧场　6. 其他</td></tr>
<tr><td>经营方式
（请在您认为合适之处打√）</td><td colspan="4">1. 自主经营
2. 托管经营
其中：托管单位名称
全部托管：是　否</td></tr>
<tr><td>所属部门
（请在您认为合适之处打√）</td><td colspan="4">1. 文化部门
2. 其他部门</td></tr>
<tr><td>是否独立核算</td><td colspan="4">1. 是　2. 否</td></tr>
<tr><td rowspan="3">法人代表</td><td>姓名</td><td></td><td>性别</td><td></td></tr>
<tr><td>年龄</td><td></td><td>学历</td><td></td></tr>
<tr><td>职称</td><td></td><td>专业</td><td></td></tr>
<tr><td>联系人</td><td colspan="2"></td><td>电话</td><td></td></tr>
<tr><td>电子邮箱</td><td colspan="2"></td><td>职务</td><td></td></tr>
<tr><td>固定电话</td><td colspan="2"></td><td>手机</td><td></td></tr>
<tr><td>传真</td><td colspan="2"></td><td></td><td></td></tr>
<tr><td>问卷填写人</td><td colspan="2"></td><td>职务</td><td></td></tr>
<tr><td>电子邮箱</td><td colspan="2"></td><td>手机</td><td></td></tr>
<tr><td>传真</td><td colspan="2"></td><td>座机</td><td></td></tr>
<tr><td colspan="5">注：单位法人为本调查问卷组织填写的第一负责人。</td></tr>
</table>

第二部分：剧场文化与组织结构

1.您认为剧场存在的目的是什么？（可多选）

A.弘扬中国艺术文化，成为艺术文化交流的中心

B.成为城市文化交流的窗口，提升城市文化软实力

C.丰富市民精神文化生活，提升市民文化素养

D.剧场经济效益最大化，以确保剧场的生存

E.在社会效益第一的前提下，追求经济效益最大化

F.以社会效益为主，不必考虑经济效益

G.与社会经济发展相适应的，国民享受精致生活、愉悦身心、养育性情的文化艺术服务平台

H.其他 ____________________

2.您认为剧场应定位于怎样的功能上？（可多选）

A.文化传播

B.艺术研究

C.遗产保护

D.艺术创作

E.提升城市文化软实力

F.其他 ____________________

3.您认为剧场功能未能充分发挥的原因是什么？（可多选）

A.市民文化素质尚待提高

B.政府扶持力度不大

C.剧场管理体制落后

D.缺乏经营管理人才

E.演出剧目质量不高

F.文化消费市场有待培育

G.社会价值及政府文化政策的联络终端

H.其他 ____________________

4.您认为剧场具有什么样的价值取向?

A.观众至上

B.关注剧场经济效益

C.实现剧场运营与管理的创新

D.团队精神

E.关注社会责任

F.服务社会

G.其他 ______________________________

5.剧场的职能部门设置

部门名称	人员规模与主要职责	业绩考核指标或办法
1		
2		
3		
4		
5		
6		
7		

6.剧场目前采用何种组织结构形式?

A.

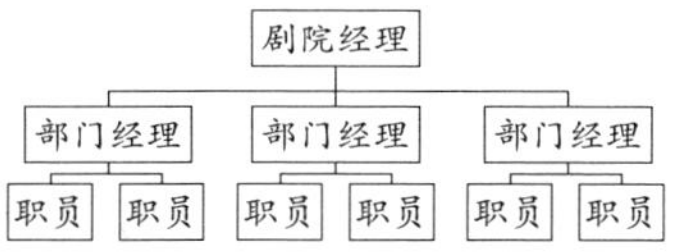

B.

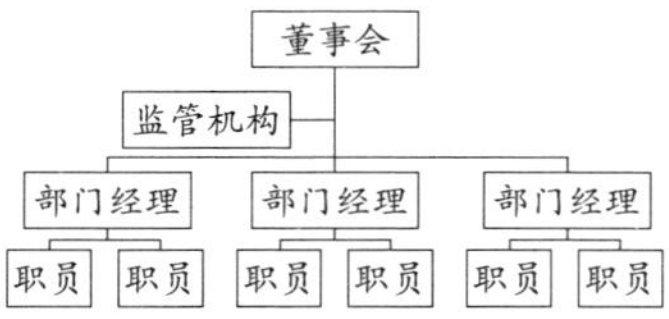

C.

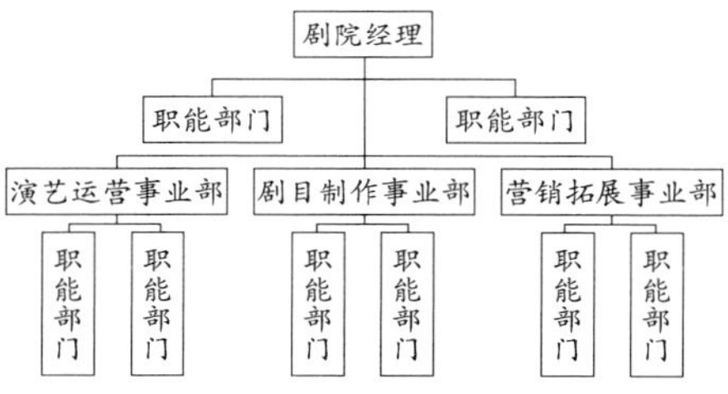

D.

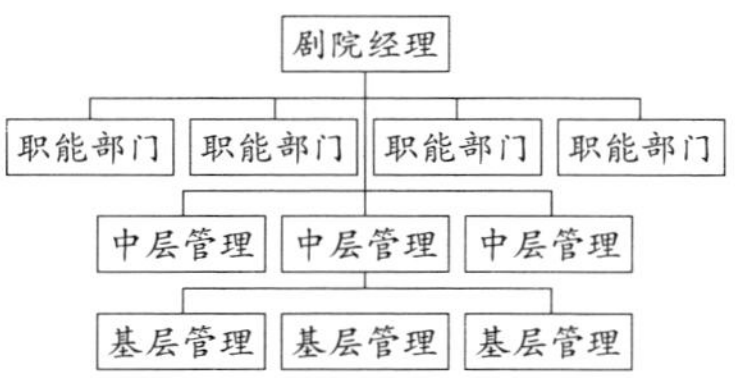

7.剧场未来打算采用何种组织结构形式？

A.

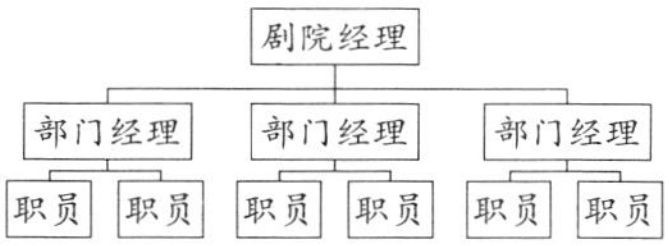

B.

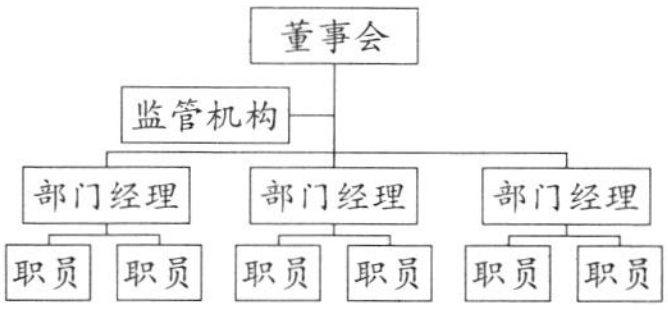

C.

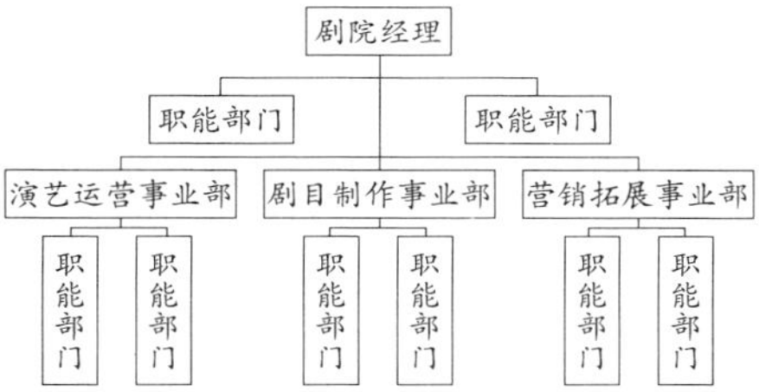

D.

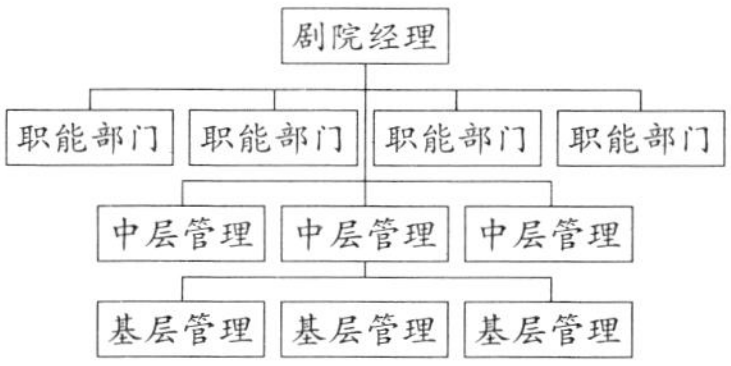

第三部分：剧场基本设施与设备

<table>
<tr><td>观众厅基本情况</td><td>总座位数</td><td>座</td><td>总座位数</td><td>座</td><td>总座位数</td><td>座</td></tr>
<tr><td>观众厅混响时间</td><td colspan="6">中频满场混响时间　　s</td></tr>
<tr><td rowspan="6">舞台基本情况</td><td>舞台台口</td><td colspan="5">（宽 × 高）：</td></tr>
<tr><td>主舞台</td><td colspan="5">（宽 × 高 × 进深）：</td></tr>
<tr><td>左侧舞台（上）</td><td colspan="5">（宽 × 高 × 进深）：</td></tr>
<tr><td>右侧舞台（下）</td><td colspan="5">（宽 × 高 × 进深）：</td></tr>
<tr><td>后舞台</td><td colspan="5">（宽 × 高 × 进深）：</td></tr>
<tr><td>乐池</td><td colspan="5">总面积（升降乐池部分和台唇下固定部分）：　　m^2</td></tr>
<tr><td rowspan="2">化妆间基本情况</td><td>小化妆间</td><td>间</td><td>中化妆间</td><td colspan="3">间</td></tr>
<tr><td>大化妆间</td><td>间</td><td>总面积</td><td colspan="3">m^2</td></tr>
<tr><td rowspan="2">主要附属设施</td><td>贵宾室</td><td>间</td><td>排练厅</td><td colspan="3">间</td></tr>
<tr><td>是否有售票处</td><td>1. 有　2. 没有</td><td>是否有琴房</td><td colspan="3">1. 有　2. 没有</td></tr>
</table>

（续表）

剧场主要设备类型			设备安装年份	设备价值（万元）
扩声系统配置基本情况	调音台型号			
	主扩声音箱型号			
	返听音箱型号			
舞台灯光系统配置基本情况	控制台型号			
	电脑灯控制台型号			
	调光回路数			
	直通回路数			
	灯具			
舞台机械系统配置基本情况	电动吊杆数量			
	灯光吊杆数量			
	乐池升降台数量			
	主舞台升降台数量			
	侧车台数量			
	车载转台数量			
视频系统配置基本情况	台口顶部字幕屏	1. 有　2. 没有		
	舞台演出大屏	1. 有　2. 没有		
	台口两侧大屏	1. 有　2. 没有		
管风琴		1. 有（年使用次数_____）　2. 没有		

第四部分：剧场资产

建造时间		改造时间	
总占地面积（万平方米）		建筑面积（万平方米）	
演出业务用房（万平方米）		对外出租房屋（万平方米）	
		商业自营（万平方米）	
剧场建设资金来源（万元）（可以多选）	1. 政府拨款 2. 银行贷款 3. 自筹 4. 社会捐赠 5. 投资 6. 其他	剧场日常运营资金来源（万元）（可以多选）	1. 票房收入 2. 其他商业收入 3. 政府拨付 4. 自发筹款 5. 社会捐赠 6. 其他
近十年大修资金投入（万元）			
注册资本（万元）		出资方	
固定资产（万元）		流动资产（万元）	
土地性质		资产总额（万元）	
负债总额（万元）		流动负债（万元）	
		长期负债（万元）	

（注：表中指标如果没有特指，其时间为2013年12月31号。）

第五部分：剧场人力资源与激励

员工总数	人	男	女
年龄结构	30岁以下		
	31～40岁之间		
	41～50之间		
	51～60之间		
	61岁以上		
岗位构成	行政管理岗人数		
	宣传营销岗人数		
	舞台技术岗人数		
	场务服务岗人数		
	物业后勤人数		
	其他		

（续表）

员工总数	人	男	女
职称结构	正高		
	副高		
	中级		
	初级		
	其他		
学历结构	高中及以下		
	专科		
	本科		
	硕士		
	博士		
员工年人均收入（万元）	2010 年		
	2011 年		
	2012 年		
	2013 年		
管理人员年人均收入（万元）	2010 年		
	2011 年		
	2012 年		
	2013 年		
剧场经理年收入（万元）	2010 年		
	2011 年		
	2012 年		
	2013 年		
剧场经理收入构成：	（1）固定工资占比（%）		
	（2）绩效工资占比（%）		
	（3）年终奖占比（%）		
	（4）福利（交通＋餐补＋话费）占比（%）		
	（5）其他占比（%）		

（续表）

员工总数	人	男	女
对于改善剧场人力资源状况您有哪些建议？			
对于改善职工收入您有哪些建议？			

第六部分：剧场经营状况

指标	数值				指标	数值			
	2010	2011	2012	2013		2010	2011	2012	2013
演出场次合计（次）					全年平均上座率(%)				
其中A：国外剧目场次（次）					观众人次（人次）				
国内剧目场次（次）					全年平均票价（元）				
本剧场剧目场次(次)					最高票价（元）				
集团内剧目场次(次)					最低票价（元）				
B：传统剧目场次(次)					售票方式数量统计				
现代剧目场次（次）					其中：现场售票(张)				
C：公益性剧目场次（次）					在线售票（张）				
商业性剧目场次(次)					电话售票（张）				
D：话剧剧目场次(次)					售票点售票（张）				
音乐剧目场次（次）					辅助售票（通过4S店、售楼处、美容院等）（张）				
相声剧目场次（次）					其他方式（张）				

（续表）

指标	数值				指标	数值			
	2010	2011	2012	2013		2010	2011	2012	2013
儿童剧剧目场次（次）					每年送票比例				
地方剧剧目场次（次）					本年利润总额（万元）				
歌剧剧目场次（次）					主营业务（演出）利润（万元）				
舞蹈剧剧目场次（次）					其他业务利润（万元）				
其他（次）					本年支出合计（万元）				
本年收入合计（万元）					其中：工资福利支出				
其中：票房收入					舞台设备维护费				
租赁收入					宣传推广费用				
旅游服务收入					演出费用				
节目编排收入					行政管理费用				
附设商业设施（餐饮、纪念品商店等）收入					税费				
其他收入					其他费用				
平均单场演出总收入（万元）					平均单场演出总成本（万元）				
					演出成本构成（%）	—	—	—	—
					可变成本（%）				
					固定成本（%）				

（注：可变成本主要包括涵盖剧目引进费用、剧目演出过程的电力消耗等费用，其随剧目演出的多少而变动。固定成本指剧场房屋、设备折旧、管理人员工资等支出项目的资本，其不随剧目演出多寡而变动，即使没有演出活动也会发生消耗或者支出的。）

第七部分：管理控制状况

1.剧场安全管理现状如何？

A.有严格的安全管理标准，严格按标准运作，管理规范

B.有严格的安全管理标准，基本按标准运作，管理比较规范

C.有严格的安全管理标准，没有按标准执行，存在隐患

D.安全管理标准不健全，存在重大隐患

E.没有建立安全管理标准

2.针对可能会出现的突发事件（例如火灾、电力系统中断、观众拥挤踩踏等），剧场是否设置有相关的应急预案？

A.设有完备的应急预案

B.针对可能会出现的突发事件做过一些要求，但并未形成明确的预案

C.并没有考虑过此类预案

3.剧场多长时间开展一次整体综合性灭火和应急疏散预案演练？

A.每隔半年演练一次

B.每隔1年演练一次

C. 2年以上演练一次

D.没有进行过消防演练

4.消防设施、器材和消防安全标志是否在位、完整？

A.是　　　　B.否

5.是否有明确的设备操作规范并有专业人士操作？

A.没有明确的操作规范，并非由具备资格的专业人士操作

B.有明确的操作规范，但是并非全部由专业人士操作

C.无明确操作，但全部由具备资格的专业人士操作

D.有明确的操作规范，并全部由专业人士操作

6.设备是否能得到定期专业的维修保养？

A.是　　　　B.否

7.对于涉及人身安全的设备操作，剧场是否有明确的规定和特殊的要求？

A.是　　B.否

8.剧场行政规章制度是否健全？

A.有许多行政工作无章可循

B.行政规章制度不够健全，或者虽然基本健全，但很多都未认真执行

C.行政规章制度基本健全，但有一部分未得到认真执行

D.行政规章制度相当健全，并且能够照章办事

9.剧场的财务管理制度健全状况。

内容	A. 未建立	B. 建立但不健全	C. 健全
预算与内部控制制度			
收入支出管理制度			
资金管理制度（包括投资、筹资和日常资金管理）			

10.剧场的财务管理制度执行状况。

内容	A. 未执行	B. 未得到有效执行	C. 有效执行
预算与内部控制制度			
收入支出管理制度			
资金管理制度（包括投资、筹资和日常资金管理）			

11.关于剧场的岗位职责权限与任职要求（您可以从下列1～5个等级中，选择您认为最合适的，1为最高，5为最低）。

项目	1	2	3	4	5
各岗位有明确的责任界定与任职要求					
各岗位人员具备履行其职责所需的知识、经验和培训					
有足够数量的员工，员工不必过多地加班或者履行过多的责任					
各员工的工作内容有正式的书面描述					
严格按员工所具有的知识和技能安排工作					
员工拥有的权限足够使其能完成所承担的工作					
定期对员工进行业务培训					
每个员工均有明确的职权和职责					

（续表）

项目	1	2	3	4	5
员工熟知各自部门、岗位的内部控制规定					
对员工所担任的工作有书面的职务和控制内容的说明					
在员工执行其职务工作的时候，剧场在信息、培训、资金、预算、人员等方面给予支持和帮助					

12. 剧场的出纳与会计是否由同一人担任？

A.是　　　　B.否

13. 剧场是否具有专业的团队负责演出剧目的编排和引进？

A.是　　　　B.否

14. 在编排、引进剧目前，剧场是否进行观众需求的调研？

A.是　　　　B.否

15. 目前剧目来源的评估、选择管理状况如何？

A.有一套切实可行的体系保障节目的选择符合剧场发展要求

B.已有一些长期合作的剧目提供者

C.剧目的选取不固定，没有标准，也无设立计划

D.剧目选取不固定，没有标准，正在计划改进

16. 剧场目前节目引进/采购存在的主要问题有哪些？（限选三项）

A.采购主体不明确，分级采购权限不明确

B.采购流程不明晰

C.采购计划审批流程过长

D.缺乏明确的采购管理标准（如质量、价格标准等）

E.对于节目提供者评估不系统

17. 您认为剧场的服务质量方面如何？（您可以从下列1～5个等级中，选择您认为最合适的，1为最高，5为最低）

内容	1	2	3	4	5
售票窗口标识明显					
售票人员的用语规范和服务态度良好					
电话热线接听的应答速度					

（续表）

内容	1	2	3	4	5
票据上印有观众须知					
检票员操作规范和服务态度良好					
演出过程中专门有人负责查看开演（映）后舞台演出、银幕有无事故、观众状况和场内秩序					
对违反《观众须知》或行为不雅的观众，及时进行耐心、低声劝阻，必须确保不影响到剧场整体观看氛围					
演出结束后，帮助疏散观众，检查、清理观众厅内是否有观众遗留物品，如有遗留物品及时移交保安人员					
剧场建立人性化的便民措施					
剧场制定并执行舞台技术、服务人员服务操作规范					
剧场制定并执行卖品部售货员规范					
剧场对剧场内外部环境的卫生提出具体要求					
剧场具有针对顾客抱怨、纠纷的处理措施					
设有观众意见的反馈渠道并采纳了有益的部分					
剧场定期进行观众满意度调查					
剧场有专门的机构负责对上述规范进行监督					
将服务评价结果作为绩效考核的一个标准					

第八部分：配套保障及周边环境

交通运输	场地至市中心距离	km	场地至火车站距离	km
	场地至高铁距离	km	场地至机场距离	km
停车场	停车场车位总数		车位数量	
当地居民平均收入			周边商品房平均价格	
周边文化娱乐项目	名称		距离	简介

（续表）

酒店	名称	星级	房间总数	距离（m）	标间价格	大床房价格

第九部分：剧场社会责任

1. 您是否听说过以下概念？（可多选）

A. SA8000准则　　B. ISO14000 标准

C. 企业公民　　D. 利益相关者

E. 企业社会责任报告　　F. 没听说过

2. 剧场认为是否有必要制定统一的演艺行业社会责任评价体系？

A.很有必要　　B.有必要

C.无所谓　　D.没有必要

3. 您认为实施社会责任给剧场带来的影响有（可多选）：

A.增加剧场成本　　B.提高社会效益

C.树立良好形象　　D.赢得政府支持

E.增强剧场竞争力　　F.服务品牌效应

G.没有什么影响　　H.其他（请简要说明）

4. 剧场对参与社会公益活动的态度是（可多选）：

A.有年度规划，按计划参与社会公益活动

B.根据剧场实际情况，有钱就参与，没钱就不参与

C.不参加任何捐赠和社会公益活动

D.出于商业广告的目的，有选择地参与捐赠活动

5. 您认为剧场目前通过哪些途径发挥社会公益功能？（可多选）

A.剧场设立展览室，免费向公众开放

B.利用网络、电视等各种现代传播技术，推广、传播优秀表演艺术，普

及文化艺术知识

C.向社会教育机构提供出租服务，对致力于舞台剧表演的师生给予大力支持

D.通过出售教师观赏票、学生减价票等途径增加学生进入剧场的机会

E.开设剧场观光项目和后台观光项目，将旅游和观赏演出结合起来

F.为专业艺术家提供经验交流的平台

G.开展具有针对性、富有吸引力的艺术普及音乐会、艺术讲座和文化艺术展览

H.开展惠民活动

I.积极参加公益活动

J.其他方面 ______________________________

6.剧场发挥城市文化交流作用体现在哪些方面？（可以多选）

A.每年都有旅游演出，演出次数为 ________ 次

B.国家间文化交流

C.其他途径 ______________________________

7.剧场对顾客履行社会责任方面主要体现在哪些方面？（可以多选）

A.剧目选择是基于对消费者偏好调查

B.设置观众意见箱，倾听观众的意见和建议

C.立体化票价制定，满足不同人群需求

D.建立了观众会员制

E.剧场联合公交公司安排了演出专线车辆，并且多次自行组织车辆接送公益演出观众

F.建立了服务于观众和演员的医务室、雨伞套机、医药箱、轮椅、儿童活动区等便民服务设施

G.其他方面 ______________________________

8.剧场对投资者履行社会责任方面主要体现在哪些方面？（可以多选）

A.确保投资者行使决策权

B.协调剧场与投资者的关系，接待投资者来访，回答咨询，向投资者提

供范围允许内的资料

C.及时披露剧场重大事件

D.其他方面 ____________________

9.剧场对员工履行社会责任方面主要体现在哪些方面?(可以多选)

A.严格执行国家相关法律法规，积极保护员工合法权益

B.建立健全人力资源管理系统模块和能力素质模型，完善人力资源管理体系

C.创建适合剧场发展的人才引进、培训、牵引、股权激励与竞争约束机制

D.培育剧场特色的企业文化，形成事业留人、文化留人的氛围

E.建立科学合理的薪酬体系，通过绩效考核体系体现员工价值

F.提供工作技能、专业知识、管理能力等方面的多元化培训

G.积极开展文体活动，丰富员工业务文化生活

H.其他方面 ____________________

10.剧场对周围社区履行社会责任方面主要体现在哪些方面?(可以多选)

A.组织艺术家走进社区，开展文化惠民活动

B.组织面向儿童和学生具有教育性和创造性的活动

C.进行公益捐赠

D.在社区开展艺术讲座等活动，普及文化艺术知识

E.组织“关爱老年群体”的义务活动

F.与相关学校建立合作关系，为学生提供社会实践的平台

G.其他方面 ____________________

11.您认为制约剧场履行社会责任的主要因素是什么?

A.对社会责任的认识度　　B.经济效益差

C.领导层观念　　D.剧场规模

E.社会诚信环境不够良好　　F.政府对文化艺术服务的重视程度

G.其他(请简要说明) ____________________

第十部分：剧场品牌经营战略

1. 贵剧场主要的竞争优势是什么?（限选三项）

A. 良好的剧场形象与品牌优势　B. 较高的剧场管理水平

C. 先进的舞台技术　D. 低成本

E. 完善的剧场服务体系　F. 良好的政府关系

G. 良好的剧场、剧团关系　H. 良好的地理优势

I. 其他＿＿＿＿＿＿＿＿＿＿＿＿＿＿＿＿

2. 品牌建设对于剧场过去的发展是否发挥过重要作用?

A. 决定性作用　B. 重要作用

C. 一般作用　D. 较少作用

E. 没有作用

3. 在进行品牌创新方面，剧场倾向于哪种方式?

A. 剧目创新　B. 技术创新

C. 品牌本身创新　D. 服务创新

E. 营销创新

4. 剧场所采取的宣传途径?

A. 网站宣传　B. 微信传播

C. 报纸广告　D. 公益广告

E. 常态化演出的社会广告效应

F. 其他＿＿＿＿＿＿＿＿＿＿＿＿＿＿＿＿

5. 妨碍剧场品牌建设的因素主要是（请选出最重要的三项）：

A. 领导层重视不够　B. 缺乏相关专业人员

C. 资金不足　D. 企业现阶段没有必要

E. 市场环境差　F. 体制制约

G. 其他（请注明）＿＿＿＿＿＿＿＿＿＿＿＿＿＿＿＿

第十一部分：关于剧场未来发展的思考

1. 您认为应如何有效发挥剧场的文化传播功能？

2. 您认为当前剧场发展面临的主要问题是什么？

3. 您对剧场发展有什么意见和建议？

4. 当前票价较高的主要原因是什么？

5. 进一步降低票价的主要措施有哪些？

第十二部分：关于演艺业商业模式与治理模式的思考

1. 请您对以下内容进行判断。

内　容	非常不同意	不同意	无所谓	同意	非常同意
剧场应根据自身情况选择合适的目标客户					
剧场向客户提供产品时应注重性价比					
剧场应根据自身情况定位合适的主产品和服务					
剧场应有专人负责针对观众的客户关系管理					
剧场应有专人负责针对剧团的客户关系管理					

2. 哪种销售渠道最有效？

A. 现场销售　　B. 网络销售　　C. 电话销售

D. 售票点销售　　E. 辅助销售（通过4S店、售楼处、美容院等）

3. 您认为实现剧场的经济与社会效益需要什么样的核心资源？（限选3～5项）

A. 人力资源　　B. 舞台设备　　C. 品牌

D. 销售网络　　E. 资金　　F. 政府关系

G. 其他＿＿＿＿＿＿＿＿＿＿＿＿

4. 未来给剧场带来较大收益的将是哪些主要剧目？（限选3～5项）

A. 话剧　　B. 音乐剧目　　C. 相声

D. 儿童剧　　E. 地方剧　　F. 歌剧

G. 舞蹈剧　　H. 其他 ______________________

5. 您认为剧场与剧团应建立怎样的关系？

A. 二者为独立关系，均隶属于演艺集团

B. 剧场为剧团提供产权资金成为其控股股东

C. 剧团高层管理人员均由剧场来委派

D. 二者为合约关系

E. 其他 ______________________

6. 您认为剧场应采取怎样的发展战略？

A. 仅传播文化艺术产品，走单一化发展之路

B. 兼具艺术文化传播与商业活动，走多元化发展之路

C. 关注文化艺术产品的传播社会效果，不必考虑经济效益

D. 以舞台艺术为主导的、以文化服务为中心的百姓文化艺术场所

7. 您认为演艺联盟应如何发挥其作用？

A. 共同制定联盟企业的标准，包括技术标准、管理标准和工作标准等

B. 作为院团之间合作的纽带，拓展院团之间的合作

C. 开展演艺管理经验的交流

D. 举行定期的培训，提升联盟企业的管理水平

E. 整合联盟企业资源，以产权方式构建与联盟内企业之间的关系

F. 整合联盟企业资源，以管理人员委派方式构建与联盟内企业之间的关系

G. 其他方面 ______________________

8. 您认为演艺产业有哪些参与主体？各应以什么方式参与演艺活动？

参与主体	参与方式
1	
2	
3	
4	
5	
6	
7	

（注：参与主体的类型有：政府、投资者、演艺联盟、观众、剧场、剧团、经纪公司、行业协会等。）

9. 您希望政府如何发挥其支持与指导作用?

A. 政策方面

①税收优惠 ②支持产业发展的相关制度 ③社区环境改善(交通等、公共宣传－演出信息发布)

B. 资金支持

①根据剧场规模拨付经费 ②根据演出规模拨付经费 ③根据买票规模拨付经费

C. 少干预

①产品干预 ②要票

D. 其他您认为重要的方面有 ________________________

10. 制度环境方面

请根据您掌握和了解的情况填答本表，评价结果分为5个等级，从左到右其程度依次为从低到高，请在相应的等级中划“√”。

项目	很低	较低	一般	较高	很高
	1	2	3	4	5
当地行政执法效率					
政府对行业指导力度					
当地演艺产业集群①化程度					
政府办事效率					
剧场税费负担程度					
政府扶持剧场发展资金的支持力度					
当地引入外来资本活跃的程度					
剧场融资便利程度					
对当地中介组织②提供服务的满意度					
当地法律部门对剧场权益保障的程度					
当地政府政策规章的透明度					
当地居民的文化素质					
当地居民的文化消费习惯					
政府为剧场发展提供配套设施的完善程度					
剧场受益于当地产业结构调整的程度					
票价由市场需求决定的程度					

注释：

①产业集群：产业集群是在高度专业化基础上，由若干同类或相关企业集聚而成的相互依托的从作品创作到传播服务的企业群体。

②中介组织：主要是指商会、行业协会、经纪中介等组织。

附录2　剧场等级划分与评定（DB37/T 2627-2014）

前　言

本标准按照GB/T 1.1-2009给出的规则起草。

本标准由山东演艺联盟发展有限公司提出。

本标准由山东省质量管理与质量保证标准化技术委员秘书处归口。

本标准起草单位：山东演艺联盟发展有限公司、山东质量认证中心、历山剧院。

本标准主要起草人：于剑、林凡军、贾晓敏、孙孝静、马克洪、林琳、张欢。

一、范围

本标准规定了剧场等级划分与评定的术语和定义、总体要求、剧场等级划分标志与要求等内容。本标准适用于山东省内正式营业的所有剧场。

二、规范性引用文件

下列文件对于本文件的应用是必不可少的。凡是注日期的引用文件，仅所注日期的版本适用于本文件。凡是不注日期的引用文件，其最新版本（包括所有的修改单）适用于本文件。

GB/T 10001.1　标志用公共信息图形符号　第1部分：通用符号

GB/T 10001.9　标志用公共信息图形符号　第9部分：无障碍设施符号

GB/T 28227.7　文化服务质量管理体系实施指南　第7部分：剧院

JGJ 57-2000　剧场建筑设计规范

三、术语和定义

下列术语和定义适用于本文件。

（一）剧场

提供戏剧、歌舞、音乐、曲艺、杂技等各类舞台表演艺术以及其他社会综合艺术等的服务场所。

注：不含临时搭建的演出场所。

（二）剧场服务

与剧场演出直接相关的服务和配套的服务。

注1：直接相关的服务，如演出保障、剧场环境卫生管理、演出广告宣传、演出信息、舞台管理、观众服务、票务服务、观众安全等。

注2：配套的服务，如艺术作品展览和销售、文化娱乐服务、物品存放、停车管理、艺术培训、休闲咖啡、茶吧等。

四、总体要求

（一）基本要求

1.剧场的建筑、设施设备、服务项目和运行管理应符合国家现行的安全、消防、卫生、环境保护、劳动合同等有关法律、法规和标准的规定与要求。

2.剧场应具有独立有效的法人资格，有合法的营业执照、营业性演出许可证、组织机构代码证和税务登记证且在有效期内。

3.剧场应守法经营，依法纳税，无违法违规经营行为；三年内未发生重大事故，或遭遇重大投诉事件并被查实，造成恶劣影响。

（二）服务质量总体要求

1.服务基本原则

（1）遵守国家法律法规，行业规则，保护观众和演出团体的合法权益。

（2）对观众礼貌、热情、亲切、友好，一视同仁。

（3）关注观众需求，并快速、高效提供服务。

2.服务基本要求

（1）员工仪容仪表应达到：

——遵守剧场的仪容仪表规范，端庄、大方、整洁；

——着工装、佩工牌上岗；

——服务过程中表情自然、亲切、热情适度，提倡微笑服务。

（2）员工言行举止应达到：

——语言文明、简洁、清晰，符合礼仪规范；

——站、坐、行姿符合各岗位的规范与要求，主动服务，有职业风范；

——以协调适宜的自然语言和身体语言服务，使观众感到尊重舒适；

——对观众提出的问题应予耐心解释，不推诿和应付。

3.员工应掌握相应的业务知识和服务技能，并能熟练运用。

（三）管理要求

1.应有管理手册，包括但不限于以下内容：

——剧场组织机构图；

——部门及各岗位职责；

——奖惩标准说明；

——剧场服务规范；

——标识管理相关规定。

2.对国家和地方主管部门和强制性标准所要求的特定岗位的技术工作如强弱电、消防等，应有相应的工作技术标准的书面说明，相应岗位的从业人员应知晓并熟练操作。

（四）安全保障

1.剧场应取得消防等方面的安全许可，确保消防设施的完好和有效运行。

2.应有良好的消防、安防等保障措施，技术指标应符合《建筑设计防火规范》等国家有关消防、安防技术规范、标准的要求。

3.应严格执行安全管理防控制度，确保安全监控设备的有效运行及人员的责任到位。

4.剧场应增强突发事件应急处置能力，突发事件处置的应急预案应作为各等级剧场的必备条件。

五、剧场等级划分标志与要求

1.剧场根据硬件配置水平可划分为一、二、三、四级，最高为一级，最低为四级，各级剧场根据运营质量水平，又可划分为 A、B、C、D 四等，最高为 A 等，最低为 D等。

2. A、B、C、D 四等剧场标志用五角星图案表示，五颗五角星表示 A 等，四颗五角星表示 B 等，三颗五角星表示 C 等，两颗五角星表示 D 等。

3.一、二、三、四级剧场应达到的硬件要求见附录 A，主要内容包括基础及附属设施、舞台设备两部分，是各级剧场的必备条件，当剧场所有项目均达到要求时方可评价为相应级别。评定检查时，逐项打“√”确认达标后，再进入后续打分程序。

4.剧场 A、B、C、D 四等的评价标准见附录 B，总分 500 分，主要包括运营能力、管理水平、剧场服务质量、加分项等四部分，根据附录 B 给出的评分规则计算总得分，A、B、C、D 等剧场规定最低得分线为：400 分、300 分、200 分、100 分。

5.剧场等级有效期为三年，三年期满后应申请重新评定。评定等级后，如剧场运营中发生重大安全责任事故，所属等级将被立即取消。

附录 A

（规范性附录）

必备项目检查表

A.1 一级剧场必备检查表

一级剧场必备检查项目见表 A.1 所示。

表 A.1　　一级剧场必备检查表

序号	项目	是否达标
1	**基础设施**	
1.1	观众座位数量≥ 1000 座	
1.2	观众可通视舞台座位数量占总座位数量比例 100%	
1.3	观众厅面积≥ 0.90 m^2/ 座	
1.4	前厅和休息厅总面积≥ 0.50 m^2/ 座	
1.5	舞台台口：宽（15 ～ 18 m）× 高（8 ～ 12 m）	
1.6	吊杆行程：台口高度 2 倍加 2 m	
1.7	舞台主台：宽（30 ～ 33 m）× 进深（21 ～ 24 m）× 净高（台口 2 倍加 4 m）	
1.8	侧台面积：侧台总面≥主台面积 1/2	
1.9	化妆间：大、中、小化妆间均≥ 5 间，总面积≥ 200 m^2，满足 150 人同时使用，并配备相应的服装间	
1.10	停车场：停车位数量≥观众座位数量的 10 %	
1.11	票务服务中心设立 4 个及以上售票座席，有 POS 机，现场选号功能	
1.12	卫生间厕位数量≥观众座位数量的 5 %	
1.13	设有双路电源	
2	**舞台设备**	
2.1	舞台供电≥ 1000 KVA	
2.2	舞台音响系统：观众厅扩声、返送，调音台双备份	
2.3	调音台输入回路≥ 32 路	
2.4	舞台、乐池、控制室传声器插口≥ 30 路	
2.5	舞台灯光控制回路数（每路功率不少于 4 KVA）≥ 360 路	

（续表）

序号	项目	是否达标
2.6	舞台灯光控制台双备份	
2.7	吊杆数量≥ 50 品	
2.8	配备舞台监控设备	
总体是否达标结论		

A.2　二级剧场必备检查表

二级剧场必备检查项目见表A.2所示。

表 A.2　　二级剧场必备检查表

序号	设施设备评分表	是否达标
1	**基础设施**	
1.1	800 座≤观众座位数量＜ 1000 座	
1.2	观众可通视舞台座位数量占总座位数量比例≥ 90 %	
1.3	观众厅面积≥ 0.80 m^2/ 座	
1.4	前厅和休息厅总面积≥ 0.40 m^2/ 座	
1.5	舞台台口：宽（13 ～ 15 m）× 高（8 ～ 10 m）	
1.6	吊杆行程：台口高度 2 倍加 1 m	
1.7	舞台主台：宽（27 ～ 30 m）× 进深（15 ～ 21 m）× 净高（台口高度 2 倍加 3 m）	
1.8	侧台面积：侧台总面积≥主台面积 1/3	
1.9	化妆间：大、中、小化妆间均≥ 3 间，总面积≥ 160 m^2，满足 120 人同时使用，并配备相应的服装间	
1.10	停车场车位数量≥观众座位数量的 7 %	
1.11	票务服务中心设立 3 个售票座席，有 POS 机，现场选号功能	
1.12	卫生间厕位数量≥观众座位数量的 4 %	
1.13	设有双路电源	
2	**舞台设备**	
2.1	800 KVA ≤舞台供电＜ 1000 KVA	
2.2	舞台音响系统：观众厅扩声、返送，调音台双备份	
2.3	调音台输入回路≥ 24 路	
2.4	舞台、乐池、控制室传声器插口≥ 20 路	

（续表）

序号	设施设备评分表	是否达标
2.5	灯光控制回路数（每路功率不少于 4 KVA）≥ 240 路	
2.6	舞台灯光控制台双备份	
2.7	吊杆数量≥ 40 品	
2.8	配备舞台监控设备	
总体是否达标结论		

A.3　三级剧场必备检查表

三级剧场必备检查项目见表A.3所示。

表 A.3　　三级剧场必备检查表

序号	设施设备评分表	是否达标
1	**基础设施**	
1.1	600 座≤观众座位数量＜ 800 座	
1.2	观众可通视舞台座位数量占总座位数量比例≥ 80 %	
1.3	观众厅面积≥ 0.70 m^2/ 座	
1.4	前厅和休息厅总面积≥ 0.30 m^2/ 座	
1.5	舞台台口：宽（11 ～ 13 m）× 高（7 ～ 8 m）	
1.6	吊杆行程：台口高度 2 倍	
1.7	舞台主台：宽（27 ～ 30 m）× 进深（15 ～ 21 m）× 净高（台口高度 2 倍加 3 m）	
1.8	侧台面积：侧台总面积≥主台面积 1/4	
1.9	化妆间：大、中、小化妆间均≥ 2 间，总面积≥ 110 m^2，满足 80 人同时使用，并配备相应的服装间	
1.10	停车场车位数量≥观众座位数量的 5 %	
1.11	票务服务中心设立 2 个售票座席，有 POS 机，现场选号功能	
1.12	卫生间厕位数量≥观众座位数量的 3 %	
1.13	设有其他备用电源（无双路电源）	
2	**舞台设备**	
2.1	600 KVA ≤舞台供电＜ 800 KVA	
2.2	舞台音响系统：观众厅扩声、返送	

（续表）

序号	设施设备评分表	是否达标
2.3	调音台输入回路≥ 16 路	
2.4	舞台、乐池、控制室传声器插口≥ 10 路	
2.5	灯光控制回路数（每路功率不少于 4 KVA）≥ 240 路	
2.6	吊杆数量≥ 25 品	
总体是否达标结论		

A.4　四级剧场必备检查表

四级剧场必备检查项目见表A.4所示。

表 A.4　　四级剧场必备检查表

序号	设施设备评分表	是否达标
1	**基础设施**	
1.1	观众座位数量< 600 座	
1.2	观众可通视舞台座位数量占总座位数量比例≥ 80 %	
1.3	观众厅面积≥ 0.60 m^2/ 座	
1.4	前厅和休息厅总面积≥ 0.25 m^2/ 座	
1.5	舞台台口：宽（11 ～ 13 m）× 高（7 ～ 8 m）	
1.6	吊杆行程：台口高度 2 倍	
1.7	舞台主台：宽（24 ～ 27 m）× 进深（12 ～ 15 m）× 净高（台口高度 2 倍加 2 m）	
1.8	侧台面积：侧台总面积≥主台面积 1/4	
1.9	化妆间：大、中、小化妆间均≥ 2 间，总面积≥ 90 m^2，满足 60 人同时使用，并配备相应的服装间	
1.10	停车场车位数量<观众座位数量的 5 %	
1.11	票务服务中心设立 1 个售票座席，有 POS 机，现场选号功能	
1.12	卫生间厕位数量≥观众座位数量的 2 %	
1.13	设有其他备用电源（无双路电源）	
2	**舞台设备**	
2.1	600 KVA ≤舞台供电< 800 KVA	
2.2	舞台音响系统：观众厅扩声、返送	
2.3	调音台输入回路≥ 16 路	

（续表）

序号	设施设备评分表	是否达标
2.4	舞台、乐池、控制室传声器插口≥ 10 路	
2.5	灯光控制回路数（每路功率不少于 4 KVA）≥ 240 路	
2.6	吊杆数量≥ 25 品	
总体是否达标结论		

附录 B

（规范性附录）

剧场运营质量评分表

表 B.1　　　剧场运营质量评分表

序号	运营能力评分表	各大项总分	各分项总分	各小项总分	计分	得分
1. 运营能力（总分 180 分）						
1	**运营能力**	180				
1.1	全年票房、租赁及演艺项目运营总收入，一级剧场目标收入为 1000 万元以上；二级剧场目标收入为 500 万元以上；三级剧场目标收入为 300 万元以上；四级剧场目标收入为 100 万元以上，得分＝实际收入 / 目标收入 × 分项总分		50			
1.2	全年总演出次数，最低不得少于 80 场，目标场次为 150 场，得分＝（实际场次－最低场次限值）/（目标场次－最低场次限值）× 分项总分		30			
1.3	全年自主经营场次，最低不得少于 50 场，目标场次为 80 场，得分＝（实际场次－最低场次限值）/（目标场次－最低场次限值）× 分项总分		40			
1.4	全年平均上座率，最低不得低于 60 %，目标上座率为 100 %，得分＝（实际上座率－最低上座率限值）/（100 % －最低上座率限值）× 分项总分		40			

（续表）

序号	运营能力评分表	各大项总分	各分项总分	各小项总分	计分	得分
1.5	全年公益性演出场次占总演出场次比例，最低不得少于 5 %，目标比例 10 %，得分 =（实际比例－最低比例）/（目标比例－最低比例）× 分项总分		20			
2. 管理水平（总分 120 分）						
序号	人员状况评分表	各大项总分	各分项总分	各小项总分	计分	得分
2	**管理水平**	120				
2.1	人员状况		50			
2.1.1	服务人员数量			20		
	服务人员数量≥剧场座位数的 2 %				20	
	剧场座位数的 1.5 % ≤服务人员数量＜剧场座位数的 2 %				15	
	剧场座位数的 1 % ≤服务人员数量＜剧场座位数的 1.5 %				10	
	剧场座位数的 0.5 % ≤服务人员数量＜剧场座位数的 1 %				5	
2.1.2	人员学历及职称结构			15		
	本科以上学历及中级以上职称人员占员工数量比例≥ 70 %				15	
	50 % ≤本科以上学历及中级以上职称人员占员工数量比例＜ 70 %				12	
	30 % ≤本科以上学历及中级以上职称人员占员工数量比例＜ 50 %				8	
	20 % ≤本科以上学历及中级以上职称人员占员工数量比例＜ 30 %				5	
2.1.3	舞台技术人员职称结构			15		
	中级及以上职称占剧场舞台技术人员数量比例≥ 50 %				15	
	30 % ≤中级及以上职称占剧场舞台技术人员数量比例＜ 50 %				10	
	10 % ≤中级及以上职称占剧场舞台技术人员数量比例＜ 30 %				5	

（续表）

序号	运营能力评分表	各大项总分	各分项总分	各小项总分	计分	得分
2.2	认证情况		30			
	剧场除通过质量管理体系认证外，还通过如环境或职业健康安全管理体系等认证				30	
	剧场通过了质量管理体系认证				15	
序号	标准	评价				
2.3	管理制度和规范	优	良	中	差	得分
2.3.1	制定剧场管理、服务或质量方针、目标，目标符合实际，可测量	4	3	2	0	
2.3.2	建立科学的绩效考核制度，并有效执行	4	3	2	0	
2.3.3	建立完善的设备管理制度和操作规程，并有效执行	4	3	2	0	
2.3.4	建立完善的采购管理（含艺术项目引进）制度，并有效执行	4	3	2	0	
2.3.5	建立完善的市场营销管理制度，并有效执行	4	3	2	0	
2.3.6	建立完善的人力资源管理制度，并有效执行	4	3	2	0	
2.3.7	建立完善的演出管理制度，并有效执行	4	3	2	0	
2.3.8	建立完善的安全管理制度，并有效执行	4	3	2	0	
2.3.9	建立完备的应急预案，并有效执行	4	3	2	0	
2.3.10	建立售票、场务等服务质量规范，并有效执行	4	3	2	0	
3. 服务质量（总分 160 分）						
序号	标准	评价				得分
3.1	售票及支付方式	优	良	中	差	
	优：售票渠道≥ 5 个 良：售票渠道≥ 4 个 中：售票渠道≥ 3 个 差：售票渠道≥ 1 个	8	5	3	0	
	优：支付方式≥ 4 种 良：支付方式≥ 3 种 中：支付方式≥ 2 种 差：支付方式≥ 1 种	8	5	3	0	

（续表）

序号	运营能力评分表	各大项总分	各分项总分	各小项总分	计分	得分
3.2	售票服务	优	良	中	差	
	售票人员用语规范，态度亲切	8	5	3	0	
	出票准确、及时，票款无差错	8	5	3	0	
3.3	退换票服务	优	良	中	差	
	提供退换票服务，退票手续简单、快捷	6	4	2	0	
3.4	检票服务	优	良	中	差	
	检票员应站姿端正，使用礼貌用语，必要时指引观众座位方向	8	5	3	0	
	遇违反观众须知事项或场次不符合时，应礼貌劝说观众，不起冲突	8	5	3	0	
3.5	场务服务	优	良	中	差	
	主动引导观众对号入座	6	4	2	0	
	演出过程中应有专人负责巡查开演（映）后舞台演出、观众状况及维护场内秩序	8	5	3	0	
	出现意外情况时，及时按剧场规定处理	8	5	3	0	
	对残疾、老年、儿童观众主动给予帮助	8	5	3	0	
3.6	顾客满意度测评	优	良	中	差	
	建立顾客满意度测量程序，针对不同剧目种类，采取不同方法进行顾客满意度测量	8	5	3	0	
	对演出团体满意度进行测评，了解演出团体对剧场建议意见，并持续改进	8	5	3	0	
3.7	顾客抱怨及投诉处理	优	良	中	差	
	建立完善的观众投诉渠道及投诉处理程序	8	5	3	0	
	建立观众意见收集、反馈和持续改进机制	8	5	3	0	
3.8	卫生要求	优	良	中	差	
	门、窗、灯具、墙面完好，洁净，无污渍，无积尘	8	5	3	0	
	地面、顶棚、阶梯、护栏光洁，无积垢，不破损	8	5	3	0	
	座椅、地毯无积灰、水渍、污点	8	5	3	0	
3.9	环境要求	优	良	中	差	

（续表）

序号	运营能力评分表	各大项总分	各分项总分	各小项总分	计分	得分
	温湿度控制	6	4	2	0	
	空气质量控制	6	4	2	0	
3.10	剧场标识	优	良	中	差	
	剧场指引标识、观众厅的席位标识、基础设施标识、安全及消防标识等清晰明确	8	5	3	0	
4. 加分项（40 分）						
序号	剧场状况评分表	各大项总分	各分项总分	各小项总分	计分	得分
4.1	设有排练厅				4	
4.2	设有贮物柜				4	
4.3	设有贵宾接待室				4	
4.4	设有残障人专用通道				4	
4.5	设有残障人专用厕位				4	
4.6	设有艺术作品出售和展览厅				4	
4.7	设有琴房				4	
4.8	配备安检设施				4	
4.9	设有民用通信设备屏蔽功能				4	
4.10	设有字幕及舞台演出大屏				4	

— 参考文献 —

一、著作

[1]迈克尔·波特：《竞争优势》，陈小悦等译，华夏出版社，2001年。

[2]王如松、杨建新：《产业生态学：从褐色工业到绿色工业》，上海科学技术出版社，2002年。

[3]T.E.Graedel, B.R.Allenby:《产业生态学》，施涵译，清华大学出版社，2004年。

[4]张晓明、胡惠林、章建刚：《2006年：中国文化产业发展报告》，社会科学文献出版社，2006年。

[5]顾江：《文化产业经济学》，南京大学出版社，2007年。

[6]曹意强：《艺术管理概论（美术卷）》，中国美术学院出版社，2007年。

[7]保罗·霍肯：《商业生态学：可持续发展的宣言》，上海译文出版社，2007年。

[8]钱辉：《生态位、因子互动与企业演化——基于生态位的企业成长机制探究》，浙江大学出版社，2008年。

[9]黄欣荣：《产业生态论》，经济科学出版社，2010年。

[10]顾江：《文化产业经典命题100例》，东南大学出版社，2011年。

[11]戴维·思罗斯比：《经济学与文化》，王志标等译，中国人民大学出版社，2011年。

[12]钱世锦：《文化艺术演出市场的经典案例：大剧院的台前幕后》，上海音乐学院出版社，2012年。

[13]陈霞红、林日葵:《文化产业生态学》，浙江工商大学出版社，2012年。

[14]谢大京:《艺术管理》，法律出版社，2012年。

[15]傅才武、陈赓:《艺术表演团体管理学》，湖北人民出版社，2013年。

[16]徐晋:《平台经济学》(修订版)，上海交通大学出版社，2013年。

[17]徐晋:《平台竞争战略》，上海交通大学出版社，2013年。

[18]郑新文:《艺术管理概论——香港地区经验及国内外案例》，上海音乐出版社，2014年。

[19]沈亮:《美国非营利职业戏剧》，上海远东出版社，2014年。

[20]杨永忠、林明华:《文化经济学：理论前沿与中国实践》，经济管理出版社，2015年。

[21]陈平:《剧院运营管理——国家大剧院模式构建》，人民音乐出版社，2015年。

二、期刊

[1] Frosch Robert A., Nicolas E.Gallopoulos. “Strategies for manufacturing”, Scientific American, 1989, 261 (3), 94-102.

[2] Micah D. Lowenthal, William E. Kastenberg. Industrial Ecology and Energy Systems: A First Step. Resources Conversation and Recycling 1998, 24(1): 51-63.

[3] 傅国华:《运转农产品产业链，提高农业系统效益》,《中国农垦经济》1996年第11期。

[4] 袁纯清:《共生理论及其对小型经济的应用研究(上)》,《改革》1998年第2期。

[5] 王如松、杨建新:《产业生态学和生态产业转型》,《世界科技研究与发展》2000年第5期。

[6] 胡熠:《欧美国家文化管理的经验与借鉴》,《重庆社会科学》2002年第1期。

[7] 胡坚:《美国知识产权的新动向——评美国〈司法部知识产权工作组

报告〉》,《电子知识产权》2005年第5期。
[8] 袁增伟、毕军:《产业生态学最新研究进展及趋势展望》,《生态学报》2006年第8期。
[9] 秦卫国:《实施标准化 提高核心竞争力 争创中国名牌》,《国防技术基础》2008年第8期。
[10] 胡晓鹏:《产业共生:理论界定及其内在机理》,《中国工业经济》2008年第9期。
[11] 谭延博、吴宗杰:《山东省城镇居民文化消费结构探析》,《山东理工大学学报》(社会科学版)2010年第2期。
[12] 顾江、郭新茹:《科技创新背景下我国文化产业升级路径研究》,《东岳论丛》2010年第7期。
[13] 曹如中、高长春、曹桂红:《创意产业创新生态系统演化机理研究》,《科技进步与对策》2010年第21期。
[14] 张洁洁:《美国国务院对华文化外交的出台》,《许昌学院学报》2011年第4期。
[15] 钟世威、马广庆:《企业标准化管理存在的问题与对策》,《对外经贸》2012年第7期。
[16] 王珍珍、鲍星华:《产业共生理论发展现状及应用研究》,《华东经济管理》2012年第10期。
[17] 蒋伟:《关于文化演出院线内涵的分析》,《演艺科技》2013年第1期。
[18] 孙凤毅:《我国文艺演出院线建设:现状、问题与对策》,《中国文化产业评论》2013年第2期。
[19] 吴紫瑜:《剧场服务管理标准化探究》,《影剧新作》2014年第3期。
[20]《新建剧场的现状及对策研究》课题组:《我国新建剧场的现状及对策研究(续一)》,《演艺科技》2014年第4期。
[21]《新建剧场的现状及对策研究》课题组:《我国新建剧场的现状及对策研究(续二)》,《演艺科技》2014年第5期。

［22］李海燕：《文化演艺产业价值链整合与延伸研究——以济南市为例》，《滨州学院学报》2014年第4期。
［23］李海燕、李军红：《演艺产业价值链路径实现与优化策略研究——以山东省为例》，《山东艺术学院学报》2014年第6期。
［24］邢志勤：《文化产业生态化系统的实现路径》，《重庆社会科学》2015年第1期。
［25］邢志勤：《文化产业生态化系统的实现路径》，《重庆社会科学》2015年第1期。
［26］何勤勤：《院线剧场的经营策略》，《艺术教育》2015年第7期。
［27］周正兵：《大卫·索斯比恩华经济学思想述评》，《山东大学学报》（哲学社会科学版）2016年第6期。

三、学位论文

［1］虞震：《我国产业生态化路径研究》，上海社会科学研究院硕士学位论文，2007年5月。
［2］曹晋彰：《演艺产业链的构建研究》，山东大学硕士学位论文，2012年4月。
［3］冯耿东：《剧场发展模式研究》，内蒙古大学硕士学位论文，2014年5月。
［4］闫欢：《保利剧院院线管理模式初探》，中国戏曲学院硕士学位论文，2014年6月。

四、网络资源

［1］美国财政部官方网站：https://www.treasury.gov/.
［2］美国商务部官方网站：https://www.commerce.gov/about/bureaus-and-offices.
［3］美国教育部官方网站：http://www.ed.gov/.
［4］美国国家艺术基金会官方网站：https://www.arts.gov/.

[5] 中国演出行业协会官方网站：http://www.capa.com.cn/.

[6] 中国对外文化集团公司官方网站：http://www.caeg.cn/business/20120816/15106.html.

[7] 北京保利剧院管理有限公司官方网站：http://www.polytheatre.com/.

[8] 西部演出联盟官方网站：http://www.yanyib2b.com/index.php?homepage=xbyclm&file=introduce.

[9] 东部演出联盟官方网站：http://www.yanyib2b.com/index.php?homepage=dbjylm&file=introduce.

[10]《演出市场能否“嫁接”院线制》，新浪网：http://news.sina.com.cn/s/2005-08-31/03516821823s.shtml，2005年8月31日。

[11]《长三角演艺联盟成立》，新华网：http://news.china.com/zh_cn/news100/11038989/20080112/14610243.html，2008年1月12日。

[12]《“中三角”演艺联盟在汉成立》，中国江苏网：http://news.jschina.com.cn/system/2012/04/19/013174991.shtml，2012年4月19日。

[13]《安徽演出联盟成立》，网易新闻：http://news.163.com/10/0512/23/66H81HEM00014AEE.html，2010年5月12日。

[14]《江西省演出院线联盟成立》，网易新闻：http://news.163.com/10/0524/02/67DS6PIK00014AED.html，2010年5月24日。

[15]《“苏演院线”通过验收》，搜狐网：http://roll.sohu.com/20140426/n398844151.shtml，2014年4月26日。

[16]《山东剧场院线揭牌成立演出、票务、剧场院线三位一体》，齐鲁网：http://roll.sohu.com/20131004/n387613868.shtml，2013年10月4日。

[17]《业内人士建议演艺集聚区建设应遵行产业规律》，中国新闻网：http://news.jschina.com.cn/system/2011/11/18/012106397.shtml，2011年11月18日。

[18]《演艺集聚区：不是仅建剧场群》，中国经济网：http://www.ce.cn/culture/whcyk/gundong/201102/22/t20110222_22235881.shtml，2011年2月22日。

[19]《“聚宝盆”上线安徽演艺院线掘金“互联网+演艺”》，人民网：http://ah.people.com.cn/n2/2016/0429/c358266-28249203.html，2016年4月29日。

[20]《安徽演艺院线票务系统上线》，新浪网：http://ah.sina.com.cn/news/shenghuo/2012-10-16/101515436.html，2012年10月16日。

[21]《中国演出行业协会小剧场戏剧专业委员会正式成立》，中国演出行业协会官方网站：http://www.capa.com.cn/，2016年2月29日。

[22] 国家统计局:《文化及相关产业分类(2012)》，http://www.tctj.gov.cn/art/2012/7/11/art_2125_160326.html，2012-07-11。

[23]《建立ISO9001：2000版质量体系文件化的意义和作用》，http://wenku.baidu.com/link?url=Uy1AMaaCexIvtxXINc0dmm22yCviOqzmH3nTIDkIj15i6E6FlMdk1tZsvDSV06cUErdmM9GSMl9CmtCysbYu6FN2QiE98j7rufT1K_jI4du.

[24] 文化部:《关于加快文化产业发展的指导意见》，http://www.gov.cn/gzdt/2009-09/29/content_1429997.htm，2016年5月3日。

[25]《剧场“冷热不均” 专家把脉：转理念攒剧目聚观众》，《人民日报》，转引自人民网，http://culture.people.com.cn/GB/87423/16997991.html.

后　记

这本书的大部分内容，是在近几年实际工作当中总结、思考的基础上梳理汇总而成的，资料来源包括工作总结、项目可行性研究报告、专项课题研究报告、专题论文等。从2013年筹建山东演艺联盟开始，前后有十多位年轻同事参与了相关工作，还有以山东演艺联盟“政产学研”模式建立起工作关系的、来自政府主管部门和高校的朋友深度参与其中，所以，这本书的内容很大程度上是由集体的智慧和共同的思考汇集而成的。

第一章的主要内容，以《演艺产业生态系统及其运行机理探讨》为题，2017年1月发表在《山东大学学报》(哲社版)，也是我主持的国家社科基金艺术学项目“转制文艺院团发展的产业生态研究”(15BH106)、山东省社会科学规划研究项目“产业生态视角下的山东演艺产业发展研究”(14CGLJ52)的阶段性成果。山东大学管理学院谢永珍教授在此文写作期间给予了具体的指导，发表时作为第二作者。在提出演艺产业生态学的理论假设之前，我一直按照产业链的理论来思考演艺产业发展的现实问题。2014年，山东大学文化产业专业博士研究生曹晋彰到山东演艺联盟实习，他的硕士毕业论文是关于演艺产业链的研究，在和他反复讨论后，我提出了“全产业链”的命题，然后以此为方法论，试图建立演艺产业发展的新的理论模型。和小曹合作写的一篇关于演艺产业全产业链的文章，发表在山东演艺联盟的内刊《山东演艺》上，本章吸收了这篇文章的一部分内容。

第二章的内容，源于2016年6月中央文化管理干部学院受文化部委托为全国文艺院团长轮训工程编写教材《演艺企业经营管理读本》，我应邀作为专家组成员，负责撰写其中关于剧场院线(联盟)一章。这一章内容，在全面梳理院线和剧场发展现状的基础上，对剧场的发展形态进行了理论上的探讨。这些思考，以《基于演艺产业生态理论的演出院线内涵与机理研究》为题，发表在2017年第10期《山东社会科学》。关于剧场标准化建设的内容，作为一篇论文发表于2016年第12期《东岳论丛》，山东省财政厅教科文处王旭东博士在理论结合实践方面的思考中给予了许多启发，发表时是第二作者。关于剧场标准化的专题研究，还包括我主持的2014年山东省软科学研究计划项目“山东省剧场剧场管理服务标准化研究”。2014年12月15日，我发起制定的山东省地方标准《剧场等级划分与评定》（DB37/T 2627－2014）由山东省质量技术监督局正式发布，于2015年1月15日实施，是国内剧场管理的第一个地方标准；2014年12月17日，山东省政府新闻办公室举行了专题发布会予以发布，是在山东省政府新闻发布会上发布的第一个山东省地方标准，也是山东省文化领域的第一次。与此同时，与山东大学管理学院谢永珍教授及其研究团队合作，历时近一年，对山东全省的剧场现状进行了一次全面的调查，调查问卷的分析结果一部分吸收到了这一章节，书后的第一个附录，就是几易其稿精心设计的调查问卷。这期间，已经从山东演艺联盟离职到北京工作的张欢是得力的助手，全程参与了所有工作环节。

第三章的内容，前半部分主要来自我主持的2014年山东省社会科学规划研究项目“产业生态视角下的山东演艺产业发展研究”的结项报告，后半部分吸收了我主持的山东省演艺产业发展综合服务平台项目规划可行性研究报告等内容，这个项目成功申报为2014年中央文化产业发展专项资金年度扶持项目，项目的实施主体是我于2013年发起成立的山东演艺联盟。时值山东省省直国有文艺院团转企改制、组建山东演艺集团之后，改革政策有待落实，发展路径还不明朗，转企院团如何培育为合格市场主体有待破题。成立演艺联盟的初衷，是为了探索一条演艺集团市场化运营的可行路径。在进行多番尝试难有实效之后，深感演艺产业的培育发展非一日之功，关键是院团和剧场这两大市场主体首先都要具备市场化运营能力，于是，把演艺联盟的职能调整为“政产学研”结合的全省演艺产业发展服务平台。事实证明，虽然演艺联盟自身没有很快形成清晰的营利模式，却找到了通过演艺联盟促进演艺产业可持续发展的着力之处。2015年6月1日，山东演艺联盟受文化部改革办和中央文化管理干部学院委托，以“演艺联盟和演出院线的发展模式”为主题，承办了2015年第一期全国演艺企业经营管理人才培训班。山东演艺联盟的运营模式，作为案例先后入选2015年的《山东文化发展报告（山东蓝皮书）》、2016年的文化部《全国演艺企业经营管理案例》和中宣部文改办《坚持把社会效益放在首位、实现两个效益相统一经典案例选编》。参与相关项目可行性研究报告起草的有山东演艺集团办公室的潘庆福、山东文化传媒有限公司的王彬、贾辰和闫辉等同事。

第四章内容，源于我的两次境外考察学习。2014年11月，我参加文化部全国剧场职业经理人培养项目，经过两轮选拔，入选文化部剧院管理职业经理人赴港访问团。在香港学习期间，在特区政府康文署的精心安排下，我对香港演艺业进行了全面的考察。有感于香港良好的演艺生态、高效的剧场运营、科学的剧场建设规划，决心搜集资料汇编一本全面介绍香港演艺生态的书，目前20万字书稿已经完成，同事崔晨曦在工作之余，花了许多时间帮助搜集整理资料，出版时会作为第二作者。2016年10月，我参加文化部国有文艺院团艺术生产经营优秀专业骨干人才赴美培训班，在驻美国大使馆文化处的协助下，历时20天，从华盛顿到纽约，系统地了解了美国文化艺术领域的管理和运营情况。从美国带回的近十公斤文字资料，同事陈秀莉帮助做了全面整理。这一章关于香港和美国的内容，就是在两次境外学习总结的基础上，参考有关文献资料完成的。内地的几个案例，是崔晨曦协助搜集资料并整理完成的。

在本书初稿撰写阶段，同事曹惠帮助做了大量资料梳理和内容整合的具体工作。在和出版社沟通出版事宜阶段，《人文天下》编辑部的同事刘霞和韦素丽提供了许多好的建议，山东人民出版社的编辑李涛则对书稿的修改定稿提供了许多非常专业的建议，使书稿得以成书并顺利出版。

林凡军

2017年8月19日